普通高等院校
网络与新媒体专业系列教材

Convergence
Journalism

融合新闻学

杜志红　主编

清华大学出版社
北　京

内 容 简 介

新闻形态和传播方式的变革总是建立在技术变革的基础之上。随着数字技术、网络技术和移动通信技术的不断发展，媒体融合催生了新闻传播的新形态、新观念和新实践，这就是融合新闻学产生的时代背景。本书立足于媒介融合视角探讨融合新闻的技术基础、内在逻辑和基本规律，探讨了融合新闻的认识基础、基础架构、生产运作、新闻形态、新闻叙事、传播模式以及未来变革。

本书力图从学理上建立研究的进路，从逻辑上阐明融合新闻学的知识体系，并结合传媒业界的最新实践进行理论概括，旨在将理论与实践相结合，做到学理性与实务性并重。同时本书根据媒介技术的不断迭代更新认知框架，在算法传播、智能传播的视角下，对融合新闻的演进历程和未来发展进行观照和审视，力图提出具有前瞻性和指导性的观点。

本书既可作为新闻传播学科中新闻学、传播学、广播电视学、网络与新媒体专业的本科或研究生教材，也可供新闻从业者、新媒体工作者学习参考。

图书在版编目 (CIP) 数据

融合新闻学 / 杜志红主编 . -- 北京：清华大学出版社，2025.3.
(普通高等院校网络与新媒体专业系列教材).
ISBN 978-7-302-68408-4

Ⅰ .G210
中国国家版本馆 CIP 数据核字第 2025J5P030 号

责任编辑：施 猛 张 敏
封面设计：常雪影
版式设计：方加青
责任校对：成凤进
责任印制：曹婉颖

出版发行：清华大学出版社
  网 址：https://www.tup.com.cn，https://www.wqxuetang.com
  地 址：北京清华大学学研大厦 A 座   邮 编：100084
  社 总 机：010-83470000   邮 购：010-62786544
  投稿与读者服务：010-62776969，c-service@tup.tsinghua.edu.cn
  质 量 反 馈：010-62772015，zhiliang@tup.tsinghua.edu.cn
印 装 者：天津鑫丰华印务有限公司
经 销：全国新华书店
开 本：185mm×260mm   印 张：11.25   字 数：240 千字
版 次：2025 年 4 月第 1 版   印 次：2025 年 4 月第 1 次印刷
定 价：49.00 元

产品编号：099469-01

普通高等院校网络与新媒体专业系列教材
编 委 会

前　　言

　　融合新闻学是关于融合新闻的学问，是媒介融合时代人们认识新闻、制作新闻、传播新闻的新型知识体系。随着媒介技术、网络技术、数字技术、人工智能技术的不断迭代，媒介融合的概念也不断更新，融合新闻的形态、观念和传播方式也不断丰富和变化，融合新闻学的研究和总结也需要与时俱进。

　　首先，融合新闻打破了原有媒体介质界限。原有媒体介质界限是指报社、广播与电视在新闻报道中使用的介质和传播载体(文字、图片、声音、活动图像等)，这一切在数字时代都实现了汇流。手机的普及让原有媒体的新闻接触终端实现了汇流，新闻原有的接收终端报纸、收音机和电视机都被手机终端所取代，这让原有媒体的新闻渠道入口逐步受到冷落，也让媒体机构的广告营收与新闻绑定的生存模式逐步解体，媒体机构被迫需要寻找新的新闻表达方式和媒体生存方式。

　　其次，融合新闻打破了原有新闻把关环境。随着社交媒体、自媒体和AI智能媒体的兴起，新闻媒体机构的专属权利被消解，新闻发布主体和平台变得多元，也让新闻的真假和价值成为突出问题。融合新闻需要重申新闻的边界和社会公共价值，针对后真相时代的新闻环境提出自己的再认知。

　　本书就是在这样的背景下展开思考和研究，力图能够与最新的媒体业界实践相结合，融汇新闻传播学术研究的最新成果。当然，本书作者也知道，随着技术更新和业界实践的创新，还会不断有更新的实践经验和研究成果不断涌现，本书力图建立一个合理科学的认识框架，并以一定的问题意识展开知识的逻辑。因此，本书既观照传统媒体机构在融合环境下的探索和转型，也关注商业化的数字媒介平台因传播新闻而获利却未能承担相应的社会公共责任所造成的问题。这两个问题密切相关，必须予以综合性的思考。这是本书的价值立场，也是努力追求的目标。

　　由于编写时间仓促，疏漏在所难免，敬请各位同行和读者不吝赐教。反馈邮箱：shim@tup. tsinghua.edu.cn。

杜志红

2025年3月

目　　录

第1章　融合时代的新闻

媒介技术的不断迭代，不断颠覆和重构着新闻的传播方式、传播环境和传播格局，也不断推动着人们对于新闻的重新思考和认知。这种重新认知既关涉过去，也联系未来。麦克卢汉曾用"后视镜"概念来比喻人类这种不断更新的认知模式："我们用后视镜看现在，我们向后看而走向未来。"[①] 新闻事业诞生一百多年来，围绕着大众传播模式展开的新闻研究和思考，形成了报学、新闻学、广播电视新闻学等依托于媒介载体的新闻学知识体系。但在今天这个网络化、融合化、智能化的传播时代，大众传播模式下的新闻学已经变成了"传统新闻学"，与之相对应的则是在新的传播环境下产生的"融合新闻学"。融合新闻学是媒介技术和传播模式不断融合发展的结果，也是随着媒介技术的融合发展而不断动态调整的学科，因而我们需要重新思考新技术条件下新闻的内涵边界、传播关系以及社会影响。

1.1　新闻的内涵与认知维度

"新闻"是一个看似简单却又复杂的词语。说它简单，是指人们在日常生活中经常提起它，都知道它是什么意思；说它复杂，是因为它常常与传播、宣传、媒介、信息等诸多概念和事物纠缠在一起，并受到这些概念和事物的影响，以至于模糊了边界。因此，关于新闻的认知，常常会涉及政治、经济、技术、文化、社会等许多领域。可以说，新闻既反映并建构着不同时代和社会的面貌，也同时被不同的时代和社会所形塑和建构。

国内外关于新闻的定义可谓数不胜数。在我国新闻学术界，对新闻较为著名的定义有两个：一是陆定一的"新闻是新近发生事实的报道"，另一个是"新闻是新近事实变动的信息"[②]。这两个定义各说出了新闻的一个侧面。也就是说，"新闻"一词应该包含两个方面的含义：一是某个发生了(或正在发生)变动或变化的事实或现象，这是新闻产生的本源——"变动产生新闻，变动是新闻之母"[③]。它强调新闻事实的客观实在性和前提决定性：事实是新闻活动的前提，先有新近变动的事实，后有新闻传播。二是关于这个发生了(或正在发生)变动或变化的事实或现象的言说与传播。它强调新闻活动中人的认识具有主观能动性，人只有先认知和把握了新闻事实，才能对其进行报道和传

---

① 马歇尔·麦克卢汉. 媒介即按摩：麦克卢汉媒介效应一览[M]. 何道宽，译. 北京：机械工业出版社，2016：73.

② 李良荣. 新闻学概论[M]. 上海：复旦大学出版社，2001：24.

③ 李良荣. 新闻学概论[M]. 上海：复旦大学出版社，2001：29.

播。也就是说，新闻虽然来源于事实，但是并不等同于事实，而是关于事实的表述。这种对于事物的表述或表征在广义上被称为"信息"。所以，也有学者将上述两个定义糅合在一起，将新闻定义为"公开传播新近变动事实的信息"[①]。

由此可以看出，事实变动和公开传播，是判断一件事情是否构成新闻的两个基本要素，也就构成了新闻与宣传、传言、情报等其他传播活动的边界。第一，如果没有事实发生变动，即使有新近发生的事实(比如太阳从东边升起)，还有对此事的公开传播，也不能构成新闻，最多算是宣传。第二，如果事实没有被公开传播，即使事实发生了变动，那么也不能构成新闻，最多算是秘闻或者情报。第三，如果没有变动的客观事实作为支撑或依据，则公开传播的相关信息也不能构成新闻，最多算是流言或者传言。

重新厘清新闻内涵的边界，在融媒体时代尤为重要。在传统新闻时代，我们往往把媒体机构报道的东西都视作新闻，而媒体机构的记者、编辑等从业者也往往自觉地承担起新闻"把关人"的角色。但是在融媒体时代，当所有人都可以在网络媒介平台发布文字、图片、视频等各类信息，能够传播新闻的网络应用平台虽然通过聚合新闻的方式从中谋利，但却不再对新闻的真实性和专业性负责。在新闻传播的公共价值遭到削弱时，就需要我们擦亮眼睛，分清楚哪些是新闻，哪些只是宣传、营销或者传闻、流言。融媒体时代，确立新闻的内涵边界意识变得比以往更加重要，构成每个人新闻素养或媒介素养的核心。

关于新闻的内涵，我们还可以从以下三个维度进行理解：一是时间维度，即"新"意味着被传播的事情应该是新鲜、新近、新生的，这是新闻内容在时间维度上的内在规定性；二是空间维度，即"闻"意味着一种传播的空间范围，一件刚发生的事情只有在空间上被广为散布，被更多的人知晓，才构成新闻；三是关系维度，即新闻怎么说、说给谁听、说到什么程度、用什么样的方式来说意味着一种关系的存在，也就是构成了一种以新闻表达为纽带的传播关系。在这种传播关系中，传播者总想影响接受者，但也常常会迎合接受者，接受者会对传播者形成一种制约和决定关系。这种传播关系是社会关系或时代环境的体现，它框定了新闻的内容、形态及话语空间。

新闻概念的丰富性，还可以从对应的两个英文单词news和journalism来理解。这两个词在英文中都是"新闻"的意思，但内涵有所区别。news由new(新的)引申而来，意味着新闻必须是新鲜的、新近的、新生的事情或事物，因此，news是新闻的本体，其性质是一种公开传播的公共性信息。journalism由journal引申而来，其本义是"航海日志、日记"[②]，与journey(旅行、行程)同属于一个词根journ(一天，每日)，它包含两层意思：一个是时间的及时；另一个是空间上的远距离。也就是说，journalism主要指及时地记录和传播远处新鲜事情的机构或事业，而新闻记者(journalist)是新闻

---

① 陈霖.新闻学概论[M].苏州：苏州大学出版社，1997：11.

② 陈霖.新闻学概论[M].苏州：苏州大学出版社，1997：10.

业(journalism)的从业者。对于这两个词来说，news更多的是作为客体，是被传播的内容、形式或话语，主体则是journalism，它作为一种社会事业体制或者文化机制，受到外部社会环境和内部新闻系统的双重影响。所以，新闻学研究既要研究新闻表达的内容和形态，又要研究决定了新闻内容和形态的新闻业内外的各种复杂关系。

作为news的"新闻"，与人类的历史一样久远。远古人类为了谋求生存和发展，会密切关注周围环境的变化，这些变化直接关系到他们的生存，因此传播关于周边环境变化的消息，就是最早的新闻。我国古代关于"千里眼""顺风耳"的神话传说就反映了远古人类对于获取和传递远方新闻的某种需求和渴望。从这个意义上说，"新闻活动是一种普遍的社会现象，是人类求生存图发展的需要"①。所以，每个时代、每个社会的人要想生存和发展，都必须关注周遭环境的变化，这样才能及时调整自己的认知和决策，做出正确的应对。这意味着"新闻"作为一种活动自古有之，并非从近代才开始的。

但是，作为journalism的"新闻"，是后来产生的一种社会制度安排。因为社会分工的加剧、社会复杂性的增强，以及印刷术、电子传播技术的不断发展，需要一个专门的行业或职业来从事新闻的采集、生产和传播，"新闻业"就此诞生。当然，由于社会制度和经济环境的不同，新闻业在不同的国家有着不同的形态。政治、经济和文化、科技的因素，塑造了不同时代、不同社会环境的新闻业，新闻业有着商业性、公有性和公共性等不同的属性。这些属性决定了媒体机构遵循不同的运作逻辑，也规定了新闻表达的内容、形态和话语方式，甚至影响到人们对新闻本体的认知。

随着网络技术、通信技术和数字技术的不断迭代，采集、摄录和传播新闻的网络媒介平台越来越多，也让每一个普通人都可以便捷地在网络空间传播和获取新闻，这从根本上动摇了以职业性新闻业为主体的新闻传播格局，同时也让新闻与媒介的关系越来越凸显，随着网络媒介、社交媒介、智能媒介的融合不断加深，新闻报道的主体变得多元，新闻的内涵也发生了变化，新闻报道的组织方式、传播方式和新闻价值要素开始越来越受到大数据和算法等智能媒介底层逻辑的影响，新闻生产过程中人与机器的关系也不断被重构。

1.2　新闻与媒介

新闻与媒介的关系可以概括为两个方面：新闻离不开媒介，媒介形塑新闻。

1.2.1　新闻离不开媒介

新闻的传播必须借助于一定的媒介，离开媒介，新闻无法传播。新闻只有借助媒

---

① 李良荣. 新闻学概论[M]. 上海：复旦大学出版社，2001：12-14.

介,才能跨越时空,散布和公开在广泛的社会群体中。那么,什么是媒介?

日常生活中,我们提起媒介,自然会想到报纸、广播、电视、互联网等能够进行信息传递的介质或载体,或者专门负责信息传递的机构或组织,如报社、电台、电视台或网站等。但这只是狭义的媒介,或者说是广义媒介的一个组成部分。

从词源上讲,媒介译自英文"media",它源自拉丁文"medium"。从12世纪开始,英语"medium"一词被用来表达"中间的事物"或"介于两点之间"的意思。媒介可以是一种事物、物质和关系,甚至是介于某些事物之间的人。从14世纪开始,媒介成为组织交换关系的个人或机构,如银行是交易者之间的媒介。19世纪中叶,"媒介"一词开始被用来描述大众传播渠道,先是报纸,随后是电影院和广播,最后是电视。20世纪,"媒介"一词开始被用来指称在社会中创造与扩散意义的机构和技术[1]。1960年,"媒介"成为一个术语,用于描述实现跨时空社会交往的不同技术与机构,进而受到特定学术领域的关注和研究[2]。随着20世纪中叶计算机的发明,"媒介"一词用来表示存储数据的物质,如磁带或硬盘。21世纪,媒介也指人们用来创建、分享和访问信息的数字平台和设备[3]。

从媒介概念的演变来看,一直以来,我们都在不断发明、投入使用并重新定义媒介。在彼得斯看来,媒介是人类在体外存储信息的工具,使用媒介是人类区别于动物的一种特殊能力,是人类的独特之处[4]。当然,媒介不仅仅是人类在体外存储信息的工具,还可以让事物得以显现,正如戴维·阿什德所言:"媒介就是在社会活动中使可见的或确实的事情显现出来的任何过程、方法或技术。"[5]

广义的媒介是指任何能够起到连接转换功能的中间物,是"连接、触发与转变的不断运作,是'媒''介'的互动和呼应"[6]。因此,但凡能够实现跨时空社会交往的中间物,都可以视作媒介。麦克卢汉正是从这个意义来理解媒介的,并将其视作人的延伸。在他看来,口语、书面词、道路、数字、服装、住宅、货币、时钟、自行车、汽车、飞机、电话、唱机、武器、自动化等都是媒介。正如他所言:"任何媒介(即人的任何延伸)对个人和社会的任何影响,都是由于新的尺度产生的;我们的任何一种延伸(或者说任何一种新的技术),都要在我们的事务中引进一种新的尺度。"[7]

---

① 尼古拉斯·凯拉. 媒介与社会:权力、平台和参与[M]. 任孟山,陈文沁,译. 北京:中国传媒大学出版社,2023:13-14.

② 克劳斯·布鲁恩·延森. 媒介融合:网络传播、大众传播和人际传播的三重维度[M]. 刘君,译. 上海:复旦大学出版社,2012:59-60.

③ 尼古拉斯·凯拉. 媒介与社会:权力、平台和参与[M]. 任孟山,陈文沁,译. 北京:中国传媒大学出版社,2023:14.

④ 尼古拉斯·凯拉. 媒介与社会:权力、平台和参与[M]. 任孟山,陈文沁,译. 北京:中国传媒大学出版社,2023:14.

⑤ 戴维·阿什德. 传播生态学:控制的文化范式[M]. 邵志择,译. 北京:华夏出版社,2003:53.

⑥ 黄旦. 听音闻道识媒介——写在"媒介道说"译丛出版之际[J]. 新闻记者,2019,(9):46-50.

⑦ 马歇尔·麦克卢汉. 理解媒介:论人的延伸[M]. 何道宽,译. 商务印书馆,2000:17.

法国媒介学家德布雷认为，在媒介学中，媒介是指"在特定技术和社会条件下，象征传递和流通的手段的集合"①，一般来说，媒介包括语言体系、社会符码、身体感知器官、物质载体、输入或复制的技术手段等。他还将人类的文明史大致分为三个"媒介域"：文字言语为主要传播手段的"文字(逻各斯)域(logosphere)"、传播方式建立在印刷工艺基础上的"印刷(书写)域(graphosphere)"，以及声音和图像主导的"视听(图像)域(videosphere)"②。在德布雷看来，每个时代的媒介域都可能混杂着不同的技术载体，这些不同种类的信息传播载体会赋予时代不同的思维和行为方式。每一次媒介技术革命并不一定在物质形式上消除以前的媒介文本，只不过是让先前的媒介文本所承载的社会地位和角色功能有所改变。这种改变的发生，一方面是因为新的媒介技术会改变社会的游戏规则，另一方面是因为新媒介技术会重新解构社会力量的组合方式，"简单地说，每个新媒介都会绕过先前的媒介所培育的媒介者阶层"③。

德国媒介理论家弗里德里希·基特勒将人类媒介的变迁历程划分为象征时代、技术时代和数字时代。早期的人类在体外存储信息的物质载体是洞穴、岩壁等，后来人类开始在自己发明或制造出来的其他材料上记录信息，如龟甲、兽骨、石碑、泥板、青铜器、莎草纸、卷轴等。这些早期的媒介就是象征性(symbolic)技术，这些媒介可以称为"象征媒介"。人类通过对世界的感知，将其转化成手绘图画或文字。此外，人们还发明了信鸽或者烽火、烟雾等信号来编码信息，尝试跨越空间传递信息。

15世纪，印刷机的发明标志着人类从象征时代走向技术时代。人类发明了包括印刷机在内的一系列机械，用来复制符号、跨越空间传递信息，还可以捕捉、存储光和声音，这些机械被称为"技术媒介"，因为它们不需要通过人将现实转化为符码(如字母表)，而是把一种媒介的内容存储在另一种介质上。例如，相机把光影存储在胶片上，声音存储在黑胶唱片上④。到了19世纪末，无线电的发明推动着捕捉、传输光和声音媒介技术，加速提升了媒介技术跨越时空传播的能力，使之超越了人体和感官的极限。20世纪初，媒介不断制度化与工业化，职业化的新闻业与现代传媒产业同时产生，新闻媒体成为大众社会日常生活的核心，也成为政治经济进程的关键机构。

在技术媒介发展成熟之后，"数字媒介"出现。数字媒介与技术媒介的区别在于，技术媒介是把一种介质存储到另一种介质中(如胶片上的光、磁带上的声音)，而数字媒介是把所有信息(包括光、声音、文本)都转换为二进制代码。这样一来，媒介不仅可以存储和传输信息，还可以处理和操纵信息。到了21世纪，数字技术和网络传输技术不断升级，发展出了参与性强、高度商业化和数据驱动的特质，渗透到社会日常生活的方方

---

① 雷吉斯·德布雷.普通媒介学教程[M].陈卫星，王杨，译.北京：清华大学出版社，2014：4.
② 雷吉斯·德布雷.普通媒介学教程[M].陈卫星，王杨，译.北京：清华大学出版社，2014：456.
③ 雷吉斯·德布雷.普通媒介学教程[M].陈卫星，王杨，译.北京：清华大学出版社，2014：29.
④ 尼古拉斯·凯拉.媒介与社会：权力、平台和参与[M].任孟山，陈文沁，译.北京：中国传媒大学出版社，2023：16.

面面，这些数字媒介越来越平台化和智能化。智能手机的出现更是使互联网演变成一种参与式、数据驱动的媒介基础设施。这些数字化的媒介基础设施平台建构了一种全新的参与性和数据驱动的生态系统，正在成为新闻制作、传播和商业化的中心节点，深刻地改变了新闻业的社会环境和传播逻辑。

另外一位学者克劳斯·布鲁恩·延森则把媒介分为三个不同的维度：第一个维度是人的身体，它是面对面的交流活动得以实现的物质平台；第二个维度是大众传播的技术性生产手段，它以模拟信号传输为特征；第三个维度是数字技术，它催生了一对一、一对多以及多对多的网络化交流与传播活动①。他认为每一种媒介都由物质载体、媒介意涵和媒介制度构成。"媒介同时是物质的载体、表达的话语或情态形式(modal forms)以及全社会对于交互活动的形成与限制加以规范的制度。"②其中，物质载体是传播的物质条件，媒介意涵是传播的话语、体裁与形式，媒介制度是介于行动与结构之间的社会传播系统。虽然互联网整合了印刷媒介、视听媒介，并将它们共同置于一种语境之中，但人际传播仍然扮演着核心应用的角色。新媒介的不断累积并不会取代面对面的接触，也不会取代旧媒介，"与此同时，人类不仅占据着以技术为中介的传播活动中的关键位置，还是后者的原型"③。

综上所述，虽然关于媒介的认识角度各有不同，但新闻都是这些媒介的重要内容，甚至许多媒介就是为了传播新闻而发明的。而这些用来传播新闻的媒介，反过来又会以自己的方式影响或形塑各个时代的新闻。

1.2.2　媒介形塑新闻

新闻离不开媒介，而媒介也形塑着新闻的选择标准、内容形态和价值观念。正如戴维·阿什德所言："媒介远非信息传送的中立的通道，它们是具体的行为代理机构，是各种意义的定位和建构的代表或表达。"④媒介以自己的物质条件和技术逻辑形塑新闻。

媒介对新闻的形塑由来已久。最初是口头传播的新闻。这种新闻往往有着一个娓娓道来的散漫的叙事，交流新闻或流言相当于早期部落中人与人之间一种独特的梳毛活动。"和动手梳毛一样，花时间和某人聊天是建立或加强社会纽带的一种方法。"⑤也

① 克劳斯·布鲁恩·延森. 媒介融合：网络传播、大众传播和人际传播的三重维度[M]. 刘君，译. 上海：复旦大学出版社，2012：4.
② 克劳斯·布鲁恩·延森. 媒介融合：网络传播、大众传播和人际传播的三重维度[M]. 刘君，译. 上海：复旦大学出版社，2012：61.
③ 克劳斯·布鲁恩·延森. 媒介融合：网络传播、大众传播和人际传播的三重维度[M]. 刘君，译. 上海：复旦大学出版社，2012：4.
④ 戴维·阿什德. 传播生态学：控制的文化范式[M]. 邵志择，译. 北京：华夏出版社，2003：54.
⑤ 汤姆·斯丹迪奇. 从莎草纸到互联网：社交媒介2000[M]. 林华，译. 北京：中信出版社，2015：20.

就是说，口传新闻需要考虑对方的接受过程，往往会选择以讲故事的方式来展开，新闻的形态表现为故事，这是口语媒介对新闻的形塑。

报纸时代的媒介技术对新闻的形塑主要表现在两个方面：一方面是对新闻时效性的形塑。报纸时代的新闻建立在延迟性的基础上，所有的新闻都发生在昨天或者更早，新闻要经过耗费时间的采写、编排和印刷等工序，纸质报纸的传递需要借助人力、马车、铁路、轮船等交通工具，报纸来到读者面前，新闻事件已经过去了几天或半个月甚至更长时间。另一方面是对新闻内容形态的形塑。由于报纸时代的新闻传输受限于交通工具，无法追求时效性，有充分的时间追求深度与完整性。"报纸时代的新闻在时间观念上面向过去，关注曾经发生的事情，新闻要反映历史的动力、因果关系等有深度的内容。人的书写与印刷机的复制要消耗时间，这个过程要经过思想沉淀，然后生产出一个有形产品。"① 19世纪电报的发明，让新闻的传播跨越了地理空间，摆脱了对交通工具的依赖，不仅极大地提高了新闻的时效性，也扩大了新闻内容的覆盖范围。借此，报纸可以把远方的新闻带到本地的读者面前。同时，因为电报信号质量问题和电报价格的影响，记者发回电报需要用最简洁的文字来报道新闻，最重要的事实优先放在最前面，这就形成了报纸新闻文体中著名的"倒金字塔结构"。这是电报这种媒介技术形塑新闻写作的典型范例。

伴随着无线电的发明，广播和电视媒介的兴起，让新闻的直播成为可能。广播电视媒介进一步形塑了新闻的时效性。新闻关注的重点转向当下正在发生的事实，新闻报道的时效性，由"TNT"(today news today)，变成了"NNN"(now news now)，即由"今天的新闻今天报"变成"现在的新闻现在报"。由于电视直播的滚动播出，新闻不再是已经完成的故事，而是不断追踪和更新的事件信息进展，同时记者在前方的报道更多地代入了个人的体验，从而让新闻报道体现出人性化或个性化的色彩。更重要的是，由于电视属于视听影像媒介，它的新闻选题标准与报纸有着很大的不同，在新闻呈现上更多地会选择具有视觉效果的事件或题材。正如阿什德所指出的，西方电视新闻更愿意选择那些具有戏剧性视觉场景潜质的事情，如爆炸、轰炸、人们在奔跑以及人们的一系列情感反应。"视觉戏剧效果、动作、冲突和感情，也许是最好的公式，荧屏上的动作是关键"②，"冲突、戏剧性、动作，特别是战争因多种理由而具有新闻价值，它们对电视新闻而言具有特殊的意义"③。

数字技术、网络传输技术的出现，从多个方面颠覆了传统媒体时代的新闻，形塑着一种新型的"新闻"形态。

首先，新闻的传播介质与载体的融合。数字技术让传统媒体泾渭分明的新闻传播介质融合在一起。报纸的文字和图片、广播的声音和电视的视听图像都脱离了其原有的物

---

① 吴璟薇. 人工智能如何改变新闻：技术、媒介物质性与人机融合[M]. 北京：中国人民大学出版社，2023：2.

② 戴维·阿什德. 传播生态学：控制的文化范式[M]. 邵志择，译. 北京：华夏出版社，2003：105.

③ 戴维·阿什德. 传播生态学：控制的文化范式[M]. 邵志择，译. 北京：华夏出版社，2003：165.

质载体，而被转换成二进制代码，而且可以在一个终端上同时观看。这导致新闻的表达形式常常集文字、图片、声音和视频于一身，形成综合性的新闻报道形态，媒体记者必须从原来的具备单个技能转向具备复合型技能。这是最初意义上的"媒介融合"，也是融合新闻学的技术基础和起步原点。

其次，新闻的时间性被重塑。数字媒介让新闻传播速度变得更快，"数字新闻不仅更贴近当下，还试图超越当下，关注未来的事情，充满着'或然'的猜测。"[①]这意味新闻不再仅仅意味着过去，还有面向未来的时间体验。社交媒体上的一些所谓"新闻"往往无头无尾，要素不全，甚至成为"无时间的新闻"。时间线的混乱，扰乱了新闻的真实性。经常是若干年前发生的事情，加上耸人听闻的标题，就被当成当下的新闻。同时，社交媒体或自媒体的巨量化，让网络上的新闻性信息泛滥过剩、真假难辨，社会进入"后真相"时代。

第三，新闻的传播主体多元化，新闻内容情绪化。社交媒体和自媒体的出现，从某种意义上解构了新闻发布的原有控制系统，让新闻采制和发布不再是报社、电台、电视台等传统媒体机构的专属行为，"人人皆记者""人人都有麦克风"，这意味着新闻的传播主体变得广泛而多元，也意味着新闻传播的专业性由于业余传播者的激增而受到巨大的挑战。"几乎所有人都能够和其他人交换文本、声音和图像……布莱希特在20世纪20年代提出的一个论断，'每个人都可能即时地告诉所有人任何事情'，现在已经成为日常生活中的真实效应。"[②]社交媒体和自媒体带来海量的、碎片化的信息，这些信息大部分属于个体性的感受、体验或情绪，有时会用新闻性的陈述来进行包装，但很少被核实与验证，与媒体机构理性、客观的新闻报道形成强烈反差。这种现象在短视频中较为突出，它们以激发观众的情绪为手段，达到刺激转发、评论的流量目的，甚至有的自媒体为了追求流量，不惜编造一些奇人怪事，致使"新黄色新闻"[③]在一些数字媒介平台上泛滥成灾。

第四，新闻传播模式平台化。随着大数据、算法和智能推送技术的不断发展，新闻传播格局被一种灵活的、参与式的、数据驱动的媒介平台接管，这些数字平台通过搜索引擎和新的内容聚合方式，提供对新闻文章或视频的直接访问，拆解了传统媒体原有的新闻内容、渠道与广告"捆绑的集合体"[④]。这种捆绑原本是传统媒体维持新闻生产

---

① 吴璟薇. 人工智能如何改变新闻：技术、媒介物质性与人机融合[M]. 北京：中国人民大学出版社，2023：3.

② 西格弗里德·齐林斯基. 媒介之后：来自逐渐退潮的20世纪的消息[M]. 张艳等，译. 同济大学出版社，2023：16-17.

③ "新黄色新闻"，特指一种单纯追求煽情性、趣味性和娱乐性的新闻类型，借用或对照的是一百多年前美国新闻史上的"黄色新闻"概念。它具有虚张声势的浮夸外表和要素残缺的碎片化趣味；它的出现源于新技术环境下内容生产门槛的降低和商业性数字媒介平台流量至上的算法推送机制；"新黄色新闻"泛滥成灾，会占领受众和网络空间的注意力，消解新闻传播的公共价值。

④ 何塞·范·迪克，托马斯·普尔，马丁·德·瓦尔. 平台社会：互联世界中的公共价值[M]. 孟韬，译. 大连：东北财经大学出版社，2023：52.

和运营的生存之道，因为制作和发布新闻的高成本，必须以一定的广告经营收入作为支撑。传统媒体其实是一种双重生产：通过采访和制作生产出新闻产品，通过传播新闻生产出受众注意力，然后将受众注意力卖给广告商。然而数字媒介平台的搜索引擎功能和各类新闻聚合器"拆分"了新闻内容与广告的关系，也将新闻内容与受众分开，并通过提供对新闻条目的直接访问，将新闻内容"重新捆绑"，使自己成为获取新闻的主要门户，这导致对新闻选择的掌控从新闻机构转向平台[①]，也导致新闻机构开始失去对新闻管理的控制，从根本上削弱了专业新闻的特权地位。

被平台"拆分"又"重新捆绑"的新闻，让"什么新闻是值得传播的"标准发生了巨大变化。传统新闻的把关人及其新闻专业性体现在对于社会公共利益的坚守，"选题内容一直是专业新闻的本质，反映了一个新闻机构对社会、政治、文化公共价值的判断，现在，人的选择权正在转移到平台部署的算法能力上。"[②]而这些拥有垄断地位的数字媒介平台往往是由国际资本在背后支持的科技企业，其运营宗旨是谋取利润而非维护公共利益。因此，其算法设计大都是本着最大限度地吸引用户的原则——流量至上，而非公共利益至上。即使平台有所谓审核机制，那些标准也是标签化的、机械的、一刀切的，缺乏传统新闻机构的编辑思维[③]。这些垄断性的数字媒介平台常常辩称自己是一家科技公司而不是媒体，这样就既夺取了新闻传播的主导权，又拒绝承担新闻传播业务中应该承担的公共责任。

综上所述，因为新闻的传播离不开媒介，媒介又形塑着新闻，所以关于新闻的认识和研究必然无法抛开媒介的因素和视角。传统新闻学建立在报刊、广播、电视的媒介特性和传播环境之下，融合新闻学必然建立在媒介融合的传播环境之下。认识和理解媒介融合的演进过程，以及媒介融合对新闻生产和传播各个环节的影响，就构成了本书的基本思路和整体框架。

1.3　融合新闻学的基本框架

媒介融合的传播环境是融合新闻学产生的基础。融合新闻学的基本原理，就是沿着媒介融合的发展逻辑，重新审视新闻生产的各个环节如何受到了介质融合、渠道融合、把关机制变迁以及算法传播逻辑的影响。因此融合新闻学的基本框架应该包括以下几个方面。

---

① 何塞·范·迪克，托马斯·普尔，马丁·德·瓦尔. 平台社会：互联世界中的公共价值[M]. 孟韬，译. 大连：东北财经大学出版社，2023：53.
② 何塞·范·迪克，托马斯·普尔，马丁·德·瓦尔. 平台社会：互联世界中的公共价值[M]. 孟韬，译. 大连：东北财经大学出版社，2023：64.
③ 何塞·范·迪克，托马斯·普尔，马丁·德·瓦尔. 平台社会：互联世界中的公共价值[M]. 孟韬，译. 大连：东北财经大学出版社，2023：66.

第一，融合新闻学产生的媒介技术基础。媒介介质的融合导致了传统新闻媒介介质那种泾渭分明的格局不复存在，也导致了原有新闻媒体机构在业务、观念和操作等层面的巨大变革。

第二，融合新闻生产运作的基本逻辑和框架。媒介融合催生了融合性的生产逻辑、架构和模式，促使新闻媒体机构在采编流程和机制、报道策划与组织、传播反馈与管理方面发生巨大的变革，成为一种全媒体化的新闻生产运作模式。

第三，融合新闻生产的多媒体形态和跨媒介叙事。媒介技术的不断迭代，让新闻的形态变得多元，同样的新闻内容呈现出不同的媒体形态，并在不同的网络空间进行传播，甚至展开多平台的协作生产，形成跨媒介的叙事形式和叙事话语。

第四，融合新闻的数据化、算法推荐与平台化传播。在数字媒介平台已经成为新的新闻传播的基础设施的今天，新闻的传播已经不再依赖传统媒体的发布渠道，新闻的阅读和生产为平台生产了大量的数据，平台根据算法和用户的使用痕迹来进行新闻的筛选和把关，大数据和算法逻辑重新定义了新闻价值，新闻内容生产呈现主体多元、互动性强、多级传播的特点。这就需要全社会对新闻生产进行重新审视，加强平台化新闻的社会责任感，强化新闻机构的新闻生产能力，提高公众的新闻素养，从而让新闻更好地服务社会。

第2章 融合新闻基础

回首新闻学产生和发展的历程，会发现新闻与媒介的关系密不可分。早期的新闻学建立在报纸媒介的发展壮大基础之上，所以新闻学一开始也被称为"报学"。后来随着广播电视媒介的出现和不断发展，出现了广播新闻学和电视新闻学。这一现象揭示了新闻总是会承载于一定的媒介，而一定的媒介也会按照自己的逻辑来塑造新闻的内容和形式，形成新闻报道和传播的媒介框架。从这个意义上说，融合新闻或融合新闻学同样也是媒介融合时代的产物，媒介融合现象，构成了融合新闻和融合新闻学产生的技术基础与环境基础。因此，认识融合新闻，需要从认识媒介融合现象开始。

2.1 媒介融合的技术基础与发展历程

2.1.1 媒介融合的技术基础

"媒介融合"一词，译自英语词汇"media convergence"，研究者还把它翻译成"媒体融合""媒介整合""媒体整合"等。这一概念的提出源于20世纪末、21世纪初多种媒介技术的发展和革新，其中数字技术、网络技术和通信技术是媒介融合的重要推动力量。"融合"之所以发生，首先在于原有边界的消除，让原本泾渭分明的各种媒介和传播现象实现了某种形式的汇流或互通。

第一，数字技术导致"媒介边界的消除"。数字技术让一切传播介质都可以以数字的方式进行记录、压缩、复制和传输，文字、图片、声音、图像等所有媒介内容都可以转化成二进制的字节代码来存储和传输。在数字技术出现之前，报纸媒介以文字和图片作为传播介质，广播媒介以声音作为传播介质，电视媒介以声音和图像作为传播介质，三者在传播信息和媒体经营方面互相之间"井水不犯河水"，各自有自己的业务和经营边界。数字技术的出现，让三种传统媒体的传播介质都可以以数码形式存在，这就导致了三者以数字形式实现了汇流，实现"媒介边界的消除"。"媒介边界的消除"奠定了人们关于媒介融合想象的技术基础。

第二，网络技术导致"传受边界的消除"。网络技术通过将所有计算机端口变成一个个可以连接入网的节点，每个节点都可以轻松进入网络空间，并在其中上传内容，这让人类存储信息、交换信息、搜索信息的能力大大增强。特别是社交媒体的出现，让每个人都可以随时随地上网接收各种信息，同时也可以随时将自己的意见上传到网络空间，社交媒体用户的身份在传播者与接收者之间随意切换，完全颠覆了大众传播媒体原有的传受关系，这就导致了"传受边界的消除"。

第三，通信技术导致"时空边界的消除"。4G通信技术的出现，使智能手机成为汇聚网络内容的新型终端设备，并且能够随时随地进行文字、图片、声音、图像等内容的输入，把人类从接受和传播信息的固定空间中解放出来，实现了人类随时随地交流信息的梦想。这意味着信息传播"时空边界的消除"。

技术的发展和原有边界的消除，打开了人类关于媒介融合的各种想象。国内外学者首先对此类媒介变革的现象进行了研究和探索。经过多年的探讨，国外学者关于媒介融合概念和内涵的阐述在国内得到了广泛推介，国外媒体所探索的媒介融合实践也逐渐为人们了解，一些共识正在达成。但同时，关于媒介融合的争议也从来没有停止，媒体进行的各类媒介融合的实践探索也充满了坎坷和荆棘。这一切又促使人们对媒介融合进行不断的质疑和反思。

2.1.2 媒介融合的认识历程

对于媒介融合的认识，总是建立在技术发展的实践基础之上，而技术发展不断迭代，对于媒介融合的认知也就不断推进和深化。同时，认知与实践之间，也是互相印证和互相推动的。

1. 媒介融合的思想源头

一般认为，"媒介融合"的思想最早来自美国学者伊契尔·德·索勒·普尔(Ithiel De Sola Pool)教授所提出的"传播形态聚合"(the convergence of modes)的概念。早在1983年，他在《自由的技术》(*The Technologies of Freedom*)一书中指出："一种物理形态的网络将能够承载所有类型的媒介服务，而一种媒介服务也可以发布于任何物理形态的网络。"[①] 参照他的解释，"媒介融合在最初的意义上是指传播介质融合，即文字、图片、声音、图像等多种传播介质合为一体，组成一个更先进和更便捷的信息传播平台——互联网"[②]。

进入20世纪90年代，媒介融合作为一个概念被明确提出来，并被赋予了这样的核心思想："随着媒体技术的发展和一些藩篱的打破，电视、网络、移动技术的不断进步，各类新闻媒体将融合在一起。"[③] 这一论断，将媒介融合的概念从最初的介质融合上升到媒体类型融合和媒体机构融合的层面，从而使媒介融合涉及的范围变大，媒介融

---

① 邓建国. 媒介融合：受众注意力分化的解决之道[J]. 新闻记者，2010(9)：56-60.

② 赵星耀. 认知媒介融合的既有理论与实践[J]. 国际新闻界，2011，33(3)：65-69.

③ 高钢，陈绚. 关于媒体融合的几点思索[J]. 国际新闻界，2006(9)：51-56.

合的概念开始从狭义的介质融合拓展到了广义的媒介融合。美国西北大学教授李奇·高登把广义的媒介融合概括为6个方面，即"媒体科技融合、媒体所有权合并、媒体战术性联合、媒介组织结构性融合、新闻采访技能融合、新闻叙事形式融合"[1]。这样，从技术融合到新闻采编技能融合，再到媒介组织融合、所有权融合、媒介文化融合、产业融合等，媒介融合的受关注领域很快超越了新闻传播，进入到了政治、经济、文化等多个领域。西方学者对媒介融合的研究也呈现多样化、多视角和跨学科的特点。

2. 国内对于媒介融合的认知

2005年以后，媒介融合这一概念较为集中地被推介到国内，并很快受到一大批新闻传播研究者的关注。在对其推介和研究过程中，学者试图对媒介融合的概念内涵进行界定。有学者将媒体融合定义为："现代信息技术推进的信息传播的技术手段、功能结构和形态模式的界限概念及能量交换。"[2]有学者认为："媒介融合就是指在数字技术和网络技术的背景下，以信息消费终端的需求为指向，由内容融合、网络融合和终端融合所构成的媒介形态的演化过程。'任何人'在'任何地点'和'任何时候'获取'任何想要的东西'，这是所有媒介在数字化时代发展的内在驱动力和终极目标，由此带来了传统媒体和新媒体、传统传媒产业和其他产业之间的交融，形成了融合化的'大媒介'产业形态。"[3]

由于那时社交媒体、移动媒体以及数字媒介平台还没有形成气候，以上这些定义都是基于当时的技术条件所作的想象性概括。因此有学者指出，由于语境的不同，国内学者在谈论媒介融合概念时，出现了含义泛化的现象，在使用"媒介融合"这一概念时，指称对象也有不同：有的指向传播介质(文字、图片、声音等)融合；有的指向传播媒体(报纸、广播、电视、网络等)融合；有的指向媒体组织(报社、广播电台、电视台、网站等)融合；有的指向媒体产业(报业、广播电视业、互联网业等)的融合。

综上所述，早期关于媒介融合的认识还是局限在传统媒体变迁的视域内，认为其是一场由数字技术的出现而导致的媒介的合流，先是传播介质的融合，进而连带着媒体形态、媒体组织、媒体产业的融合。但是，这个时候大部分学者还无法预见到社交媒体的出现所带来的新闻生产主体的多元化和媒体用户传受一体化的问题，也没有认识到数字媒介平台对于新闻生产的颠覆性影响。

3. 业界的融合实践

在学者想象和探讨媒介融合问题的同时，媒体业界也没有停止探索和实践的步伐。尽管有美国学者认为，媒介融合最初只是"一个新闻学上的假设"[4]，然而，这个关于

① 宋昭勋. 新闻传播学中Convergence一词溯源及内涵[J]. 现代传播，2006(1)：51-53.

② 高钢. 媒体融合：追求信息传播理想境界的过程[J]. 国际新闻界，2007(3)：54-59.

③ 王菲. 媒介大融合[M]. 广州：南方日报出版社，2007：9.

④ 高钢，陈绚. 关于媒体融合的几点思索[J]. 国际新闻界，2006(9)：51-56.

未来新闻工作状态的大胆设想，却引发了媒体大规模合并与联合的尝试与探索。传播介质融合的技术趋势，最终走向了传播媒体、组织机构、媒体产业等多方面融合的实验和实践。

最为著名的是美国的"坦帕融合"。它被视为关于媒介融合的一种大规模实验。这个实验始于2000年，美国的媒介综合集团(Media General. Inc)投资四千万美元在佛罗里达州坦帕市建造了一座传媒大厦，取名"坦帕新闻中心"(Tampa's News Center)，将下属的《坦帕论坛报》及其网站Tampa Bay Online、电视台WFLA-TV，还有集团网站TBO. com的编辑部门集中起来运行。集团设立"多媒体新闻总编辑"，统管三类媒介的新闻报道，使三类媒介在新闻采编方面实现了联动①。这个融合实验的核心内容可以概括为，记者必须跨平台承担不同媒体交给的工作。媒体将穿越不同的形式，打破藩篱，创造出媒体融合的新平台②。

围绕这样的设想，坦帕新闻中心大致实施了如下几个方面的融合实践。

第一，对新闻编辑部进行整合。三楼的报社记者搬到了二楼，跟电视记者一起办公，所有采编人员都要给报纸、电视、网站等三个平台同时做新闻，不再让他们的员工只为一家媒体服务。人员规模从两年前的450人减少到300人。第二，要对记者队伍进行培训，培养能在电视、网站和报纸三个平台上做报道的年轻人。第三，对新闻报道的流程和机制进行改革。改造后的新闻生产流程是这样的：一个全能记者到达现场后，首先用黑莓手机拍摄现场照片，以最快速度发到公司的新闻网上；之后，用摄像机拍摄视频，如果着急，要把这些视频放到车上的移动电脑里，通过电脑卫星传送，如果不着急则带回编辑部，剪辑后提供给电视台用。这些都要在30分钟内完成，这对全能记者的技能要求很高。如果报纸决定要用这条报道，可根据视频画面和采访内容整理生成相关报道，还可派记者继续深入报道。如果新闻事件特别重大，还要在网上建立专题，滚动报道，不断更新。③

与媒介综合集团的坦帕融合实验几乎同步，美国的论坛公司(The Tribune Company)"以自己所拥有的并且同在一个地区的报社、电视台和网站作为基础，构造了不同类型的'融合新闻'的平台"④。2000年，美国在线和时代华纳合并组建起传媒巨人"美国在线—时代华纳"。许多媒体还致力于打造自己的"全媒体记者"。美国那不勒斯每日新闻成立多媒体中心，要求记者同时采集视频新闻、广播新闻和摄影新闻。《华盛顿邮报》对记者进行技术轮训，培养记者的电视新闻采集与制作技术，每周指定5名记者专门采集视频新闻，目标是培养100名专职视频新闻记者⑤。

---

① 蔡雯. 媒介融合前景下的新闻传播变革与新闻教育改革[J]. 今传媒，2009(1)：21-24.

② 高钢，陈绚. 关于媒体融合的几点思索[J]. 国际新闻界，2006(9)：51-56.

③ 张志安. 融合时代的变与不变——美国传媒业考察随感[J]. 南方传媒研究，2010(25)：6-8.

④ 蔡雯. 媒介融合前景下的新闻传播变革与新闻教育改革[J]. 今传媒，2009(1)：21-24.

⑤ 陈国权. 气喘吁吁的全媒体记者[J]. 中国报业，2011(12)：52-54.

在国内，有关媒介融合的实践也逐渐展开。许多报社、广播电台、电视台等传统媒体组织借助于互联网、手机、"三网融合"等新媒体技术，或独立开发，或与网站、通信运营商联手，通过报网互动、台网互动等举措，尝试推出电子报、手机报、网络电视、手机电视、手机广播、移动电视等新业务。例如，2006年9月，北京人民广播电台开通移动数字多媒体广播；2008年3月，烟台日报传媒集团成立全媒体新闻中心，进行"从集团层面再造采编流程，并实现内容集约化制作"的课题实验；2009年5月，新华社组建多媒体中心，尝试开发多媒体的产品形态；2009年12月28日，央视国际网站整体转型为中国网络电视台；等等。

2008年，杭州日报和杭州网联合推出滚动新闻。此后，杭州日报组建跨媒体的滚动新闻中心，滚动新闻中心记者都具备三栖甚至四栖的综合能力，即文字、摄影、视频、主持等①。烟台日报传媒集团组建了全媒体新闻中心。记者向全媒体新闻中心提供原材料产品，不再局限于向哪家媒体供稿，而是向集团下所有的媒体供稿。一般一个新闻事件由两三名记者出去采访，既摄像，又拍照，还录音，还要用笔记录，成为真正的全媒体记者。烟台日报传媒集团的全媒体记者由于特征比较明显，诠释得比较到位，在国内报界比较典型，有很多报业同仁前往参观学习。

4. 国内关于媒介融合的争论

这一时期国内外的媒介融合实践，大致经历了这样一个探索过程，即"多媒体→媒介融合→媒体整合→全媒体"。然而，尽管业界的探索实践风风火火，一些学者通过考察还是发现，在热热闹闹的实践探索之后，成功的案例相对较少。

比如，2009年12月9日，传媒巨头时代华纳(Time Warner)和美国在线公司(American Online，AOL)正式分离。"AOL'迎娶'时代华纳时的市值高达1630亿美元，而分手时预估市值为34亿美元，仅相当于最初的2.1%"②。这意味着曾轰动全球、被誉为媒介融合典范的"世纪大合并"不到十年就走到了尽头。

在国内，经历了多年的报网互动和报网融合探索后，报业自身及报办网站的发展趋势不容乐观。一方面，"全国报纸持续滑坡已经是定局……报纸全行业停滞，相当多的报社经营出现大幅缩水"③；另一方面，报办网站的社会影响力和盈利能力不尽如人意，"过去十年，除新闻门户类网站以外，没有一家成功的，人民网、新华网、浙江在线等新闻单位所办网站都占尽了天时地利人和，得到国家大量资源投入，但是在市场层面还是不如新浪、搜狐"④。除此之外，国内少有的几家融报纸、广播、电视等于一体的全媒体集团，如佛山传媒集团、成都传媒集团、红河新闻传媒集团、牡丹江新闻传媒

① 陈国权. 气喘吁吁的全媒体记者[J]. 中国报业，2011(12)：52-54.

② 黄莹. 美国在线时代华纳十年婚姻终分手[J]. 广州日报，2009-12-11(E4).

③ 曹鹏. 报业衰退加剧：寻找转向出路是当务之急[J]. 新闻记者，2010(7)：35-37.

④ 曹鹏. 报业衰退加剧：寻找转向出路是当务之急[J]. 新闻记者，2010(7)：35-37.

集团，"其成立以来的经济绩效不甚明显，部分个案对舆论生态的平衡起破坏作用"①。

或许是由于媒介融合实践鲜有成功的范例，现实与理论存在反差，促发一些研究者开始怀疑媒介融合的假设是否成立，并重新审视关于媒介融合的合理性和可能性。这就不可避免地引发了一场关于媒介融合的论争，各方持有不同立场，主要表现为以下几个方面。

(1) 否定说。这一方主要否定媒介发展的未来方向是融合，而认为其走向分化。这些研究者发现："在媒介融合的实践中，形态的融合、所有权的合并、组织结构的融合步履维艰、败局连连；全媒体记者违背现代生产专业分工原则，也没能取得预期效果。"② 有的研究者认为："传媒融合违背了最基本的自然规律，是很难成功的。任何事物，无论是生物体，还是技术或是产品，都是走向分化，而不是融合。"③这些研究者甚至认为报业多年来开发的网站、电子版、手机版、iPad阅读终端、电子纸等，都是拯救报纸的徒劳之举，甚至是自我灭亡之举。他们认为，报业媒体的正确做法应该是撤掉电子版以拯救纸媒④。沿着这个思路，他们认为全媒体战略也是一种"集体迷思"，具体表现为全媒体的概念五花八门、全媒体集团盲目跟风、全媒体平台利弊参半、全媒体记者难以为继，所以如果不走出"全媒体"的集体迷思，中国媒体就有可能在传媒格局大变革中走入歧途，付出不必要乃至惨痛的代价⑤。

(2) 存疑说。"存疑说"是比"否定说"稍微温和些的观点，它对媒介融合的实践和理论保持一种观望和怀疑的态度。这种观点的主要依据有两个：一是媒介融合实践缺乏成功范例，"具有普适性、堪称典范的媒介融合案例并未出现，在此情况下，既有媒介融合实践的整体效度非常低，尚属于处于初级探索阶段的尝试性行为"⑥；二是媒介融合的概念指称对象较为混乱，"媒介融合概念指称对象的多样化，直接导致研究者们在理解和探讨媒介融合时面临严重的一'名'多'实'的问题，难有共识"⑦。

(3) 动态说。作为"否定说"和"怀疑说"的折中，"动态说"认为"媒体融合是人类在信息传播过程中追求的达及信息传播理想境界的过程。只要信息传播技术在发展，媒体融合就不可能是一个定态，它不可能终结。"⑧ 动态说的视野更加宏观，认为"媒介融合时代的业务形态整合，带来的也许并不是简单的从业者技能的跨媒体化，而是对于传媒机构的现有运行体制的挑战。根据多媒体内容采集与生产的需要，进行生产

① 支庭荣. 我国报纸、广播、电视跨媒体集团的政治经济学分析：以牡丹江、佛山、红河、成都个案为例[J]. 国际新闻界，2009(6)：20-23.
② 陈国权. 哪些不能融合：媒介融合的分类和实现方式[J]. 中国报业，2010(8)：17-20.
③ 陈国权. 分化是传媒发展的趋势："融合论"质疑[J]. 新闻记者，2010(3)：22-25.
④ 张立伟. 撤掉电子版，拯救纸媒[J]. 中国记者，2011(10)：79-91.
⑤ 唐润华，陈国权. 走出全媒体的集体迷思[J]. 新闻记者，2011(4)54-58.
⑥ 赵星耀. 认知媒介融合的既有理论和实践[J]. 国际新闻界，2011，33(3)：65-69
⑦ 赵星耀. 认知媒介融合的既有理论和实践[J]. 国际新闻界，2011，33(3)：65-69.
⑧ 高钢. 媒体融合：追求信息传播理想境界的过程[J]. 国际新闻界，2007(3)：54-59.

流程的改造，重新进行内部的分工，这也许是更实质性的应对。"① 换句话说，全媒体的主要运作应该放在媒体机构内部的流程再造和结构重组上，而不是放在把记者个体打造成全能型记者的思路上。

(4) 人本说。上述三种关于媒介融合的认识和讨论，基本上都是站在媒体机构的立场或视角。在这样的视角下，用来支撑媒介融合观点的自然就是媒体业界的融合实践。国内外媒体机构对网站的开发利用或与网站的合作，往往被视为媒介融合的案例，用来证明媒介融合理论的正确性和合理性。然而，争议的焦点之一也恰恰来自于此，那些否定和怀疑媒介融合的观点，所举出的例证也恰恰是媒体机构在融合实践中出现的偏差或挫折。

与上述媒体机构视角不同，有的学者站在受众个体的视角来看媒介融合，认为媒介融合带来的影响还指向媒介的接触者。正如美国学者莱文森所说，"随着媒介的进化，每个设备能做的将越来越多，直到所有的设备都融合为一体，就像人脑一样。这就是我认为的融合的本质所在"②。 站在媒体用户的立场来看媒介融合，它就不再是媒体机构的合并，而是各类媒体在一个平台上的聚合。"当代受众会以个人想要的方式使用媒体，媒体要做的是他们对个体受众的推动做出反应。我认为真正的媒介融合，是赋予个人权利，媒体所有权并购对此影响是微小的。"③ 换句话说，媒介融合不只涉及媒介机构，还涉及社会个体，是个体与媒体机构一起面对一种新的信息传播方式的变革。莱文森从媒介接触方的视角来看媒介融合，认为媒介融合的典范是智能手机这样的硬件终端和流行的信息平台，"一个信息平台的架构，使无穷无尽的社会力量向它汇聚"④。

今天，智能手机设备和社交媒体网站已经演变为社会基础设施数字媒介平台，从根本上瓦解了大众传播媒体的生存根基，篡夺了新闻媒体机构对于新闻的议程设置权力，却又以算法推荐的方式，将用户或受众困在信息茧房中，无法获得更多的关于这个世界的信息。这已经是一个不可否认的事实。融合新闻学，应该在这样的认知下，开展应对策略和社会治理的研究。

2.1.3 国内媒介融合的新阶段

如果将国内的媒介融合实践历程进行阶段划分的话，那么2014年是一个重要的分野。在此之前，无论是学界还是业界对于媒介融合的探索和研究，都可以概括为"自主摸索阶段"，而在此之后，则是属于自上而下的"强力推动阶段"。

这年的 8月18日，中央全面深化改革领导小组第四次会议审议通过了《关于推动传

---

① 彭兰. 媒介融合时代的合与分[J]. 中国记者，2007(2)：87-88.

② 付晓光，田维钢. 媒介融合的前世、今生和未来[J]. 声屏世界，2012(1)：25-27.

③ 付晓光，田维钢. 媒介融合的前世、今生和未来[J]. 声屏世界，2012(1)：25-27.

④ 谷虹. 信息平台：三网融合的制高点[J]. 国际新闻界，2012(3)：71-76.

统媒体和新兴媒体融合发展的指导意见》(以下简称《意见》)。这个《意见》对新形势下如何推动媒体融合发展提出了明确要求，做出了具体部署，可以说是此后十年来国内媒介融合实践和研究的纲领性文件。

《意见》指出，整合新闻媒体资源，推动传统媒体和新兴媒体融合发展，"是适应媒体格局深刻变化、提升主流媒体传播力、公信力、影响力和舆论引导能力的重要举措"，"要遵循新闻传播规律和新兴媒体发展规律，强化互联网思维，要顺应互联网传播移动化、社交化、视频化的趋势，积极运用大数据、云计算等新技术，发展移动客户端、手机网站等新应用、新业态，同时，要适应新兴媒体传播特点，加强内容建设，创新采编流程，优化信息服务，以内容优势赢得发展优势。要推动传统媒体和新兴媒体在内容、渠道、平台、经营、管理等方面深度融合，着力打造一批形态多样、手段先进、具有竞争力的新型主流媒体，建成几家拥有强大实力和传播力、公信力、影响力的新型媒体集团，形成立体多样、融合发展的现代传播体系"。

此后，中央又多次召开会议对媒体的融合发展给出了强力推动的讲话、意见和文件，2018年提出要扎实抓好"县级融媒体中心"建设，2019年提出了媒介融合发展的目标是打造"四全媒体"：全程媒体、全息媒体、全员媒体、全效媒体。2020年提出要推动媒体融合向纵深发展，建立"全媒体传播体系"。

这些自上而下的讲话、意见和文件，成为2014年以后国内媒体机构推进媒介融合的重要推动力。国内各级各类新闻媒体机构立刻响应中央号召，迈开了媒体融合的新步伐。一时间，在各个媒体机构之间掀起了媒体融合的热潮，如"两微一端热""中央厨房热""大数据、云计算热""无人机热""VR热""短视频热""视频直播热""人工智能热"……这些不断探索和创新的媒体实践，为形成数字媒介时代的新闻学知识体系提供了宝贵的经验材料，是融合新闻学形成的实践基础和时代背景。

2.2　融合新闻的基本概念和原理

从上述对于媒介融合发展历程的梳理可以看到，媒介融合的发展伴随着媒介技术、网络技术和通信技术的迭代和创新，正是媒介融合催生了融合新闻的理念和实践。换言之，融合新闻是媒介融合语境下新兴的新闻形态和新闻实践。融合新闻学正是对这种新兴的新闻形态和新闻实践的认知总结和理论概括。

2.2.1　融合新闻的基本概念

任何知识和理论的建立都需要从确立基本概念开始。融合新闻学的起点也应该是给"融合新闻"下一个定义，从而界定其内涵和外延。

不少国内外学者对融合新闻的内涵做过一些阐释。澳洲学者斯蒂芬·奎恩认为，在本质上，融合新闻学与新闻报道方式有关，其中的关键组成部分是在多平台上用不同方式讲述新闻的能力，需要一种将新的叙述方式与新的报道流程相结合的全媒体思维方式①。美国学者珍妮特·柯罗茨认为，融合新闻学就是为了满足受众希望新闻更快并能与之互动的新需求，"通过使用任意的或所有的传播工具，按照人们期望的时间、地点和方式提供新闻"的知识。同时，她认为，实践融合新闻需要理解媒介技术景观，并足够灵活地操作这些技术以便让新闻受众获益，与此同时又完美地坚守了新闻的准则②。

严格来说，上述两位学者关于融合新闻的阐释，并非规范的概念界定，前者强调了融合新闻与全媒体思维、新的报道方式的关系，后者则强调以受众为中心，认为无论采用怎样的新技术手段或新报道方式，归根结底还是为了按照受众期望的方式，为人们获取新闻的需求服务。

国内也有学者对融合新闻做了概念的界定。陈伟军认为："融合新闻，是以数字编码、数字交换、数字通信和数字存储等信息技术为基础，依托电脑、手机等智能设备设施，借助互联网、大数据和人工智能等演绎手段，发挥流媒体、超文本链接、'比特'叙事的优势，生产出的融语言文字、图像、音频、视频或虚拟现实、增强现实场景等为一体的新型交互式新闻样态。"③刘涛将融合新闻的概念分为广义和狭义，认为广义的融合新闻是指"媒体融合语境下的新闻生产、发布、运营、社会服务实践和活动"，狭义的融合新闻是指"媒体融合语境下区别于报刊、广播、电视等传统新闻形态的一种新兴的多媒体新闻形态"④。

这两个定义的共同点是都把融合新闻看作一种新的新闻形态或样态，不同点是，前者虽然详细列出了融合新闻的技术基础、传播优势、产品形态，但是只将融合新闻落脚在一种"新闻样态"上，似乎略显窄化了融合新闻的内涵，属于第二个定义里的狭义融合新闻的范畴；第二个定义则将融合新闻的内涵扩大到一种融合语境下的新闻实践活动，很好地对应了"新闻"原有的两层含义：news和journalism，但它的缺点也是显而易见的，那就是单纯地站在媒体机构的立场上来定义融合新闻，仅仅把融合新闻看作媒体机构在新形势和新语境下进行的自我革新的媒体经营活动，这就只强调了"融合"问题，而忽略了"新闻"的问题——在这种新语境中新闻如何被重塑、如何找到自己的公共价值的问题。

基于以上分析，本书认为，融合新闻不应只是关于媒体机构如何报道新闻的问题，还应该站在更广阔的视角下，思考在数字媒体平台已经成为社会基础设施的局面下，新闻的呈现形态、传播格局、社会影响力发生了怎样的变化，从而找到社会治理视角下的

① 斯蒂芬·奎恩.融合新闻报道[M].张龙，侯娟，曾嵘，译.北京：北京大学出版社，2015：101.

② 珍妮特·柯罗茨.融合新闻学实务[M].嵇美云，译.北京：清华大学出版社，2016：1.

③ 陈伟军.融合新闻学[M].广州：南方日报出版社，2021：2.

④ 刘涛，等.融合新闻学[M].北京：高等教育出版社，2021：5.

新闻如何发挥其社会沟通、凝聚共识、建构认同的公共价值的新思维和新路径。因此，本书将融合新闻定义为：媒介融合环境下新闻满足公众需求的新型报道方式和传播实践活动。

这个定义至少包含了以下三个方面的含义：第一，媒介融合环境下，报道新闻不再只是媒体机构的事情，一些个体、群体或组织也在数字媒介平台上发布新闻，但这些新闻同样需要满足公众需求，符合新闻传播规律，理应纳入融合新闻的概念范畴。第二，无论采取多少新闻报道的新技术、新方式，新闻依然有着自己的内涵边界，并非所有媒体传播的内容都是新闻。媒体机构宣传性的融媒体泛内容产品并不能纳入新闻的范畴。融媒体的内容形态无论如何创新其技术手段或表现形式，都不能改变新闻的本质属性和内涵边界。第三，融合新闻并不只是新的报道方式或技术手段，也不单纯是某种新的新闻形态，还包括一种新的融合思维和观念，以及指导新闻实践的新的话语体系。

2.2.2　融合新闻的基本原理

根据上述的概念界定，本书将融合新闻的基本原理概括为以下几个方面。

第一，融合新闻的核心依然是"新闻"，而不是"融合"。虽然融合新闻是媒介融合技术环境下的产物，但融合新闻并不能等同于融媒体建设。融媒体建设的目标是要让媒体生产的所有内容都能以融媒体的方式进行传播，融合新闻只是融媒体生产的内容之一，且有着自己独特的传播规律和价值范畴。所以融合新闻的核心或重心并不是融合，而是融合环境对新闻传播方式或效果的影响，也就是说，融合新闻是媒介融合与新闻之间的互动。创作者仍需思考什么才是公众最需要的新闻，以及什么样的传播方式在融合条件下能够抵达最广大的公众。

第二，融合新闻是不断变化和发展的动态过程。因为媒介融合是随着媒介技术而不断迭代的动态过程，因此，融合新闻也是不断变化和发展着的新闻实践活动。就目前的发展历程看，融合新闻自然会包含以下几个方面的融合：一是新闻呈现方式或介质的融合，表现为文字、图片、声音、图像等新闻形式，这些呈现形式融合于微博、微信或App阅读终端；二是新闻操作方式的融合，表现为全媒体运作，如采访层面的记者全媒体化、编辑层面的中央厨房化、传播层面的多渠道化、反馈层面的数据化等；三是新闻传播类型层面的融合，表现为新闻的社交化、互动化、新媒体化的叙事互动，算法智能推荐与受众意见的数据化反馈等；四是各类媒介机构或平台的融合，如各类数字媒介平台已经通过大数据和算法的运用，将媒体机构生成的内容、用户生产的内容以及个人用户信息等，全部纳入平台传播的逻辑，人们获取新闻信息的渠道和界面已经被各类商业化数字媒介平台所掌控——它们拆解了主流媒体机构新闻与其广告收入之间的捆绑关系，摧毁了媒体赖以生存的运营逻辑，让媒体机构的新闻界面或终端少有问津，而其自身作为新闻的新型聚合平台，以算法逻辑形成新的把关和分发机制，却不愿承担传统媒体所承担的新闻传播的公共责任。在这种局面下，我们自然需要将数字媒介平台的社会治理纳入融合新闻学的范畴。

第三，融合新闻的目标是更好地满足人民群众对于新闻的需求。随着社交媒体、自媒体以及各类新闻聚合平台、搜索平台、短视频平台的出现，网络空间中的信息变得丰富而多元，"人人皆记者""个个可发声"，但这些网络信息具有以下几个弊端：一是观点多而事实少。许多网络表达都是在发表意见，但这些意见往往并没有基于确定的新闻事实，经常出现的网络"舆情反转"现象就是网络空间里新闻事实严重不足的表现。二是网络信息真假难辨。由于许多自媒体用户没有受过新闻写作的训练，也不懂新闻伦理准则，在发布信息时，往往没有信息来源，无头无尾，新闻要素残缺，甚至炒作旧闻，制造假新闻。三是流量至上，娱乐至死。有的创作者拿无趣当有趣，强行煽情博人眼球，造成垃圾信息泛滥，挤占网络公共资源，而真正涉及公众切身利益的新闻却大多难以抵达公众面前。面对这样的局面，融合新闻更应该坚守传统新闻的优良传统，勇敢直面网络热点事件，用扎实的现场调研、认真的核实和验证，去廓清网络迷雾，给公众带来真相，这是数字融媒时代人民群众对于新闻的新需求和新期待。

2.3 融合新闻与传统新闻的关系

融合新闻学，虽然是媒介融合趋势下关于新闻的再认识和再研究，但它毕竟建立在传统新闻学的基础之上。换言之，融合新闻学是传统新闻学在新技术环境下的一种变革和重塑。因此，我们需要厘清融合新闻与传统新闻之间的关系，才能更好地认识融合新闻的本质和特征。

2.3.1 融合新闻是对传统新闻的继承和发展

如前文所述，媒介融合给新闻传播事业带来了前所未有的冲击，在媒介融合的整体语境下，公众获取新闻信息的媒介载体、接触终端都发生了根本性变化，直至报纸几乎从日常生活中消失，电视开机率逐年下降，手机屏幕接管了所有的信息传播渠道，手机成为人们接触和消费新闻的主要设备。与此同时，数字媒介平台崛起，数字媒介平台成为新闻信息的集散地和聚合器，传统媒体机构生产的新闻与普通民众在社交媒体上生产的信息或意见混杂在一起，成为互联网上享有平等传播地位的内容，并且拆解了传统媒体机构新闻内容与广告捆绑经营的运营模式，让传统媒体机构的广告收入断崖式萎缩，传统媒体机构的发展陷入越来越困难的境地。虽然历经十年多的融合发展，但传统媒体机构的自身生存和新闻生产依然步履维艰。特别是近年来，报纸休刊不绝于耳，两微一端效果不彰，盈利模式陷入困局，悲观氛围有增无减，人才流失难以遏制。这一切都导致了传统新闻业面临着巨大的变革压力和重塑契机。

但是，我们也必须看到，在网络空间的众声喧哗之中，公众对于新闻的需求不是比过去更少了，而是更多了。一个常见的现象就是，当一个热点事件发生之时，公众迫切地要了解更多的新闻事实和背景，了解当事人的行为动机和心路历程，想要真正理解新闻事件背后的社会面貌。然而，社交媒体上的舆论汹涌，其中大多是观点、看法、臆测，甚至某种情绪的宣泄，脱离了对事实本身真相的探究，这些观点或看法的激烈碰撞，并不能起到社会沟通的作用，反而会强化刻板印象，造成纯粹的立场对抗与群体撕裂，久而久之，会让人们丧失理解社会的能力和对社会的信心。那么，什么才是社会沟通的有效信息？是事实和真相。而有责任且有能力提供新闻事实和真相的，只有建立在调查、核实和验证基础上的专业性的新闻媒体机构。

传统新闻媒体机构在新闻生产的专业性方面有着一百多年的经验、理论和操作规范，是业余的网络用户所不可比拟的。具体来说，传统新闻业在今天依然有着非常重要的新闻生产优势。第一，传统新闻业有着个体网络用户所没有的新闻资源。这些新闻资源包括政府和社会所授予的新闻采访特许权利和授权发布权利，是媒体机构的信用指数和品牌保证。第二，传统新闻业拥有一支具有专业新闻生产能力的记者编辑队伍。这种专业新闻生产能力包括对于新闻的敏感性、新闻价值的判断能力、挖掘事实真相的调查能力以及快速制作新闻作品的能力，是传统新闻业在媒介融合时代依然能够服务公众的核心能力。第三，传统新闻业具有一整套新闻专业理念和新闻职业道德规范。新闻媒介必须以服务大众为宗旨，新闻工作必须遵循真实、全面、客观、公正的原则，真实是新闻的生命。在这套职业理念的指导下，新闻从业者形成了铁肩担道义的职业精神传统，以及贴近生活、贴近实际、贴近群众的优良工作作风。同时，为了捍卫新闻工作的尊严，传统新闻业都制定了详细的职业道德准则，如报道失实时的更正致歉机制，将新闻报道与广告内容严格分开的管理机制，出台杜绝有偿新闻、有偿"不闻"现象，以及惩戒利用新闻报道权牟取私利行为的相关措施等。这些职业道德规范，正是传统新闻业的立身之本和信誉之源，也是在媒介融合环境下能够守正创新、重振雄风的底气和优势。

2.3.2 融合新闻是对传统新闻的守正和创新

前文已述，媒介融合环境下，新闻传播的格局和生态发生了巨大变化。但这并不表示社会公众对新闻的需求有所下降，恰恰相反，在"后真相"时代，人们更需要在过剩的媒介丛林和真假难辨的信息海洋里，找到可以信赖的事实和真相。无论是信息茧房现象，还是圈层传播现象；无论是算法推荐中的流量至上现象，还是娱乐过度的手机依赖问题，都是这个数字媒介平台时代比较突出的公众视野窄化、群体极化现象的表现。传统新闻业应该瞄准这些新时代的新问题，努力适应新传播格局，采用一切技术手段，发挥传统新闻业的资源优势和专业权威，守正创新，为建立风清气正的网络空间做出自己的贡献。

传统新闻业的守正，是指要直面上述的传播生态和社会问题，密切关注网络空间中的热点事件，及时走近新闻事件中的核心人物，展开面对面的采访，深入新闻事件现场展开调查与核实，通过真实、准确、全面、客观、平衡的专业报道，提供充分的事实和真相，从而及时化解网络空间中的肆意猜疑和舆论对抗；同时及时传递权威的声音来应对人们的信息渴求和资讯焦虑，把体现党的主张与反映人民心声统一起来，把坚持正确导向与通达社情民意统一起来，把坚持正面宣传为主与加强和改进舆论监督统一起来，发挥党和政府联系人民群众的桥梁纽带作用。

传统新闻业的创新，是指要顺应互联网传播移动化、社交化、视频化、平台化的趋势，积极运用大数据、云计算等新技术，发展移动客户端、手机应用等新应用新业态，以新技术引领媒体融合发展、驱动媒体转型升级；同时适应新兴媒体传播特点，加强内容建设，创新采编流程，优化信息服务，以内容优势赢得发展优势。新闻工作者要积极转变新闻生产和传播的思维方式，树立起平台思维、互动思维、算法思维、智能思维，积极进行传播方式、运作流程的改革，形成多技术支撑、全媒体生产、多平台分发、多媒体叙事、多层次互动的全媒体化的新闻传播新格局。

第3章 融合新闻架构

从技术角度看，传统媒体的新闻生产模式、传播模式和叙事模式，基本上是在相对单一的媒介技术的基础上建立起来的，比如报纸依托于印刷技术，以纸张运输、版面排版和倒金字塔文字结构为主要特征；广播依托于无线电技术，以声音的"撒播"和线性叙事为主要特征；电视依托于电子显像技术和电磁信号控制等技术，以音视频图像流和场信息叙事为主要特征。

这些相对单一的技术基础通过数字技术实现了汇流，经过多年的演变和发展，在此基础上形成了新的技术架构、生产模式、传播模式和叙事模式——融合新闻，鲜明地表现出多技术支撑、全媒体生产、多平台分发和多媒介形态等特征。本章将就这些基础架构与模式进行梳理，以更好地理解融合新闻的媒介技术基础和底层运作逻辑。

3.1 多技术支撑

从根本上看，媒介融合的发生源于多种技术的相互作用，并且已明显地呈现为平台化的发展趋势。"技术发展催生了统一的媒体数字信息平台，打破了传统的媒体技术区隔"[①]，因此认识融合新闻，首先要从认识媒介技术的融合应用开始。其中，移动通信技术、大数据、云计算、物联网、区块链、人工智能等信息技术，构成了媒体深度融合发展的物质性前提，以技术创新推动媒体融合发展是融合新闻生产的基本出发点。

3.1.1 移动通信技术

移动通信技术是媒介融合的重要技术支撑。作为媒介终端融合的典型代表，智能手机的发明和迭代建立在移动通信技术发展的基础之上。自20世纪80年代以来，移动通信技术经过30多年的快速发展，已成为连接人类社会不可或缺的基础信息网络。作为推动国民经济发展、提升社会信息化水平的重要引擎，移动通信技术深刻地改变了人们的生活方式。

1. 通信技术的发展历程

第一代移动通信技术(1G)是以模拟信号为传输载体的蜂窝无线电话系统，主要提供模拟语音服务。砖头一般的手持终端——"大哥大"是1G时代的代表产物。第二代

---

① 严三九. 技术、生态、规范：媒体融合的关键要素[J]. 人民论坛·学术前沿, 2019(3): 22-29.

移动通信技术(2G)以数字语音传输技术为核心，实现了语音通信数字化，手机短信得以发送，文字信息的传输由此开始。第三代移动通信技术(3G)支持高速数据传输，除了语音，还可以处理图像、音乐、视频流等媒体形式。第四代移动通信技术(4G)集3G与WLAN技术于一体，帮助人们实现了更高质、更快速的传输服务。

从1G到4G，人与人之间的通信越来越方便和快捷，用户对上网体验的要求也越来越高。得到广泛应用的4G在容量、速率、服务、频谱、能耗等方面已经越来越难以满足人们的需求。世界主要国家和地区都开始追求比4G更为优越的下一代移动通信网络，纷纷出台相关战略，部署相关项目，投入大量人力、物力和财力推动5G的发展。

2016年1月，中国5G技术研发试验正式启动。2018年12月，中国电信、中国移动、中国联通获得5G系统中低频段试验频率使用许可。2019年6月，工业和信息化部正式向中国电信、中国移动、中国联通、中国广电发放5G商用牌照。截至2022年底，我国移动通信基站总数达1083万个，全年净增87万个。其中5G基站为231.2万个，全年新建5G基站88.7万个，占移动基站总数的21.3%，占比较上年末提升7个百分点[①]。5G基础设施稳步部署，应用场景不断深化。

2. 5G技术的基本特征

(1) 高速率。5G的通信传播速度是4G的10倍以上。根据现有的5G技术性能指标进行判断，网络通信峰值速率在20Gbit/s左右，每平方米的流量密度可以达到10Mbps以上，支持时速500km的高速移动。在5G网络环境比较好的情况下，用户能在1~3秒下载一个1G文件。

(2) 低时延。5G的网络通信空中接口的时延速度在1毫秒左右，低至毫秒级的时延是5G的一项重要优势。人类眨眼的时间为100毫秒，而5G的时延为毫秒级，传受双方可以实时接收信息、传输数据，信息交换可以完全精准流畅地进行。

(3) 大容量。相较于4G，5G拥有更大的网络连接容量，每平方千米最大连接数是4G的10倍，可支持100万个连接同时在线，即使多用户在一个地方同时上网，也能有100Mbps以上的速率体验。

3.1.2　大数据

大数据源于数字技术的发明，人们在网络上的所有活动都会留下使用痕迹，这些使用痕迹以数据的方式被存储下来，海量的使用痕迹就形成了大数据。从监测新闻受众的角度看，大数据为媒体机构或传播者更好地了解受众的新闻需求和消费偏好提供了重要的技术支撑。

---

① 中华人民共和国工业和信息化部.2022年通信业统计公报.

1. 大数据的基本概念

目前，学术界、产业界、政府机构对大数据的定义都有过不同的界定，其研究涉及大数据的性质特点、要素构成、技术系统、应用范围、价值来源等诸多方面。美国麦肯锡全球研究所关于大数据的定义是：一种规模大到在获取、存储、管理、分析方面大大超出了传统数据库软件工具能力范围的数据集合[①]。这一定义强调了大数据的4个核心特征：海量的数据规模、快速的数据流转、多样的数据类型和低的价值密度。我国政府于2015年颁布的《促进大数据发展行动纲要》中给大数据的定义是：以容量大、类型多、存取速度快、应用价值高为主要特征的数据集合，正快速发展为对数量巨大、来源分散、格式多样的数据进行采集、存储和关联分析的新一代信息技术和服务业态。

从大数据应用价值角度出发，"大数据"是一种应对网络信息的新型处理模式，面对多样化的和不断增长的海量信息数据，它具有更强的决策力、洞察发现力和流程优化能力。从对社会发展影响角度分析，"大数据"是一场数据革命，这场革命给政府管理、学术及商业带来了很多颠覆式变革。综合来看，"大数据"是以容量大、类型多、存取速度快、应用价值高为主要特征的数据集合，是对数量巨大、来源分散、格式多样的数据进行平集存储和关联分析的新一代信息技术，是发现新知识、创造新价值、提升新能力的新兴服务业态。大数据之"大"，并不仅仅指体量大，还包括数据的整体性和价值性。大数据本质上是一种全数据模式[②]。

2. 大数据的特征

一般来说，大数据的特征可概括为6个V。

(1) 规模性(volume)。目前，大数据的规模尚是一个不断变化的指标，单一数据集的规模范围从数太字节(TB)到数十兆亿字节(PB)，各方研究者虽然对大数据量的统计和预测结果并不完全相同，但都一致认为数据量将急剧增长。

(2) 多样性(variety)，即数据类型多样。从生成类型上，数据分为交易数据、交互数据、传感数据；从数据来源上，数据分为社交媒体数据、传感器数据、系统数据；从数据格式上，数据分为文本、图片、音频、视频、光谱数据等；从数据关系上，数据分为结构化、半结构化、非结构化数据；按数据所有者，数据分为公司数据、政府数据、社会数据等。

(3) 高速性(velocity)，即数据的增长速度快，要求数据访问、处理、交付等速度也快。数据创建、处理和分析的速度持续加快，是由数据创建的实时性属性以及需要将流数据结合到业务流程和决策过程中的要求决定的。速度影响数据时延(从数据创建或获取到数据可以访问的时间差)。目前，数据以传统系统不可能达到的速度在进行产生、

---

① 洪杰文，归伟夏. 网络与新媒体技术基础[M]. 北京：高等教育出版社，2020：210.
② 尹池章，刘恒凯. 大数据新闻传媒概论[M]. 北京：北京大学出版社，2022：3-4.

存储和分析。对时间敏感性较高的业务领域，如实时欺诈监测或多渠道即时营销，数据分析必须得到实时处理，以便对这些业务产生及时的、有价值的决策支持。

(4) 价值性(value)，即大数据价值巨大。大数据能够通过规模效应将低价值密度的数据整合为高价值的信息资产。如美国社交网站脸书有10亿用户，网站对这些用户信息进行分析后，广告商可根据结果精准投放广告。对广告商而言，10亿用户的数据价值达到上千亿美元。

(5) 易变性(variability)，大数据会呈现多变的形式和类型。大数据具有多层结构。弗雷斯特研究公司分析师布莱恩·霍普金斯和鲍里斯·埃韦尔松指出，大数据具有多层结构，会呈现多变的形式和类型。相较传统的业务数据，大数据存在不规则和模糊不清的特性，传统的应用软件很难甚至无法对其进行分析。

(6) 准确性(veracity)。大数据的准确性其实是与大数据的规模性相关的。通过大数据分析，可以真实地还原事物的本来面目。而以往由于技术手段相对比较匮乏，收集数据的难度比较大，人们一般采用小数据集的手段进行分析、预测。比如，要统计全世界的人口，因为每个时间点都会有人死、有人生，所以只能根据小数据集的特性去推断，统计学里的"抽样统计分析法"就是为此服务的。但是在大数据时代，很多时候我们都可以通过互联网找到全部的个体数据痕迹去分析，从而减少误差，增强准确性[①]。

3.1.3 云计算

海量的大数据信息，需要有超强的计算能力才能进行有效处理。云计算就是支撑数字媒介平台处理海量信息内容的关键技术。

1. 云计算的概念

"云计算"中的"云"是网络、互联网的一种比喻说法，指的是由几十万台甚至几百万台计算机所组成的计算机群，通过网格计算、分布式计算和并行式计算等方式，向客户端提供持续计算和存储服务[②]。简单来说，它是通过互联网提供的一种计算资源，或者一种基于互联网的计算新方式。

美国国家标准与技术研究所(National Institute of Standards and Technology，NIST)将"云计算"定义为：一种能够随处可用、便捷、按需的网络访问，进入可配置计算资源(例如网络、服务器、存储、应用程序和服务)的共享池，并且消耗最少的管理成本和服务提供商互动成本来快速获取信息的模型。共享池中的资源可以根据不同的负载动态地重新配置，以达到更加优化的资源利用[③]。

---

① 尹池章，刘恒凯. 大数据新闻传媒概论[M]. 北京：北京大学出版社，2022：6-7.
② 常宇峰. 云计算对新闻生产模式的影响[J]. 中国传媒科技. 2012(21)：37-39.
③ Mell P，Grance T. The NIST definition of cloud computing[J]. NIST Spec，2011，800(145)：7.

2. 云计算的特征

(1) 超大规模。"云"具有相当的规模，Google云拥有100多万台服务器，Amazon、IBM、Microsoft、Yahoo等的"云"均拥有几十万台服务器，企业私有云一般拥有数百上千台服务器。"云"赋予用户前所未有的计算能力。

(2) 虚拟化。云计算支持用户在任意位置、使用各种终端获取应用服务。所请求的资源来自"云"，而不是固定的有形的实体。应用在"云"中某处运行，但实际上用户无须了解，也不用担心应用运行的具体位置，只需要一台电脑或者一个手机，就可以通过网络获取服务，甚至完成超级计算这样的任务。

(3) 云服务多样性。云计算系统提供的是服务，服务的实现机制对用户透明，而用户无须了解云计算的具体机制，就可以按需获得多样的服务。

(4) 高可靠性。云计算系统由大量商用计算机组成集群向用户提供数据处理服务。在没有专用的硬件支持下，采用软件的方式，即数据冗余和分布式存储来保证数据的可靠性。

(5) 高可用性。通过集成海量存储和高性能的计算能力，"云"能提供较高的服务质量。云计算系统可以自动检测失效节点，并将失效节点排除，不影响系统的正常运行。

(6) 编程模型高层次。云计算系统提供高层次的编程模型。用户通过简单的学习，就可以编写自己的云计算程序，并在云系统上执行，满足自己的需求。

(7) 极其廉价。云由节点构成，不仅高容错，还服务廉价，云的自动化集中式管理使大量企业无须负担日益高昂的数据中心管理成本。云的通用性使资源的利用率较之传统系统大幅提升，因此用户可以充分享受云的低成本优势，往往只要花费几百美元、几天时间就能完成以前需要数万美元、数月时间才能完成的任务[①]。

在数字媒介平台上，每时每刻都有无数的信息内容生产者，也有无数的信息内容消费者，如何将新闻信息内容发送到需要的人那里，如何知道什么样的人接触了新闻，又做了怎样的反馈，就需要借助新的计算方法，才能实现新闻内容与接收者的高效匹配，实现新闻生产者对其接收者的准确了解。所以，算法传播是数字媒介平台时代融合新闻的重要传播模式。

3.1.4 物联网

物联网(internet of things，IoT)已经有二十余年的历史，其相关领域一直备受关注。从计算机与计算机互连的互联网，到人和人互连的移动互联网，再到今天物与物互连的物联网，人们一直都在借助技术来逐步完善"物联网"在诞生之初为人们描绘的

---

① 洪杰文，归伟夏. 网络与新媒体技术基础[M]. 北京：高等教育出版社，2020：151.

"万物互联"的美好图景。

1. 物联网的起源和概念

1998年，麻省理工学院的凯文·阿什顿(Kevin Ashton)首次提出了"Internet of things"的概念，其通过在日常物品中运用射频识别(Radio frequency identification，RFID)技术和传感器技术，创建了一个物物相连的互联网。这一概念的提出为人们对机器的理解开创了一个新纪元。1999年，凯文·阿什顿与麻省理工学院的教授和研究员共同创立了自动识别中心(Auto-ID Center)，提出要在计算机互联网的基础上利用RFID、无线传感器网络(wireless sensor network，WSN)、数据通信等技术，将世界上所有物品联系在一起，构造出一个覆盖全球的"物联网"。2005年11月17日，在突尼斯举行的信息社会世界峰会(World Summit on the Information Society, WSIS)上，国际电信联盟(International Telecommunication Union, ITU)发布了一篇报告《ITU互联网报告2005：物联网》，该报告对物联网的概念进行了定义，并对物联网的技术细节及其对全球商业和个人生活的影响做了深入的探讨。报告指出，物联网主要解决物品与物品(thing to thing，T2T)、人与物品(human to thing，H2T)、人与人(human to human，H2H)之间的互联。但是与传统互联网不同的是，H2T是指人利用通用装置与物品之间的连接，从而使得物品连接更加简化，而H2H是指人与人之间不依赖于计算机而进行的互联。该报告称，无所不在的"物联网"通信时代即将到来，世界上所有的物品，从轮胎到牙刷，从房屋到纸巾，都可以通过互联网进行信息交换。射频识别技术、无线传感器技术、智能嵌入技术、纳米技术等将融合在一起，得到更加广泛的应用。

简言之，物联网是一个物物相连的巨大的分布式协同网络，它通过前端的传感设备，如RFID系统、红外感应器、全球定位系统、激光扫描器等，按照既定的标准化协议将物理实体连接在一起，并利用信息智能处理和策略化控制方法，实现对物理环境和物体的识别、定位、跟踪、监控和管理功能的综合信息化系统[①]。

2. 物联网的应用

物联网涉及全新的网络信息和通信技术，以及信息系统和物理世界之间的交互关系。物联网的愿景是：使世界上任何物理对象都可以被赋予测量和响应环境的能力，并实现任何对象或计算机系统间的数据通信。目前，物联网设备产生的信息已广泛应用于交通、智慧城市、零售、物流、家庭自动化和工业控制等领域。物联网产生的大量数据可以直接流向计算机的分析处理模块，进而实现海量实时信息采集和数据洞察，以及自动化系统的智能化响应[②]。

---

① 刘伟，刘卓华，陈珊，等.物联网+5G[M].北京：电子工业出版社，2020：1-2.

② 约翰·戴维斯.物联网：数据、安全与决策[M].高志强，李曼，张荣荣，译.北京：清华大学出版社，2021：10.

物联网技术应用于新闻传播，必将带来全新的新闻生产变革。传统的新闻属于人(新闻从业者)对人、事、物的世界发生变动的认知和表达，而物联网可以直接让"物"本身对人类"说话"，"物"将自己的变动或者环境的变动直接告知人类的新闻传播机构或媒介平台，势必带来新闻传播时效性的极大提高和新闻传播内容领域的巨大扩展。换言之，机器与人类生活的物体世界也将成为新闻信息的重要来源，新闻报道将为人类带来靠人体无法知晓的周遭环境变动的信息。

3.1.5　区块链

区块链原是比特币使用的一种数据结构，逐渐发展成一类技术系统的统称。这项技术随着比特币走进众人的视野至今，短短十几年时间，区块链技术演变成了虚拟资产、数字藏品、元宇宙、Web3.0等一个又一个令人兴奋的新引擎。

1. 区块链的概念

区块链的概念由中本聪(Satoshi Nakamoto)于2008年在比特币白皮书《比特币：一种点对点的电子现金系统》中提出。比特币是一种新型的数字货币，由分布式网络中的每个节点进行管理，每个节点都添加一个工作量证明的共识机制，用来对比验证且记录比特币在网络中的所有交易。区块链是一种按照时间顺序将数据区块以顺序相连的方式组合成的一种链式数据结构，并以密码学方式保证的不可篡改和不可伪造的分布式账本(分布式数据库)。区块链技术是利用块链式数据结构来验证与存储数据，利用分布式节点共识算法来生成和更新数据，利用密码学的方式保证数据传输和访问的安全，利用由自动化脚本代码组成的智能合约来编程和操作数据的一种全新的分布式基础架构与计算范式[①]。

2. 区块链的特征

区块链是一种共享的分布式数据库技术。尽管不同报告中对区块链的介绍措辞都不完全相同，但以下4个技术特点得到了共识。

(1) 去中心化。在区块链系统中，所有节点或区块数据的权利与义务都是均等的，没有一个核心组织或机构可以完全掌控一个区块链系统。区块链系统基于分布式架构，在不同节点之间建立信任，因而区块链系统无中心管理部门，且任意节点之间可自由连接与组合，进而形成新节点。因此，区块链系统内部节点间具有网络状非线性因果关系，但任意节点的改变都不会影响系统的稳定。

(2) 去信任化。系统中所有节点之间通过数字签名技术进行验证，无须信任也可以进行交易，只要按照系统既定的规则进行，节点之间不能也无法欺骗其他节点。

(3) 集体维护。区块链系统的集体维护功能体现了区块链技术的开放性。区块链系

---

① 洪杰文，归伟夏. 网络与新媒体技术基础[M]. 北京：高等教育出版社，2020：160.

统内的数据功能与安全是由所有参与者共同维护，所有节点数据都在公开接口可查询，有利于区块链系统高效运行。同时，区块链系统具有一套激励机制，保证所有节点都会积极参与系统维护。

(4) 数据可追溯。在区块链系统中，所有交易都会以时间顺序记录，并按照由远及近的顺序有序连接。每个新数据记录都会指向前一次数据变动记录，因此，每个数据变动都可被追溯。若新数据没法找到前一次数据变动记录，数据篡改记录就无法执行。同时，当系统内数据产生变动时，每个节点都会复制相同信息，同样能避免单一节点因恶意修改信息而影响整个系统运行，即节点数据高度透明，数据可被其他节点追踪与溯源。

3.1.6　人工智能

人工智能自1956年诞生以来，已经取得了许多令人兴奋的研究成果。1997年，深蓝计算机战胜国际象棋冠军卡斯帕罗夫，成为人工智能历史上的里程碑事件；2016年，英国人工智能公司DeepMind开发的AlphaGo击败前世界围棋冠军李世石，使得人工智能广泛进入普通人的视野；2023年2月，OpenAI发布的聊天机器人ChatGPT因其在大量网友的疯狂测试中表现出各种惊人的能力引起热议，成为又一新晋网红。随着核心算法的技术突破、计算机计算能力的提高，智能化时代来临，有关人工智能的讨论迎来新一轮高潮。

1. 人工智能的概念

一般认为，"人工智能"这一概念的提出可以追溯到1956年的夏天的一次研讨会。当时人工智能早期研究者、美国计算机科学家约翰·麦卡锡(John McCarthy)等人提出，人工智能就是要让机器的行为看起来像是人所表现出的智能行为一样。关于人工智能的定义较多，不同学者从不同的角度、不同的层面给出人工智能的定义。有学者将人工智能视为与人的思维相关的活动，诸如决策、问题求解和学习等的自动化；也有学者认为人工智能是一门通过计算过程力图理解和模仿智能行为的学科；有的学者还对人工智能的定义进行了分类：像人一样思考的系统、像人一样行动的系统、理性地思考的系统和理性地行动的系统。这里的"行动"应广义地理解为采取行动或制定行动的决策，而不是肢体动作。从不同学者对人工智能的定义中，可以归纳出人工智能需要具备判断、推理、证明、识别理解、感知学习和问题求解等诸多能力[①]。

从根本上讲，人工智能是研究使计算机模拟人类的某些思维过程和智能行为(如学习、推理、思考、规划等)的学科，主要包括计算机实现智能的原理、制造类似于人脑智能的计算机，使计算机能实现更高层次的应用。此外，人工智能还涉及心理学、哲学

---

① 尚文倩. 人工智能：原理、算法和实践[M]. 北京：清华大学出版社，2021：1-2.

和语言学等学科，可以说几乎涉及了自然科学和社会科学的所有学科，其范围已远远超出了计算机科学的范畴①。

2. 人工智能的分类

人工智能一般可分为三类：弱人工智能(weak AI)、强人工智能(strong AI)、超人工智能(artificial super intelligence，ASI)。也有人根据能力和应用范围的不同，将人工智能分为专用人工智能(artificial narrow intelligence，ANI)、通用人工智能(Artificial General Intelligence，AGI)、超人工智能(ASI)。

弱人工智能也称应用型人工智能或狭义人工智能，就是利用现有的智能化技术，来改善经济社会发展所需的一些技术条件。例如，曾经战胜世界围棋冠军的人工智能AlphaGo就是一个典型的弱人工智能，尽管它很厉害，但只会下围棋；又如，苹果公司的语音助手Siri，只能执行有限的预设功能，不具备智力或自我意识，只是一个相对复杂的弱人工智能。

强人工智能则是综合的，在各方面都能和人类比肩的人工智能，人类能干的脑力活它都能干，非常接近于人类的智能。它能够进行思考、计划、解决问题、抽象思维、理解复杂理念并从经验中学习等操作。强人工智能也称为通用人工智能，2022年11月由美国人工智能研究公司OpenAI推出的ChatGPT标志着人类在通用人工智能方面的重要突破。ChatGPT是人工智能技术驱动的自然语言处理工具，它能够基于在预训练阶段所见的模式和统计规律来生成回答，还能根据聊天的上下文进行互动，真正像人类一样来聊天交流，甚至能完成撰写论文、邮件、脚本、文案、翻译、代码等任务。2024年2月，OpenAI又推出了名为Sora的人工智能文生视频大模型(又称"世界模拟器")，标志着人类在通用人工智能领域又一个里程碑式的时刻。Sora可以根据用户的文本提示，创建最长60秒的逼真视频，该模型了解这些物体在物理世界中的存在方式，可以深度模拟真实物理世界，能生成具有多个角色、包含特定运动的复杂场景。

哲学家、牛津大学人类未来研究所创始人尼克·波斯特洛姆(Nick Bostrom) 把超级人工智能定义为"在几乎所有领域都大大超过人类认知表现的任何智力"。超人工智能能实现与人类智能等同的功能，即可以像人类智能实现生物上的进化 样，对自身进行重编程和改进，也就是"递归自我改进功能"。超人工智能的思考速度和自我改进速度将远远超过人类，人类作为生物的生理限制将统统不适用于超人工智能。目前的人工智能技术还未达到这个水平，但我们可以从科幻影视作品中略见一斑，如《复仇者联盟》中的奥创、《神盾局特工》中的艾达。

人工智能技术的发展，为新闻传播环境带来了巨大变化。目前数字媒介平台上的内容有许多就是由AI生产，比如一些数字媒介平台上的AI智能回答(如百度等)，还有各种文字、图片的帖子以及评论区的留言评论，也有许多是由AI机器人在进行操作。人

---

① 李铮，黄源，蒋文豪. 人工智能导论[M]. 北京：人民邮电出版社，2021：1-2.

们很难分清哪些新闻代表了真实的民意表达，哪些新闻是被资本操纵的AI机器人生产的。这种局面一方面撬动了人们关于新闻真实性的伦理信仰，为新闻(言论)生产的社会治理带来了严峻挑战；另一方面给专业媒体机构的新闻生产变革带来了重要契机，需要专业的新闻生产能够积极利用各种新技术，建构起以新媒介技术为基础的生产架构和模式。

3.2 全媒体生产

所谓"全媒体"，隐含着与单一媒体的对应。无论是传统的报纸，还是广播和电视，它们其实都是运用相对单一的媒介介质传播新闻的。而全媒体意味着媒介融合之后，多种媒介介质将混合在一起，进而传播新闻。所以，融合新闻的生产，一定是一种全媒体的生产。

3.2.1 什么是全媒体

"全媒体"作为一个专有名词在中国出现得很晚。根据学者的研究，1999年之前，这个词在文献中没有单独出现过，1999年6月，其第一次出现在《中国经济时报》关于家用电器的一篇报道中。1999年至2007年，各行各业对于"全媒体"的提及都是点到为止。2007年开始，"全媒体"出现在文章中的频率越来越高。2008年，"全媒体"开始在新闻传播领域崭露头角，许多媒体从业者纷纷提出"全媒体战略"或"全媒体定位"[①]。全媒体概念界定众说纷纭，报道体系说认为"全媒体"是指一种业务运作的整体模式与策略；传播形态说认为"全媒体"是综合运用多种表现符号，如文字、图像、声音、光线等，全方位、立体化地展示传播内容，并通过多种传播手段传输的一种新型传播形态；也有学者认为"全媒体"是对媒介形态、媒介生产和传播的整合性应用[②]。

2019年1月25日，习近平在主持中共中央政治局第十二次集体学习时，发表了《加快推动媒体融合发展 构建全媒体传播格局》的重要讲话，提出了"全媒体"的发展理念以及"全程媒体、全息媒体、全员媒体、全效媒体"的重要概念。可以说，"全媒体"概念是对媒体融合发展趋势的提炼和概括，意为一种整合式、协同式的媒介格局或传播生态，包含了"全程""全息""全员""全效"要素的"四全媒体"概念，凸显了全媒体生态格局的整体特征，同时也描绘出融合新闻发展的蓝图[③]。

---

① 窦锋昌.全媒体新闻生产：案例与方法[M].上海：复旦大学出版社，2018：2.

② 石长顺，景义新.全媒体的概念建构与历史演进[J].编辑之友，2013(5)：51-54+76.

③ 刘涛.融合新闻学[M].北京：高等教育出版社，2021：18.

1. 全程媒体

"全程媒体"强调时空维度的"全时性"和"全景性",意味着信息传播活动突破了传统媒体的时空限制,受众可以随时随地获取信息。全时性要求信息传播处在全天候、全覆盖、无死角的直播状态,时刻直击新闻现场;全景性要求传播主体对新闻事件开展全方位、全视角的报道,尽量完整地呈现事件的发展过程。在传统媒体时代,信息的获取往往跟既定的时空相联系,受众只能在特定的时间和空间内接受特定的信息。而在全媒体时代,一个新闻事件从发生之时起,就被纳入生产和传播链条。在新兴技术系统和协作模式的支持下媒体能够通过即时响应、时刻关注、迅速编辑和持续报道的方式,对具备突发性、重要性的新闻事件进行统筹处理,而用户可以在相应的资讯平台上获取实时的新闻信息,全面了解新闻事件。

2. 全息媒体

"全息媒体"在媒介尺度上打破了物理世界和数字化世界之间的界限,是"通过丰富媒介技术手段,提升媒体可定位、可协调、可关联、可兼容的特性,尽可能地为受众还原物理社会真实形态的一种探索"[1]。全息媒体强调表达维度的"立体性"和"环绕性",使信息传播超越了单一的文字或声音表现方式,呈现为文字、声音、图像、动画、VR、AR等多种媒介元素的整合。当多种元素聚合在一起,融合新闻的信息"含量"更大,信息"形态"也更为多元。

3. 全员媒体

"全员媒体"强调主体维度的"多元性",意味着信息传播打破了"一对多"的单向运行模式,实现了全民参与和多元互动。在传统媒体时代,信息牢牢地掌握在媒介机构手中,信息传播遵循着"我说你听""我播你看"的生产与发布规则,受众受制于与信息的"被动"关联,无法主动参与信息生产,也无法与他人形成动态的连接。而在全媒体时代,信息生产主体表现为"全员化",人人都是发言人,人人都有麦克风,即各类社会主体都可以通过社交网络参与社会信息的交互。

4. 全效媒体

"全效媒体"强调效能维度的"最优性",意味着信息传播的效力整合机制高度完善,媒体机构可以通过搭配传播渠道、拓展媒介功能,实现综合效益的最大化。全效媒体强调媒体机构既要有基于传统媒体的传播能力,又要有基于移动互联网的现代传播能力;既要具备舆论引导能力,也要承担社会服务功能;既要取得社会效益,又要提升经济效益。具体来讲,全效媒体的特点体现在两个层面:一是媒介渠道的协同作战;二是媒介功能的效能拓展。

---

[1] 喻国明,赵睿. 媒体可供性视角下"四全媒体"产业格局与增长空间[J]. 学术界,2019(7):37-44.

3.2.2 全媒体生产的发展历程

1. 初期尝试：全媒体生产1.0时代

中国全媒体的启程在21世纪初，从报业的跨媒体运营开始。当时迅速普及的互联网使报业的生存和发展受到极大冲击，甚至出现"报业寒冬论"。在此情形下，传统报业纷纷开始思考拓展生存空间的问题，开启跨媒体发展的探索之路。

2000年10月，《人民日报》在其网络版基础上打造人民网，开始跨向综合性新闻网站，在新闻业务上尝试不同于纸媒的内容生产。国内其他报纸也纷纷在人民网之后推出自己的新闻网站。自此，报纸与网络开始了报网业务联姻互动的尝试。报业跨媒体转型的另一探索是打造视频记者，这经历了一个从"视觉新闻"到"视频新闻"的变化过程。2003年，在上海创刊的《东方早报》明确提出"新闻视觉化"的理念，强调在报道中大量使用新闻图片，包括占据大版面的大幅照片，甚至推行视觉化的新闻叙事以争夺受众的眼球。后来《嘉兴日报》《南湖晚报》《南方日报》等媒体纷纷成立视觉新闻中心。2007年，《南方都市报》摄影部在报业首设视频记者岗位，国内报业的第一批视频记者随之诞生。《京华时报》《新京报》等也紧随其后，开始探索推进视频记者岗位的专业化发展进程。

2. 探索转型：全媒体生产2.0时代

全媒体转型在我国最早可追溯到2007年。这一年以《国家"十一五"时期文化发展规划纲要》《国家新闻出版业"十一五"发展规划》为标志，确立了"国家数字复合出版系统工程"发展规划，并规划了"全媒体资源服务平台""全媒体应用整合平台"和"全媒体经营管理技术支撑平台"等建设项目，这是中国官方第一次正式用文件提出"全媒体"的概念，并将其作为媒介发展的方向。中国报业在经历跨媒体经营后，开始进入全媒体转型发展阶段。《广州日报》于2007年6月成立滚动新闻部，专门针对报纸、手机和网站进行"联动发稿"。次年7月，我国经新闻出版总署批准试点的首家全媒体采编系统在烟台日报传媒集团正式上线运营。自此，报社记者的角色悄然转型，开始以全媒体记者的身份向多个媒体终端——传统纸报、手机报、多媒体数字报、电子移动报和户外大视屏等发布信息。2009年1月，浙江宁波日报报业集团全媒体新闻部正式成立，标志着我国第一个以全媒体命名的新媒体机构正式诞生。同年，南方报业集团也正式提出构建"南都全媒体集群"的理念。

在我国报业全媒体转型之时，广播电视业也不甘寂寞，继报业之后迅速跟上全媒体建构的潮流。2009年12月28日，中国网络电视台正式开播，这是我国视听新媒体发展的一个里程碑，也是我国电视行业介入全媒体建构的重要起点，它依托中央电视台向用户提供视频直播、上传、搜索、分享等服务，形成了以强大的视听互动为核心、融网络与电视特色于一体的多终端立体传播平台。我国省级网络广播电视台的"首张绿卡"——安徽网络广播电视台于2010年7月正式启用。随即黑龙江、湖北、江苏等省级网络广播电视台陆续开播,诸多市级网络广播电视台亦相继涌现。广播媒体的全媒体探索,始于2010年8月中国国际广播电台开办的中国国际广播电视网络台(China International Broadcasting Network,CIBN)。中央人民广播电台也紧随其后,于同年9月获准建立央广广播电视网络台,这是我国国家级网络广播电视台,是继中国网络电视台之后又一个以网络视听节目传播及互动服务为核心的全媒体播出机构。在中央级的广播电台带动下,全国地方广播电台也纷纷走上全媒体发展的道路[①]。

3. 快速推进: 全媒体生产3.0时代

总体来看,2008年到2014年,互联网特别是移动互联网的发展还没有对传统媒体形成"致命性"和"颠覆性"的冲击,传统媒体进行全媒体新闻生产的压力没有那么大,动力也没有那么强,基本上就是办一个网站,让它独立运行。在这一阶段,出现了烟台日报报业集团等几种模式,但融合的力度和成效都非常有限。2014年以来,伴随着移动互联网的飞速发展,传统媒体受到的挑战骤然增加,加之宏观政策的强力驱动,从中央媒体到各个地方媒体,在探索从传统媒体向新媒体转型的道路上走出了多条既有相似性又各有特色的路径,2014年以来的转型开启了中国传统媒体与新媒体融合发展的全新时代。这种转变在中国带有强烈的政府驱动色彩,外部的政府驱动和内部的转型驱动相结合,催生出一系列的变化。

2014年8月18日,中央全面深化改革领导小组在第四次会议上审议通过了《关于推动传统媒体和新兴媒体融合发展的指导意见》。作为中央关于媒体融合的首个指导性文件,该意见提纲挈领地分析和阐释了媒体融合这一实践活动要遵循的基本思维、具体方式及其预期目标,指出推动传统媒体和新兴媒体融合发展要强化互联网思维,推动传统媒体和新兴媒体在内容、渠道、平台、经营、管理等方面的深度整合。这标志着媒体融合被提升至国家战略层面,传媒业进入"互联网+"时代。在2014年"互联网+"浪潮的推动下,部分传统媒体开始主动拥抱互联,寻求新的数字报纸形态。2014年7月,上海报业集团旗下的澎湃新闻上线,其环绕计算机网络和两微一端手机网络组建媒体矩阵,形成了一个以互联网和移动互联网为基础的多媒体平台。除了在新闻的生产上保留其传统媒体的专业底色,澎湃新闻在运营理念、技术融入和组织架构上,已经完全采用互联网的逻辑进化,实现整体转型。2016年,新京报携手腾讯共同创办"我们"视频部门;上海报业集团与百度合作,运营百度新闻上海频道,突破地方新闻的限制;四川日报集团与阿里巴巴成立"封面传媒",打造个性化主流媒体。除了和传统媒体集团的合作,各互联网企业在这一时期也开始进军媒体产业。搜狐、网易、今日头条等在这一阶段开始进行更为市场导向和迎合"互联网+"浪潮的转型。阿里巴巴入股新浪微博、商

① 石长顺,景义新. 全媒体的概念建构与历史演进[J]. 编辑之友,2013(5): 51-54+76.

业评论、第一财经；"腾讯新闻"推出《较真》《棱镜》《大家》等栏目，从单一的信息聚合平台转向生产原创和受众细分内容的特色新闻媒体。互联网企业成熟的技术和资本运作的双重优势，在这一阶段对全媒体格局产生巨大影响。

3.2.3 全媒体时代的新特征

全媒体不是简单的大而全，而是根据需求和经济性综合运用各种表现形式和传播渠道的最优化媒介形态[①]。新媒体对传统媒体造成了不小的冲击，它们具有的某些特点也是全媒体特征的组成部分。新媒体具有的双向互动性及多向交互性、受众参与感、媒介体验感构成了全媒体的基本特征。同时，全媒体是开放性的媒体，这种开放性不仅表现在技术的兼容性，还表现在媒体功能的发散性和扩展性。全媒体是媒介融合后的终极状态，不同的媒介形态都有可能融入全媒体平台。全媒体用更经济的眼光来看待媒体间的综合运用，以求达到投入最小、传播最优、效果最佳，是人类历史上新闻业界最彻底的革命性颠覆。全媒体呈现以下几个特征。

1. 全能化

全媒体是新型传播技术和传播载体的集大成者，是一种充分利用一切能利用的条件进行传播的形式，其覆盖面、技术手段、媒介载体和受众面都是最全的。在表现方式上，它集文字的逻辑性、图片的直观性、图像的现场感于一体；在传播方式上，它兼具移动性、伴随性、实时性以及互动性特征；在媒介特性上，它是集传统纸媒、广播、电视、网络、卫星通信等于一身的全能型综合媒介。全媒体体现的不是媒体间的简单连接，而是媒介传播力的全面融合。全媒体将不同形态具有各自特点的媒体科学地整合起来，取长补短，合理搭配，形成最优化的组合形式。

2. 多元化

多元化是全媒体特征的内在属性。第一，将不同的媒体形式集聚起来，根据各自的媒体特色生产特色不同的新闻产品，这是全媒体新闻生产环节多元化的体现。第二，受众对全媒体提出了多元化需求。媒介融合后，全媒体技术平台上的统一性要求打破不同媒介载体之间的技术壁垒，实现对信息资源全方位、立体的深度整合，满足读者数字化时代下对内容的多元需求。这是全媒体应有之义。第三，全媒体的信息来源方式和渠道更加多元化。网民爆料、网友随手拍、微博、微信上的发帖，都可能成为新闻的来源渠道。第四，全媒体时代对同一件新闻事件的呈现方式更加多元化，采编队伍的组合方式呈现灵活性、多元化特征，经营销售模式更加多元化。

---

① 尹宏伟. 全媒体特征刍议[J]. 新闻传播，2015(9)：7-8.

3. 定制化

全媒体在传媒市场领域内的整体表现为大而全，而针对受众个体则表现为超细分服务。全媒体平台由各种表现形式来表达信息，可以根据受众的个性化需求以及信息的侧重点来选择最合适的媒介载体。全媒体的综合优势使得它拥有足够的技术力量和人财物资源对信息资源实施最优化的配置，轻易实现以往任何单一媒体不能实现的按需生产以及对信息资源的多次开发和多层挖掘，实现受众个体特征和需求的细分，使得未来定制化生产新闻、提供定向的信息服务，或者根据信息表现的侧重点对媒体形式进行取舍和调整成为可能。

4. 智能生活化

全媒体时代是媒体传播越来越智能化的时代，全媒体是基于云计算、大数据、移动互联技术等于一身的媒介形态。全媒体平台可以对受众的浏览习惯和点击率进行大数据分析，预测受众的兴趣和偏好，体现出全媒体智能分析和预测能力。在全媒体时代，各种载体形式可以与生活无缝融合，可穿戴设备与媒体连接，媒体的外在形式完全融于各种可穿戴设备中，甚至日常智能化的生活用品也可以融入媒体。虽然媒体的承载外壳消失了，人们既看不到也摸不到媒体，但能随时随地便捷地使用媒体，这就是媒体形态的完全生活化状态，也是全媒体在未来的功能和特征。

3.3 多平台发布

所谓"多平台发布"，是指融合性的新闻内容再也不发布在单一的媒体界面或终端。传统媒体的界面和终端相对单一，报纸就是那张纸，广播就是收音机，电视就是电视机。而网络和新媒体的出现，让界面和终端变得多元。任何一个网站、手机应用，甚至小程序，都可以是一个媒体界面；任何一台电脑、平板电脑、手机，都可以是一个媒体终端。任何人生产的任何内容，都可以发布在多个界面上，而任何一个互联网的终端又可以接收任何媒体内容。在这样的局面下，媒体的新闻报道除了在自己的传统媒体界面发布之外，还能在各种平台上进行发布，特别是微博、微信、抖音、今日头条等各种热门应用平台上。

3.3.1 传统媒体平台

传统媒体平台，是指报纸版面、广播频率和电视频道。在新媒体的冲击下，传统媒体终端的接触者呈现持续减少的趋势，报纸的订阅量基本上维持在体制内强制订阅的份额，人们阅读纸质报纸的习惯逐渐被查看手机屏幕所改写；收音机在20世纪90年代基本退出了日常生活，只有有车一族在开车时才会打开收音机收听路况信息；电视机前的观众也是逐年流失，据《人民日报》报道，2016年中国电视开机率为70%，到2022年已不足30%。

尽管如此，报纸、收音机和电视机并没有完全从生活中消失，它们依然是新闻媒体机构彰显自己作为专业新闻传播者的固有阵地，是新闻媒体机构专业新闻话语的承载界面，也是新闻媒体机构在新闻传播领域权威性的体现。报纸版面的排版，是报社对于新闻重要性的符号表达；广播节目中的声音顺序安排，营造着一种听众可以深度卷入的收听氛围；电视频道上新闻编排呈现栏目化，是电视媒体机构对新闻选择和把关的体现。这些媒体机构在传统终端上的新闻报道，还应当恪守传统新闻的价值观，以真实、客观、全面、平衡的话语承载这个社会对新闻真相的确定性和信仰。同时，媒体机构要勇于直面网络上的热点事件，以专业的采访能力和事实核查能力，来回应社会关切，让传统终端上的新闻报道成为自媒体、社交媒体用户进行评论、转发和再传播的源泉。

3.3.2 新闻网站

新闻网站是电脑和手机使用者接触新闻的界面和平台。在Web1.0时代，新闻网站首先是一些商业性的新闻聚合网站，如新浪、搜狐、网易、腾讯等。随着媒介融合和网络社会的不断深化，现在几乎所有的网站都可以发布新闻，新闻网站越来越呈现泛化的态势。

新闻媒体机构曾经也开发了各自的新闻网站。如人民日报社的人民网、新华社的新华网，中央电视台的央视网，以及各个省、市级媒体开办的各类网站。各地主管部门为扶持新闻网站发展，制定了相应的政策措施，把传统媒体新闻信息资源汇集整合到本地新闻网站上来。这一系列整合新闻资源的做法，不仅提高了资源利用效益，发挥出原创新闻优势，还通过集中上网整合，形成了各具特色的网上新闻信息，丰富了新闻网站的网上内容，满足受众多方面、多层次的需求。在完成好新闻宣传任务的前提下，各新闻网站积极利用社会各种便民、利民、为民的信息资源，提供信息服务[①]。

总体来看，除了央媒和个别省级媒体机构的官方网站，还有一定的访问量之外，大部分的地市级、县级媒体开办的网站，基本上效果不彰。这是因为这些媒体机构网站是单向传播的，网站的内容只是简单地把原有界面上的内容机械地搬到网站页面上，而不注重与用户的互动，没有能够吸纳用户生产的内容，也就是说，还是在用办传统媒体的思路在办网站，没有认识到网站所具有的高互动性、高参与性的媒介特征和运营规律。

3.3.3 微博

微博的前身是博客，是Web2.0时代的产物。也就是说，微博允许用户在网站上注册账号、生产内容，并与其他用户展开互动。但是博客的用途是写文章，而微博的用途

---

① 郑鸿. 从整合资源看新闻网站的优势[J]. 新闻界，2002(6)：30-31.

主要是说话，因此其适用的人群比博客要大得多。

2006年，两位美国年轻人研究出了一种互联网应用，并为这个新的网站取名为Twitter。2009年，Twitter超过所有社会化媒体，成为Web2.0时代最为火爆的互联网应用之一。此时，国内也开始开发同类应用，但是都没有火爆起来，直到新浪微博的出现。2009年，新浪微博正式上线测试运行，这种新型的互联网应用迅速风靡。随后，腾讯、搜狐、网易等门户网站，人民网、凤凰网等媒体网站也都相继开办了微博。三年后的2012年12月底，我国微博用户规模迅速增加为3.09亿，网民中的微博用户比例达到54.7%。手机微博用户规模2.02亿，占所有微博用户的65.6%，接近总体人数三分之二[①]。

经过十多年的发展，新浪微博已经成为国内最大的社交媒体平台。2022年12月，微博的月活跃用户为5.86亿，移动端用户占月活跃用户数的95%，平均日活跃用户为2.52亿[②]。现在，微博已经发展成为涵盖文字、图片、视频、直播等不同内容形式的媒体平台。

从媒介融合的角度看，微博不仅是传播高速度和传播高互动的集大成者，还是媒介介质融合和传播类型融合的典范[③]。微博创造了互联网空间中自媒体和社交媒体的最初形态，开启了人类传播史上的个人信息门户时代。此后出现的微信、短视频、视频直播等社交媒体形态，无不沿用着这种个人信息门户的模式。

从新闻传播角度看，微博能实现海量信息的重新组织，形成一定的信息传播圈，进而影响和推动新闻事件及新闻报道的进程。新闻当事人可以直接@相关微博媒体，提供新闻线索，媒体记者也可以直接通过这一平台对当事人进行沟通、采访，这就使得信息传播由以往的单一线性转变为多角度裂变，极大地提高了新闻传播的效率。在"围观即表态，转发即参与"的网络互动中，微博可以聚合成强大的舆论力量[④]。

2014年2月，新浪微博推出了热搜榜，每十分钟更新一次，用户能随时随地看到最新热点资讯。2017年，实时热搜榜提速至分钟级更新。2018年，热搜全面升级算法，在搜索热度基础上，将热点的讨论、传播、互动数据一并纳入计算，让微博热搜更偏向娱乐化和饭圈化的趣味。同年，微博热搜开设了置顶位和要闻榜，放大主流声音，加强平台正能量传播氛围。微博热搜榜的设置，强化了微博的中心化趋势，成为引导舆论关注点的重要机制，也成为相关利益集团角逐舆论场的斗争场域。

微博为媒体机构更快地传播新闻提供了一个重要的平台。众多的媒体机构注册了微博账号，让新闻的传播借助新媒体的优势，更具有时效性和参与性。以美国总统特朗普遭遇枪击事件为例，北京时间2024年7月14日06：50，"央视新闻"微博账号播发了

① 第31次中国互联网络发展状况统计报告.
② 第51次中国互联网络发展状况统计报告.
③ 杜志红，史双绚. 微博：喧哗与狂欢[M]. 苏州大学出版社，2021：5.
④ 唐江. 微博新闻传播的优势与不足[J]. 编辑学刊，2016(3)：103-106.

《特朗普竞选集会现场枪声响起》的快讯，7点01分，又播发了《枪声响起特朗普撤离演讲台》的快讯，并配以现场直播画面。这则新闻立刻引发了巨大关注，随后几乎全网所有媒体都开始关注这个事件，评论区的留言评论瞬间突破数千条，"特朗普遭遇枪击"的词条也迅速冲上了微博热搜第一。微博就是这样成为媒体机构应对突发性新闻提高时效性的利器，同时也是通过用户粉丝参与，提高媒体关注度和权威性的重要法宝。

3.3.4 微信

微信是腾讯公司于2011年1月推出的一款基于社交定位的移动终端即时通信软件，其最开始的定位主要是承接QQ的手机端用户，一开始只是一款"熟人通信工具"，随着微信功能的完善和用户的拓展，经历了7次大的版本升级的微信已从最开始基本的即时通信、社交功能软件，发展为包括支付功能在内的综合应用软件，实现了与公众网络生活和实体生活的深度绑定。

2012年，腾讯公司推出微信公众号平台，之后微信公众号发展为移动互联网用户信息接入端口，拓展了微信的媒体化功能。个体、群体和组织机构都可以自由申请注册微信公众号，面向公众发表文字、图片、音视频等多种符号介质的信息内容。微信用户可以在评论区留言评论，还可以一键转发这些公众号内容，这让微信公众号成为新闻报道和言论的重要传播平台。

微信的本质是社交，用户之间的关系是点对点的强关系。微信公众号平台延续了这一特点，可以被用户主动搜索关注，实现点对点推送，微信用户可以很方便地将其转发到自己的朋友圈或者其他平台上。这构成了一种用户的圈层传播。这是一种人际的横向扩散传播模式，一个圈子内的优质内容会被扩散到其他圈子，扩大信息的社会覆盖面，甚至引起传统媒体的关注和介入，进一步延伸到整个社会舆论场。微信公众号的关注人数(或称粉丝数)、转发量、点赞量、评论量，是公众号内容质量的重要指标。深耕优质、专业内容成为微信公众号主体的普遍共识。在传播新闻的时效性方面，微信公众号或许不如微博，因为它需要排版、编辑和审核，有一定的延时，但在发表评论方面，公众号有着自己的优势，在一些争议性的网络热点事件中，高质量的新闻评论能够说出民众的心声，并赢得较高的转发量、评论量和点赞量，成为推动问题解决和事件处理的重要舆论力量。

对于微信使用人群来说，朋友圈对其有着很高的浏览黏性，浏览朋友圈成为一些人的日常生活内容。因此，新闻媒体机构也高度重视微信的这种圈层传播优势，常常让员工将内容转发到微信朋友圈。但是转发不等于有效果，特别是一些宣传性的短视频内容，即使"逼着"员工转发，也难以引发普通微信用户的转发、点赞和留言欲望。因此，对于什么样的内容适合转发朋友圈，还需要媒体机构(特别是一些行政级别较低的媒体机构)进一步研究和探索。

3.3.5 手机客户端

"客户端"(client)又称用户端，是指与服务器相对应，为客户使用并提供本地服务的应用程序。在智能手机上，客户端一般以第三方应用程序App的方式安装。用户可以通过"手机应用商店"(如App Store、华为应用市场)等App上进行搜索和下载安装。目前来看，为手机提供的应用程序数量庞大，而且每年都在不断增长；从用途看，App应用程序的种类繁多，几乎涉及日常生活和工作的方方面面。据工业和信息化部2022年的数据显示，我国各类高质量App在架数量已超过了258万款。

新闻专用的客户端又称新闻App(news application)，是为用户提供新闻服务的应用程序。新闻客户端主要分为门户网站新闻客户端、媒体机构新闻客户端以及聚合类新闻客户端。智能手机普及使用以来，原有的电脑端网站纷纷开发手机应用程序，先是新闻门户网站，然后是各种社交媒体网站，都纷纷将移动网络客户端作为发展的重点。

2013年以后，随着移动互联网快速发展，除了知名商业网站，专业新闻媒体机构也纷纷推出客户端。随着大数据挖掘技术的运用，今日头条、百度、B站等聚合类新闻客户端，依托算法机制根据用户使用习惯，为用户推荐个性化的订阅内容，迅速占领市场。反观专业的新闻媒体机构，因为其入局时间晚、技术能力有限、缺乏互联网运营经验，在竞争中处于劣势。2014年以后，客户端打通了与微信、微博的连接，使客户端的内容能够与社交媒体传播形成联动。2016年之后，随着短视频和直播的崛起，一大批视频类的手机客户端如抖音、快手、腾讯视频号等迅速崛起，由于其发布的视频常常含有新闻性信息，成为公众了解新闻事件、参与新闻评论、形成网络舆论的重要载体。

在传统媒体终端用户逐渐减少的情势下，媒体机构致力于发展新闻客户端，已经成为重要的应对策略和发展方向。新闻客户端可以打破传统媒体以单一文本呈现内容的形式，突破地域的时空限制，便于增强与受众用户的互动与交流；同时，新闻客户端相较于旧的媒体载体，其内容不再受版面或时段的限制，不仅传播速度快，还可以传播更多的内容，信息承载量大，传播内容丰富。媒体机构以新闻客户端为核心，可以重塑媒体机构内部的运作流程和机制，对外重建媒体机构的品牌价值和辨识符号。由于客户端的内容可以很方便地转发到微博、微信、视频号等社交媒体平台，对于扩大媒体机构的内容传播范围有一定的帮助。目前，客户端已成为媒体机构融合新闻传播的重要平台，成为地方媒体融合发展的标准配置，也成为媒体机构重塑权威性和品牌价值的新媒体战场。

3.4 多媒介形态

新闻叙述所采用的媒介符号形态是丰富多元的，新闻叙述者应该为不同的新闻内容选用最适合的表现方式。媒体机构传统的叙述方式相对比较单一，报纸主要以文字和图片为叙述方式，广播主要以声音为叙述方式，电视以声音和画面为叙述方式。在媒体融合时代，原有的这些表现方式或媒介形态都可以融合在一个新闻文本中，甚至还有许多新媒体形式成为新闻叙述的新方式和新形态。

3.4.1 多媒介形态的主要类型

具体说来，融合新闻的多媒介叙述方式或者符号形态分为以下几种主要类型。

1. 图文新闻

图文并茂的报道是一种较为常见的多媒介形式。这类报道通过文字和图片相结合，使新闻报道更加直观、生动。例如，新闻报道中经常会配上相关的图片，以增加新闻报道的真实感和视觉冲击力[①]。此外，图文并茂的报道也可以包括地图、表格等形式，以更加详尽的方式呈现新闻信息。

2. 音频新闻

音频新闻是以声音为主要传播符号和信息载体的新闻报道方式，是广播新闻在网络空间的延伸和变革。音频新闻除了原有的广播新闻模式之外，还在网络空间探索出了其他的新闻报道模式。音频新闻的接收端也从原来的收音机变为智能手机，以及各种伴随性的数字媒介产品。音频新闻常常与文字报道、视频报道等传播方式融合在一起，各种传播方式可以互相转换。音频新闻App种类多样，各类媒体机构和一些网络用户都可以是音频新闻的生产者，很好地满足了人们在伴随状态下对新闻的接收需求。

3. 短视频新闻

视频报道是另一种常见的多媒介形式。视频报道通过视觉形式呈现新闻信息，使报道更加直观、生动、真实。视频报道包括实地采访、新闻现场直播等形式，以更加真实的方式呈现新闻信息。视频报道也可以融合图文、音频、短视频等多种形式，以实现多媒介融合的效果。

4. 移动新闻直播

移动新闻直播指的是利用移动设备(如手机等)进行实时新闻报道和直播的方式。在这种方式下，记者能够随时随地进行报道，无论是在现场、路上或是在办公室，都可以通过手机应用或社交媒体平台进行实时视频直播，将最新的新闻事件第一时间传递给公众，加强新闻报道的及时性和真实性。

5. H5交互式报道

H5交互式报道采用丰富多彩的多媒体元素(如图片、视频、动画等)，通过滚动页

---

① 王璐. 论跨媒介时代新闻报道的现实意义[J]. 新闻界2017(14)：168-169.

面、点击按钮及链接、扫描二维码等形式呈现，增强受众的参与感和体验感。由于H5交互式报道具有互动性和多样性，更容易引起受众的兴趣和关注，也更容易被分享和传播。H5交互式报道适应了移动互联网时代的阅读习惯：可以根据不同终端设备的屏幕大小和分辨率，自适应地调整排版和布局，方便受众在不同设备上进行阅读，实现更为复杂和创新的页面效果(如平移、缩放、过渡动画等)，更生动、直观地诠释了新闻事件。

6. 新闻游戏

新闻游戏，即以新闻为主题的游戏。这是一种以特定的新闻事件或话题为原型而设计的游戏。例如，一个以环保为主题的游戏让玩家扮演一名环保主义者，完成一系列任务来保护环境。这种类型的游戏通常旨在提高玩家对特定议题的认识和理解。

7. VR新闻

VR新闻利用虚拟现实技术来呈现新闻内容。在VR新闻下，用户仿佛置身于现实生活中，可以移动、观察，与周围环境进行交互。这种互动性质使得VR新闻比传统的文字、图片或视频报道更加生动，使用户可以身临其境地感受新闻事件的发生。VR新闻是一种相对新兴的融合新闻形式，可以提供更加生动、直观和沉浸式的新闻体验。随着VR技术的不断发展和普及，越来越多的新闻机构开始尝试利用VR技术来创新新闻报道的方式。

8. 元宇宙新闻报道

元宇宙(metaverse)是一个虚拟的、高度互动的数字空间，由多个虚拟世界和社交网络构成，用户可以在其中创建自己的数字化身，并进行各种互动活动，包括游戏、社交、教育、商业等。随着技术的不断发展和用户的日益增加，元宇宙必将成为未来数字世界的重要组成部分，我们可以期待更多有趣和有意义的元宇宙新闻。

在具体的融合新闻实践中，每种媒体叙述形式或叙述符号各有其适用的题材和内容，具体的运用需要根据新闻内容和多媒体形式的特点，以及受众的需求来选择，也可以将多种媒体形式融合在一个新闻报道的文本中。本书将在第5章就这些多媒体叙述形式的融合使用展开进一步的探讨。

3.4.2 多媒介形态的融合叙述

在融合新闻的实践中，多媒介形态的融合使用已经成为一种常态。随着互联网、智能手机的普及，以及数字技术的不断发展，越来越多的人开始使用不同的多媒体形态获取新闻信息，新闻报道已经不再局限于传统的报纸、电视和广播等传统媒介，而是涵盖了多种形式的媒介。在多媒介形态的融合中，每一种媒介形式都有其优势。文字使读者可以更全面、系统地了解新闻事件，具有精准、简洁、清晰等特点；图片可以让读者更直观地感受新闻事件，使新闻更加生动形象；音频可以传递声音和情感，让读者更好地感受新闻事件的情感和氛围；视频让读者更直接地感受新闻事件的现场，提供更多的细节和背景信息；虚拟现实、增强现实技术可以让受众更加身临其境地、沉浸式地感受报道体验……将各种媒介形态有机地结合在一起，可以使新闻报道的呈现方式更加立体、生动，有感染力和冲击力，进而大幅度提高用户或受众的阅读体验。本书将在第6章对这些多媒介形态的融合新闻叙事展开进一步的探讨。

第4章　融合新闻生产

　　融合新闻是在媒体融合语境下应运而生的一种新兴的新闻形态和新闻实践，由于具有不同于其他新闻形态或实践的特殊性，因此形成了相对独特的生产和运作机制①。融合新闻的生产和运作机制体现了"全媒体"意义上的融合，主要强调一种系统性、结构性、整体性的生态体系，这种融合性一方面指媒介系统内部的要素联结和主体对话；另一方面指媒体与社会之间的互动关系和协同逻辑②。这种全媒体传播体系以内容建设为根本，以先进技术为支撑，以创新管理为保障，"全程媒体、全息媒体、全员媒体、全效媒体"③构成了全媒体传播体系的基本特征。

　　在媒体融合的大势所趋之下，"条块分割"式的传统媒体运作机制越来越无法适应当前的新闻生产和消费环境。一方面，传统媒体的新闻采编流程表现出"采访慢、编辑慢、播出慢"的"老三慢"特点，与新媒体传播具有的"4A"特性[即任何时间(anytime)、任何地点(anywhere)、任何方式(anyway)、任何人(anyone)]相比，在新闻传播的时效性、机动性和互动性上都相形见绌④。另一方面，被汹涌的数字化浪潮所裹挟的受众，对新闻的消费需求也渐趋碎片化、多样化、个性化。由此，为了适应媒体融合时代新闻消费的新需求，保持主流媒体机构在新语境下的话语权和权威性，融合新闻的全媒体生产和运作模式逐渐形成。

　　十几年来，以人民日报社、新华社、中央广播电视总台为代表的一批传统主流媒体机构，积极响应国家发展战略号召，展开一系列媒体融合实践，在体制机制、组织架构、生产流程等方面不断探索"融为一体、合而为一"的转型改革⑤。

　　在全媒体运作中，新闻业界引入了"中央厨房"模式，该模式已经成为当前媒体融合的"标配"与"龙头工程"，各大媒体纷纷发力建设。作为全媒体传播体系的重点，"中央厨房"模式取代了传统的单一成品模式。虽然各地的"中央厨房"实践不尽相同，但"新旧融合、一次采集、多种生成、多元发布、全天滚动、多元覆盖"是其基本共识。

---

①　刘涛.融合新闻学[M].北京：高等教育出版社，2021：7.

②　刘涛.融合新闻学[M].北京：高等教育出版社，2021：3.

③　"四全媒体"是习近平在中共中央政治局第十二次集体学习时首次提出的概念，他在重要讲话中强调："全媒体不断发展，出现了全程媒体、全息媒体、全员媒体、全效媒体，信息无处不在、无所不及、无人不用，导致舆论生态、媒体格局、传播方式发生深刻变化，新闻舆论工作面临新的挑战。我们要因势而谋、应势而动、顺势而为，加快推动媒体融合发展。"

④　鲍新文.融媒体背景下新闻采编流程再造的实践与思考[J].中国广播电视学刊，2017(2)：44-48.

⑤　曾祥敏，杨丽萍.我国媒体融合发展的十大创新探索[J].传媒，2023(2)：28-31.

　　其中，人民日报"中央厨房"被中央领导称赞为媒体融合的"样板间"。人民日报的"中央厨房"是一个整体融合的全媒体传播体系，既包括全新的空间平台、技术平台，也包括全新设计的组织架构。在人民日报"中央厨房"的组织架构中(如图4-1所示)，新闻产品的生产运作端主要设置了总编调度中心、采编联动平台、融媒体工作室这三个业务平台，统筹采访、编辑和技术力量，实现"一次采集、多元生成、多渠道传播"的工作格局。

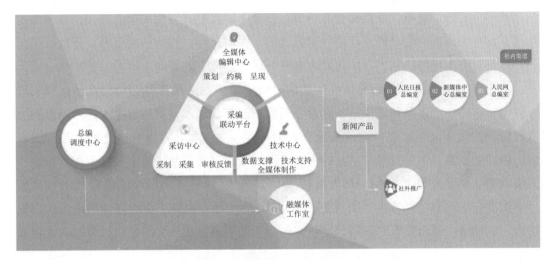

图4-1 人民日报中央厨房组织架构

　　采编联动平台由采访中心、全媒体编辑中心、技术中心组成，共同负责全媒体新闻产品的生产加工；与采编联动平台平行的是融媒体工作室，这是一条以增添产品创意为主的业务线，目的是充分释放全媒体的内容生产活力；全媒体编辑中心和融媒体工作室都听从总编调度中心的指挥，总编调度中心作为指挥中枢，主要负责宣传任务统筹、重大选题策划、采访力量指挥等工作，发挥协调的作用[①]。集中指挥、高效协调、采编调度、信息沟通是"中央厨房"的基本功能。从突发事件报道到重要活动报道，再到重大纪念宣传活动报道，人民日报"中央厨房"采编运营一体化系统都得到了充分的利用，并发挥了重要的作用。

　　融合新闻的全媒体生产与运作模式既是技术发展过程中的进步表现，也是受众需求推动下的创新之举。除了适应媒体融合发展趋势的新闻采编流程革新以外，融合新闻实践也对新闻报道的策划与组织提出了新要求，也给新闻传播过程中的管理与反馈带来了新机遇。基于此，本章从采编流程与机制、报道策划与组织、传播管理与反馈三个维度，对全媒体传播体系下的融合新闻生产与运作展开探讨。

---

① 刘涛. 融合新闻学[M]. 北京：高等教育出版社，2021：30-31.

4.1 采编流程与机制

传统的新闻生产流程是从新闻策划到采写、编辑、发布和反馈的线性模式，而这种模式在新旧媒体边界逐渐消融的全媒体时代弊端凸显。如果新闻媒体延续传统的线性新闻生产模式，其生存空间将会继续遭到无情的挤压，其话语权也会在快速更迭的信息洪流中式微旁落。因此，融合新闻的采编流程与机制要突破旧有的线性模式，打通新闻策划、采写、编辑、发布、反馈等业务环节，在遵守新闻生产规律和坚守新闻价值理念的前提下，对传统新闻生产的流程进行删繁就简、去粗存精，建构一种融合、开放、多元的一体化采编流程与机制，力求更好地适应全媒体语境下的新闻生产与消费环境。

根据《2021年新媒体研究报告》的调研结果显示，采编流程融合创新、组织架构一体化、内容生产体系和传播链条建设分列机制创新前三项，是新型主流媒体深度融合发展转向的重中之重。在采编流程融合创新方面，主流媒体针对标准化的"策、采、编、审、发"的"中央厨房"系统的生产流程再造，已展开基于集中指挥、高效协调、采编调度、信息沟通机制的一体发展探索①。当前，融合新闻的采编流程与机制呈现"全面整合""高度共享""个性分发"②等共同特征，扭转了传统新闻生产流程"采访慢、编辑慢、播出慢"的态势，在新闻传播活动中巩固和壮大了主流媒体的话语权和影响力。

4.1.1 融合新闻采编流程与机制的特点

从传统媒体的"分散采编"到全媒体指挥调度平台的"集中采编"，是再造新闻采编流程的重大转变，适应全媒体时代即时、滚动、互动、聚合的传播特性。以人民日报"中央厨房"为代表的融合新闻采编流程与机制，在总体上呈现内容生产协同化、技术平台集成化、报道生成个性化、分发渠道多元化的特点。

1. 内容生产协同化

内容生产协同化，是指"中央厨房"在新闻生产环节，实现了新闻采编的协同一体化运作，形成了全流程打通的媒体融合生产体系(如图4-2所示)。

以全国"两会"的报道为例，在新闻采集环节，人民日报中央厨房启动"1+N"的报道模式③，即1名上会记者对应后方N名编辑和技术人员。记者在上会过程中发现的任何好线索、好点子都可以迅速联系后方编辑，直接转化到生产环节，由后方编辑和技

① 曾祥敏，杨丽萍. 我国媒体融合发展的十大创新探索[J]. 传媒，2023(2)：28-31.
② 鲍新文. 融媒体背景下新闻采编流程再造的实践与思考[J]. 中国广播电视学刊，2017(2)：44-48.
③ 叶蓁蓁. "中央厨房"的数据化采编与传播体系构建：人民日报全媒体生产机制探索[J]. 传媒评论，2017，(7)：16-18.

术提供支援，记者只需要完成现场的一次采集，后方就能生产出图解、H5、直播、视频、VR等多种形态的报道，最终所有素材和产品都会进入公共稿库，既服务于人民日报系的媒体，也向国内外合作媒体推送。在新闻编辑环节，人民日报"中央厨房"的组织架构中，编辑中心主要是由报社总编室、人民网总编室和新媒体中心总编室构成，这三个部门负责根据自己的渠道需求对"中央厨房"提供的素材和产品进行编发或二次加工。"中央厨房"鼓励这些编辑部门采用各种新媒体技术对内容进行多种制作，追求智能化、集约化的处理方式，从而高效生产出各种不同形态的报道产品。

工作环节	管理	策划	采集	编辑	发布	评估	考核
现实情况	文件通知简单沟通	各目的地自主开展内容生产水平参差不齐			单一发布渠道	缺乏有效的评估考核手段	
建设愿景	管理范围内各单位统一指挥调度和管理，聚合传播资源	把握舆论热点，确保内容选题符合公众关注趋势	快速获取内容素材，保障内容质量，提升直传时效性	专业高效生产内容，实现一次编辑，生产全媒体内容素材	以较少人数运维丰富的自有媒体渠道，一次操作多平台	主动掌握宣传效果，不断改进提升宣传能力	科学评估各单位宣传工作能力，提升整体战斗力
实现方式	全城宣传调度指挥系统	舆论热点辅助追踪系统	全媒体传播素材库	融媒体统一编辑系统	融媒体聚合发布平台	宣传效果评估工具	全媒体工作考核工具

图4-2　融媒体中心业务架构

与此同时，为充分调动报社编辑记者的积极性，"中央厨房"还推出融媒体工作室机制，允许报社内部的采编中层以项目制形式牵头组织工作室，进行体制内的内容创业，例如学习小组、侠客岛、麻辣财经、国策说、一本政经、大江东等，一些工作室在业界已经颇具名气，在网上收获大批粉丝用户，成为报社融媒体改革的排头兵。

2. 技术平台集成化

技术平台集成化，是指兼具内容聚合、内容分发、内容管控、统一认证、统一指挥等多种功能的技术平台，各种类型的媒体在这个平台上实现"内容共享、自由分发"[①]。搭建技术集成平台，旨在让所有的新闻线索、选题策划、传播效果、运营效果都有数据支撑。有了全网抓取的实时数据，全国各地发生的热点事件就能即时地地图式呈现；新闻线索不再只是由记者实地发掘，也可以来自网络抓取、分析；通过传播效果评估、新媒体运营、新媒体追踪和用户画像，每篇稿件就有了实实在在的效果评估与反馈；通过数据分析，媒体可以深度了解用户阅读习惯和行为特征。目前较为先进的集成方式有如下几种：其一，在云平台上对海量信息进行关键词式的搜索，将可利用的信息自动汇聚到技术平台；其二，从传统媒体获取的信息，以最快的方式，传送到技术平

---

① 鲍新文. 融媒体背景下新闻采编流程再造的实践与思考[J]. 中国广播电视学刊，2017(2)：44-48.

台；其三，自动搜索来自关注范围内的微博、微信公众号和新闻客户端，自动汇集信息，记者或公众可随时发现线索，随时上传线索，平台内的信息达到最大程度的共享。

基于人民日报"中央厨房"软件平台的内容分发、舆情监测、用户行为分析、可视化制作等一系列技术工具，前后方采编人员时刻在线连接，各终端渠道一体策划，逐步形成新媒体优先发布、报纸深度挖掘、全媒体覆盖的工作模式。人民日报"中央厨房"还可以根据评论信息，对用户进行情感分析，得出用户对新闻的喜好，进行个性化推荐，从而实现精准推送和营销。

此外，集成式的技术平台在5G等信息技术的推动下，不断迈向更高的台阶。万物互联、万物皆媒的趋势越来越明显，内容和技术相互驱动、高度融合。在智能化的集成平台上，媒体积极开展创意创作、内容生产、传输传播、消费、治理等全链条深度革新。例如，运用5G、大数据、人工智能等数字技术，中央广播电视总台积极探索直播、虚拟主播、AR、SVG等沉浸式业务模式和应用场景，取得的成果引人注目。庆祝中国共产党成立100周年之际，中央广播电视总台利用20世纪早期新闻影像素材全新打造4K超清修复上色系列产品。其中《觉醒》《扎西德勒》《山河》(扫码查看)实现了业内最高难度的电影级修复上色。不同于新中国故事片的修复，这些一百年前的新闻纪录影片经历了数次战火，能够保存下来虽实属不易，但胶片本身却留下了大量的损伤和划痕，给修复和上色工作带来了极大难度。其中《觉醒》一集节目在央视新闻新媒体各平台推发后，新浪微博话题阅读量24小时数据达到2.1亿，占据热搜长达14个小时；《山河》一集节目在央视新闻新媒体各平台推发后，新浪微博话题阅读量24小时数据达到1.7亿，最高点位列热搜第14，当日要闻榜第一。中央广播电视总台在新技术应用与技术前瞻上跑赢其他媒体，获得了优异的传播效果与技术反响，积累了宝贵的媒体融合创新实践经验。

《觉醒》　　《扎西德勒》　　《山河》

3. 报道生成个性化

报道生成个性化，是指各类型媒体对同一新闻内容的报道呈现"百花齐放"与"各花入各眼"的面貌。人民日报"中央厨房"采编运营一体化系统可以将不同发布形式的信息进行对应选题、编辑的匹配，同时能够兼顾监督功能。打个比方，不同的信息来源相当于为平台提供了不同的食材，不同的大厨对其进行加工，做出不同的菜式，怎么利用好"食材"做好"一盘菜"，全靠"大厨"们的功力。"一个产品，多种呈现"是人民日报社新闻产品在"中央厨房"理念下的具体表达，这些"五味俱全"的新闻佳肴，既有适合纸质媒体的"主菜""硬菜"，又有适合移动媒体的"快餐"，凸显了时政新闻的时效性、现场感，又使内容更为丰富，解读更为权威和深刻。

报道生成的个性化，需要考虑不同媒体终端的传播特点和受众特点，不能机械地将在传统终端播出的新闻直接照搬到新媒体端。因此，关注和研究用户的使用体验，加强与用户的互动，就显得至关重要。比如，人民日报社在新媒体平台微信公众号、新闻客户端、官方微博等社交平台上就非常重视与用户互动，并利用大数据监测、分析舆情，从而提升用户黏性和参与度，真正为用户打造不同口味的"菜谱"。

4. 分发渠道多元化

分发渠道多元化，是新闻采编流程改造成果的最终体现形式。人民日报"中央厨房"通过一个"轮轴"指挥台，利用各种素材资源，同步加工生成通稿、微博、微信、客户端、集成报道等图文、VR、AR、动画立体多元形态产品，最后从报、网、台到"两微一端"、短视频平台等全渠道分发推送，适配到多种新媒体终端。

全媒体时代，移动互联网技术飞速发展，单一单向的传播方式已经落伍，多媒体、跨平台、立体化传播成为必然趋势。得益于移动互联网及其终端的普及，当下的传播渠道向空间扩展，单向、线性、平面的"一点对多点"传播模式升级成为交互、立体、全面的"多点对多点"传播模式。例如，青岛广电全媒体新闻中心以"蓝睛"客户端为龙头，引领联动30多个新媒体平台账号形成融媒体矩阵。在此基础上，很多新媒体端广受欢迎的产品成为大屏的收视亮点，大屏、小屏双屏开花，共同撬动市场。在《奋力走在前》(如图4-3所示)这档日播的融屏栏目中，通过主持人行进式出镜、沉浸式体验，运用凸显互联网风格的短视频创意和包装，展示青岛各行各业的发展亮点和创新实践，一经推出就成为青岛政经领域的爆款栏目。

图 4-3 《奋力走在前》截图

融合传播机制下，主流媒体运用互联网思维进行内容生产与分发，探索出一条小屏大屏有机联动、多方融合共赢的特色传播之路。

4.1.2 融合新闻采编流程与机制的优势

媒体融合背景下新闻采编流程与机制的再造，是新闻生产改革的大胆尝试，它既是受众需求推动下的媒介创新之举，也是技术发展过程中的进步表现。融合新闻的采编流程与机制，颠覆了传统新闻生产方式，也弥补了传统新闻传播活动中常常出现的"滞后性""单一化""效果弱"等问题，新闻的时效、聚合、互动功能都得到显著提升。

1. 突破时空限制，实现新闻"即时性"传播

融合新闻采编流程的构建，倒逼"碎片化""立体化"的传播格局建立。集成化技术平台的运作，解决了传统媒体信息匮乏的问题，强大的信息采集能力和处理能力，让新闻传播"快"起来。基于5G技术为基础网络的新闻云采编系统①，可以实现秒速级采编。如湖南广电牵头研发的新闻云采编系统(如图4-4所示)，基于华为的RTC(real-time communication，实时通信)协议，集合了"云采访""云编辑"两大核心功能，安全性能更高，使用方式更简单，效果更出色。

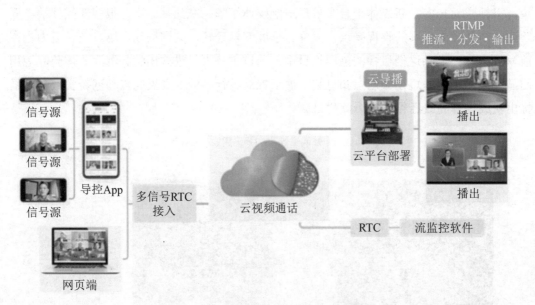

图4-4　湖南广电云采编系统运作模式

用户只要在手机端下载湖南广电定制App，就可以自己操作并接受采访，通过4G/5G或Wi-Fi，将音视频信号传回长沙演播室，破解了不见面采访的难题。更为重要的是，湖南广电的新闻云采编系统实时连线延时可低至600ms，多人连线端内延时低至200ms内，实现了秒速级采编，而且它可以在保证画质的前提下供20路以上信号实时连

---

① 新闻云采编系统是基于云计算技术，以云采访和云编辑为核心的一体化系统。目前主要以中央广播电视总台为代表的国家级云采编系统、以湖南广电为代表的地方级云采编系统、以"爆新闻"为代表的行业内云采编系统等这三大类型为主。

线直播互动,真正让新闻采编实现秒速级,实现了高清音视频信号实时传输,采访对象与记者全程零延时、无障碍交流。

融合新闻的秒速级采编模式,增强了新闻的时效性,新闻播报不再受到时间和空间的限制。2020年,全国两会期间的新闻采访工作因为受到疫情的影响遇到了一些困难,一些代表委员无法直接接受记者采访,只能接受云采访。新华社创新性推出"5G全息异地同屏"系列访谈,让千里之外的代表与记者"面对面"实时交流(如图4-5所示)。5G全息异地同屏系列访谈借助5G网络,优化全息成像技术,将与真人等比例大小的"代表"实时投放到异地演播间,记者和代表可以"面对面握手",丰富了新闻云采编的形式①。

图4-5 新华社5G全息异地同屏访谈截图

2. 超越单一媒介,实现新闻"立体式"传播

融合立体式报道突破传统报道的广度和深度,能够给受众带来全新立体的视听体验,从而大大提升了新闻报道的传播力和影响力。自从2014年媒体融合上升为国家战略,全国各地开启了媒体融合的实践,媒体融合经历了从相加到相融,再到当今的纵深发展,主流媒体着力做大做强新型网络传播平台,把自有客户端建设作为重点,同步做大做强商业平台官方账号,打造移动传播矩阵,新闻舆论阵地不断拓展,现象级融媒体产品不断涌现,用鲜明特色、高质量服务和个性化体验聚集更多用户,主流媒体传播力、影响力不断提升。

"中央厨房"和融合新闻云采编系统的建设,让全媒体实现聚合式立体传播成为必然。如云采编系统会内置H5产品模板,方便记者将采集来的新闻素材(如图片、音频、视频等)进行融合,做成精美的H5新闻,并且可以一键发布,快速传播。云采编系

---

① 黄楚新,文传君. 新闻云采编的特征、优势及发展态势[J]. 青年记者,2020(21): 9-10.

统除了可以将新闻素材制作成H5之外，还可以智能化剪辑记者拍摄的视频，自动添加字幕，制作成新闻长视频、短视频，以供不同的平台发布。2023年全国两会期间，江苏广播电视总台全平台共推出15个专题专栏专区、38项新媒体产品，全方位生动鲜活地呈现了大会的热烈氛围和精彩瞬间。荔枝新闻、我苏、江苏新闻、荔直播等新媒体矩阵打出"直播+短视频"的组合拳。政府工作报告发布后，江苏广播电视总台推出解读专栏《数读两会》，其中系列短视频《AI带你读报告 绘出2023新图景》，创新运用AI作画、数字图表图解、音视频等方式，对政府工作报告进行生动解读(如图4-6所示)。同时，通过短视频专栏、互动海报等形态，强化形式感、直观性，生动解读两会新闻。

图4-6 《AI带你读报告 绘出2023新图景》截图

3. 增强互动共享，实现受众的用户化转换

所谓受众的用户化转化，是指要将传统的单向接受的"受众"概念，转换为具有双向互动权益和参与能力的"用户"概念。在社交媒体生态中，新闻报道已经不是媒体单方面传播的过程，而是要在媒体与用户、生产者与用户以及用户与用户之间形成一种交流①。相较于传统新闻的单向传播模式，融合新闻的最大优势在于，它在技术维度上实现了用户的互动，不仅为受众创设了一种全新的接收和认知体验，更有助于新闻价值的实现。融合新闻作品制作人通过为用户创设环境与身份、引导用户发出动作和给予用户反馈这三种方式，实现了完整的互动叙事链条②。例如，澎湃新闻于2017年制作了《长幅互动连环画丨天渠：遵义老村支书黄大发36年引水修渠记》(如图4-7所示)。该作品还原了老支书黄大发从20多岁的毛头小伙到60岁的花甲老人，用半生带领村民修通了万米水渠脱贫致富的故事。在交互设计上，该作品利用文字提示、声音图形、视觉图形等多种方式，引导用户适时点击界面听取场景声效、人物音频，查看视频、360度全景、图集等，使得故事可以更加流畅地表达，没有因元素过多而干扰叙事主线，同时用户可

---

① 刘涛. 融合新闻学[M]. 北京：高等教育出版社，2021：49.
② 罗中艺. 融合新闻互动叙事实现路径探究[J]. 今传媒，2022(12)：38-40.

以根据自己的手指移动速度来掌握故事发展的节奏，从而增强了用户对故事的参与感。

图4-7　H5产品《天渠》截图

4.1.3　融合新闻采编流程与机制的建设路径

虽然融合新闻的采编流程与机制改革已经在一定程度上实现了"时度效"①的要求，但是创作者在实际运作过程中总会面临各种复杂的情况，出现各种各样的问题，例如日常新闻内容趋同而缺乏个性特色、"半成品加工"对提升新闻作品质量助力不大等。客观看待这些困境、瓶颈，深入探讨融合新闻采编流程与机制的下一步发展方向，是十分必要的。

1. 共享融通：整合媒体内外部的采编制作力量

未来的新闻采编制作不应该局限于内部的媒体融合发展，而要竭力打造一个大开放、大协作的全新内容生态。对外，新型主流媒体要分层级构建从中央到省、市、县的新型采编网络，彼此间形成协同高效的新闻生产合作关系，共同壮大新型主流媒体的整体实力。在汇聚PGC、UGC和MGC②等新闻生产资源的基础上，完成个性化、精准化、定制化新闻的制作与分发；对内，新型主流媒体要充分整合自身传统业务部门和新媒体

---

① "时度效"，即新闻报道的时机、分寸和效果，是新闻传播和舆论引导中的关键原则。
② PGC，即professional-generated content，专业生产内容；UGC，即user-generated content，用户生产内容；MGC，即machine-generated content，机器生产内容。

业务部门的采编力量，避免同质化生产，集中优势兵力放大专业新闻生产优势，让一支队伍服务多个平台。

人民日报"中央厨房"已经与河南日报、湖南日报、四川日报、上海报业、广州日报、深圳特区报等地方媒体建立战略合作，旨在围绕内容、技术和传播等，开展一系列的合作，帮助大家加快融合进程。内容上，进行资源共享、协同生产、共建工作室。如"国策说"视频节目在地方台落地，带动传统媒体利用大数据、云计算、数据可视化等新技术进行内容创新。技术上，帮助媒体同行少走弯路，快速建设"中小型厨房"，与人民日报"中央厨房"接通，实现内容协作、资源共享、整合传播。传播上，分别与贵阳、江苏、内蒙古等地开展重点活动的全媒体推广，实现一体策划、多元传播、全球覆盖。

2. 人机协同：让人工智能为新闻生产和媒体运作赋能

对用户新闻信息的精准推送需要以新闻产品的海量生产为前提，主流媒体之前以频率、频道、栏目、版面为单元的"作坊式"新闻生产模式要向工业化、智能化新闻生产模式转变[①]。

在组织管理层面，面对海量的新闻素材与海量的用户需求，单靠人脑智慧去进行科学调配是不现实的。在新型主流媒体内部，负责新闻统筹的总编室需要利用人工智能技术总揽新闻产品生产，用主流价值导向驾驭"算法"，将海量新闻内容与用户个人需求相匹配，进行新闻分发和传播效果监测；负责用户管理的用户数据部需要针对用户设立精准互动入口，制定服务标准，利用人工智能技术实现用户数据沉淀和转化，形成用户数据资产；负责媒资管理的媒资部需要通过人工智能技术将海量新闻产品进行精细化的标签处理以及全媒化的网络信息储存，为总编室的统筹调配提供保障。

在内容制作层面，"中央厨房"采编系统还可以在智能化新闻生产的链条上走得更远、做得更多。人民日报社以发展的眼光不断优化媒体技术支撑，人工智能视频制作平台"AI编辑部3.0"为重大战役性报道赋能；创作大脑、主流算法、内容风控等研发应用取得积极进展；智能创作机器人集成了5G智能采访、AI辅助创作、新闻信息追踪等多种功能；传播内容认知国家重点实验室建设取得阶段性成果。在媒体融合发展的新征程上，各级媒体应充分运用5G、大数据、物联网、区块链、人工智能等最新技术成果，坚持内容创新和技术创新双轮驱动、双管齐下，让技术创新成为传播效果升级的新引擎。

3. 三责一体：组建基于垂直领域的全媒事业部

"三责一体"指的是负责运营与垂直领域相关的传统媒体渠道、负责运营主流媒体自有新媒体平台上的垂直领域专业化频道、负责运营与垂直领域相关的外部平台新媒体

① 赵刚，孙萌，白云鹏. 基于用户理念的新型主流媒体全媒体新闻采编流程构建路径研究[J].中国广播电视学刊，2021(11)：45-47.

账号，只要是同类产品或服务的媒介要素，无论是传统媒体资源还是新媒体资源，都将配置到一个全媒事业部内，组建基于垂直领域的全媒体事业部适应当下媒体环境中信息需求的分众化趋势。

在融媒体内部组织架构和采编播控流程改革的建设中，应建立适应移动互联网传播的组织架构和工作机制，形成集约高效的内容生产体系和全媒体传播链条。传统的频率频道制、中心制需要进化为面向用户垂类需求的全媒事业部，每个全媒事业部面向某一个垂直领域开发产品或服务，不断完善的工作室制改革，激发创新创作活力。

为适应受众的不同需求，融媒体工作室以专业化、垂直化原则分类，内容覆盖时政、财经、国际、文化、教育、反腐、社会、健康、艺术等，形成自己的品牌个性①。广东台构建"融媒工作室矩阵"，涉垂直类、服务类和平台类三大类型；河南台、湖北台等省级广电媒体以及青岛台等市级广电媒体，纷纷成立各类工作室或项目组，建立各类垂直领域团队等，极大提升在新媒体端的综合竞争力。人民日报社47个融媒体工作室坚持跨部门组合、项目制施工，"学习小组""侠客岛""麻辣财经""半亩方塘""零时差""大江东"等成为人民日报全媒体生产的突击队、生力军。

4.2 报道策划与组织

在传统媒体时代，新闻报道策划是内容的策划，传统主流媒体占据资源上的先天优势，往往在各类媒体竞争中脱颖而出。但随着数字化信息技术的发展，相同形态媒体、新旧形态媒体之间的竞争愈发激烈，新闻的生产方式也发生了重大变革，这使得传统的新闻报道策划面临数字化创新的挑战。融合新闻的报道策划不仅仅是内容的策划，更是报道内容、报道形态、分发渠道、互动管理等全流程的统筹性策划与组织。因此，创新新闻报道策划的理念与策略势在必行。

4.2.1 融合新闻报道策划与组织的必要性

1. 媒体融合背景下新闻内容生产方式发生转变

在"全媒体战略"中，媒体的新闻内容生产是向全社会公众开放的，因此媒体不仅是内容创造者，同时还是社区建立者，媒体的新闻内容生产必须在与社会化媒体相融合、与公众的交流中完成②。在媒体融合的视域下，新闻内容的生产方式发生了转变：一是受众参与成为新闻内容生产的基本要素。相较于传统媒体，新兴媒体的受众不再被

---

① 李天行，周婷，贾远方. 人民日报中央厨房"融媒体工作室"再探媒体融合新模式[J]. 中国记者，2017(1)：9-11.
② 蔡雯."全媒体战略"中的内容生产创新：对新形势下传统媒体转型的思考[J]. 新闻战线，2013(1)：86-88.

动地接收信息、消费信息，而是有选择性地获取信息，并主动发布信息，参与信息的加工。二是多渠道布局成为新闻内容生产的必然趋势。目前，我国新闻媒体集团已经建立起包括传统报纸、移动媒体、互联网媒体以及户外媒体等多媒体矩阵。三是融媒体介质成为新闻内容生产的必备工具。传播介质的属性决定了不同介质往往通过不同的传播手段和内容生产方式来满足不同受众的信息需求。在融媒体视域下，受众的个性信息需求要通过多种媒介满足，新闻媒体为了迎合受众的需求，则必须以融媒体介质作为新闻内容生产工具，除了运用传统的文字、图片，还需要运用视频、音频、三维动画等。四是多样化统一成为新闻内容生产的中心课题。因为新闻媒体集团建设了不同的传播渠道，各传播渠道统一受集团管理，新闻内容生产和传播过程必须服从集团的定位、方针等，所以，在集团的新闻报道策划中，各个传播渠道必须在坚持内容多样化的同时追求统一。五是团队协作成为新闻内容生产的重要方式。在传统媒体时代，媒体的新闻内容生产是单向、线性的；而在融媒体视域下，媒体的新闻采写、发布流程是多元、互动的，个人根本无法完成复杂多样的采写编任务，团队成员必须协作。

这些新特征使得新闻媒体集团的新闻内容生产必须加强各项资源的统筹配置，同时相关人员要强化对新闻内容生产手段的管理，而这些都是新闻报道策划的核心内容。传统媒体可以通过整合资源，在共享资源问题竞争领域，充分利用和挖掘这些有限的共享资源，从而增强自身媒体的竞争力和公信力。因此，在融媒体视域下，加强新闻报道策划具有十分重要的现实意义。

2. 媒体融合背景下传统新闻报道策划面临挑战

在融媒体视域下，传统新闻报道策划无法适应新闻内容生产方式的新变化，导致其在实践过程中遇到了诸多挑战，主要包括以下三个方面。

(1) 难以应对即时性内容生产节奏。在传统媒体环境下，受介质载体和传播方式的限制，媒体的内容生产节奏相对固定、有规律，且与普通受众的生活节奏相吻合。媒体工作的内部日程和生产周期会影响新闻判断，形成新闻常规。塔奇曼(Tuchman)在电视台里进行田野研究，发现上午10点至下午4点的新闻事件最容易成为新闻，同样的新闻事件如果发生在下午7点以后，由于记者大多已经下班了，这样的事件就很难得到报道。吉尔伯(Gieber)也发现，越接近截稿时间，报纸版面上留下的空白越少，编辑也不情愿撤下已经编好的稿件换上新稿件。因此，新闻被公布出去，要"屈从"于媒体机构的生产周期[①]。

而在融媒体视域下，新闻传播不再受到媒体介质载体的限制，联网媒体从技术上取消了"截稿时间"这一限制，媒体可以24小时随时发布新闻，新闻生产的节奏大大加快了。当新闻事件发生后，无论任何时间，记者、编辑等所有参与新闻内容生产的人员必

---

① 陈阳. 每日推送10次意味着什么？关于微信公众号生产过程中的新闻节奏的田野观察与思考[J]. 新闻记者，2019(9): 23-31.

须立即行动，投入新闻内容生产中，第一时间通过可选择的渠道发布新闻。

(2) 容易产生内容同质化问题。在传统媒体时代，新闻报道策划具有相对独立性，一般由特定部门或专门的采访小组来完成。而在融媒体视域下，一个传媒集团旗下的不同子媒体都会组织力量投入其中，由于各子媒体缺乏有效沟通，再加上策划实施者没有充分研究报道的角度、方式，出现不同子媒体采访同一事件的情况，导致同质化内容的产生①。

(3) 融媒体内容生产人才力量薄弱。人才匮乏是多数县级融媒体中心面临的突出问题。这里的"匮乏"不是指人数少，而是指专业人才密度不足以及懂融合、会率队的干部选用不充分等情况②。融媒体内容生产人才主要包括两类：一类是新媒体技术人才。数字化新兴媒体以新技术为基础，运用数字化新兴媒体开展新闻报道策划必然离不开新媒体技术人才的支持，这些新媒体技术人才除了要掌握先进的网络运营技术，还要具备一定的新闻传播业务能力。当下，由于高校新媒体技术人才培养的滞后性、各级融媒体中心尤其是县市级融媒体中心的人才招聘机制不完善等，融媒体新闻报道策划缺少新媒体技术人才成为媒体融合实践发展面临的主要问题，导致了融媒体新闻作品质量不高、传播效果不佳。另一类是策划编辑人才。在融媒体视域下，策划编辑人才需要具备全面统筹、素材处理、有效沟通等多方面素质，充当着项目经理的角色。除了对内容、形式负责外，还需要对整体项目的进度、资金情况、结果进行统筹并负责③。职能完备、专业有才的人才队伍才能适应当下融媒体的新闻实践，否则内容生产会成为无根之木，只是在传统的传播手段上嫁接新媒体的传播方式，无法自主策划形成个性化的产品或方针，只能一味模仿，产生不了创新及原创作品。

4.2.2　融合新闻报道策划与组织的新策略

1. 组织层面：建设能力出众的策划编辑团队

融媒体环境下，人才是媒体机构发展的重要动力来源。相关单位需要确保具有充足的人才，这样才能够不断满足新闻媒体自身发展的需要。新闻报道策划工作具有一定的复杂性，相关工作的开展需要较多数量的专业人员参与，需要团队进行合作完成，而不是单独依靠某个人或者某个力量来完成④。因此，媒体机构需要根据实际的需要建立一个强大的团队，在团队中通过分工协作来高质量完成新闻报道。

首先，策划编辑需要具有全局的意识，确保能够形成较高的责任意识，在新闻报道策划的过程中做到全程参与。在传统媒体时代，对于新闻报道策划工作的开展，编辑具

① 蔡雯."全媒体战略"中的内容生产创新：对新形势下传统媒体转型的思考[J].新闻战线，2013(1)：86-88.
② 朱琳琳.县级融媒体中心"四步走"人才队伍建设路径[J].中国记者，2022(10)：124-126.
③ 陈龙.融媒体传播概论[M].苏州：苏州大学出版社，2021：98.
④ 赵振宇.新闻报道策划：融媒体时代的新气象[J].新闻战线，2020(19)：29-30.

有一定的职责，他们在开展工作的过程中具有较高的独立性，需要对记者采集回来的新闻素材进行编辑加工。但是在融媒体环境下，编辑的职责有所改变，编辑能够参与到新闻报道策划的全过程，在对新闻报道的主题进行确立的时候，需要确保新闻事件的内容具有较高的价值；在对新闻报道策划案进行设计的时候，需要对新闻报道策划的基本信息如风格、题材等进行意见交换；在确立新闻报道策划案时，需要确保与新闻事件的发展方向一致。

其次，策划编辑也需要全面掌握对各种媒体素材的加工技巧。在传统媒体时代，编辑需要第一时间对记者传输回来的新闻素材进行把关和处理，而在融媒体时代，记者传输回来的新闻素材形式多样，编辑就需要对新闻素材进行深度加工，在众多新闻素材中进行挑选，确保这些新闻素材具有较高的新闻价值。编辑在对这些新闻素材进行处理的过程中，要懂得受众需要什么，并且知道该如何把握新闻产品，创造出良好的新闻报道策划。而这需要策划编辑在新闻素材采集之前，就对多媒体新闻产品的最终呈现与发布方式有所构想，提前或及时协调前方记者报道的重点和报道的形式等，以提高新闻采编的运作效率，达到报道效果的最优化。

最后，策划编辑除了与采写材料的记者进行高效沟通之外，还需要对记者本人进行深入的了解。策划编辑与记者具有一定的联系，可以指导记者采集一些具有针对性的新闻素材；同时，策划编辑还需要与受众进行有效沟通和反馈，采取多种方式对受众的意见进行充分了解，而一些受众可以通过信息反馈影响新闻策划方案的执行[①]。

2. 内容层面：平衡用户需求与新闻价值

首先，以市场需求为导向。在融媒体时代，新闻信息的数量呈现急剧增加的状态。在这种情况下，人们获取有效新闻的难度增加，这就需要新闻报道策划工作注重市场的实际需求，充分发挥新闻报道的社会价值。在对新闻事件进行报道的过程中，新闻从业者需要重视从基本事实出发，向社会公众传达新闻事件蕴含的真相，这样有利于社会的和谐稳定发展。在新闻报道策划工作开展的过程中，新闻从业者需要对新闻市场的实际变化做好观察，对于市场中出现的一些要求，根据自身的实际情况进行满足[②]。将市场需求作为新闻报道策划的重要参考依据，具有十分重要的意义，这样能够保障新闻产品更加接近于人们的实际生活，有效提升新闻策划工作的质量。因此，在融媒体环境下进行新闻报道策划，需要以市场需求为导向，确保形成较高质量的新闻报道。

其次，以深度价值为引领。在传统媒体时代，信息传播的范围和方式都具有一定的局限，而在融媒体环境下，人们可以通过多种方式获取更多的新闻信息，获取新闻信息的速度和方式都发生了巨大的变化。人们对于浅层次的信息并不满足，对深层次信息的需求更加旺盛。因此，在融媒体环境下，需要增加新闻的深度，做好新闻报道的策

---

① 王慧敏. 融媒体视域下新闻报道策划的挑战与创新[J]. 传播与版权，2022(8)：1-3.
② 章权. 融媒体时代新闻报道策划实践探索[J]. 重庆三峡学院学报，2021(6)：36-45.

划①。在开展新闻策划工作时，相关人员需要追本溯源，进行深度挖掘，有效防止新闻报道的快餐化。现如今，更多的受众愿意接受新闻报道的告知性作用，他们希望在有深度的新闻事件中获得感知，这就需要新闻报道策划人员精心做好新闻报道策划工作。在具体的实践中，新闻报道策划人员可以增强与记者的联系，使其主动收集新闻事件的相关信息，对现有新闻事件进行适当的整合和延伸，不断提取出更多有深度的新闻内容。深挖这些有深度的内容，能够保障新闻报道策划具有一定的连续性，进而提升其覆盖面。在融媒体环境下，随着新闻的深度增加，发稿的规模也发生了十分重要的变化，策划人员需要保障新闻报道策划的内容能够与受众群体的实际需要相互融合。因此，在融媒体环境下，策划人员需要不断增加新闻报道的深度，在对其进行报道策划的过程中，注重深挖新闻事件的深度。

3. 生产层面：统筹管理采编发全流程

宏观上，新闻报道策划人员需要把握整体的报道节奏。重大新闻报道策划一般经历这样几个时段：预热期/发布期、高峰期、延伸期、收尾期②。在新闻报道策划预热期/发布期，媒体针对新闻事件的发生或即将进行的策划发布一则消息，用以告知读者；在高峰期，不同媒体对新闻事件进行集中、多层次、多角度的报道；在延伸期，不同媒体选择报道与自己媒体定位相关的内容；在收尾期，各媒体以不同的形式告知读者新闻报道落下帷幕。根据这一规律，新闻报道策划人员在进行报道策划时，必须针对不同时段对不同媒介终端做出不同的安排，即利用新媒体在策划发布期抢时效，利用传统媒体进行完整报道、深度报道，合理安排不同媒介的落点，从而使新闻报道策划形成完善的体系。微观上，报道策划人员需要对新闻采编流程的各个环节进行预先规划和统筹，如选题策划、形态策划以及渠道策划。

(1) 选题策划：新媒体思维与大数据手段并用。新闻选题是新闻生产活动的起点。选题体现了既定时期的"问题意识"，正是在"问题"维度上，选题才获得了自身的价值和意义。一般来说，大凡具有新闻价值的议题，如时效性、重要性、显著性、接近性、趣味性比较突出的议题，都可以被纳入新闻选题策划的范畴③。相对于传统新闻的选题策划实践，融合新闻必然意味着一场选题智慧与技术逻辑的"相遇"，一般来说，融合新闻策划的关键是形态创新与渠道对话，一个在传统媒体那里可能被抛弃的选题，或许会因为新媒体技术的强大"赋能"而获得"新生"，成为一个闪亮的融合新闻选题，而这根本上是因为融合新闻形态本身释放出了超越传统新闻选题策划的价值空间④。在媒体融合语境下，融合新闻的选题策划需要遵循新媒体思维并利用大数据手段。

① 蔡雯. "全媒体战略"中的内容生产创新：对新形势下传统媒体转型的思考[J]. 新闻战线，2013(1)：86-88.
② 王士宇. 整合新闻策划之路径探寻[J]. 新闻战线，2013(8)：91-93.
③ 刘涛. 融合新闻学[M]. 北京：高等教育出版社，2021：71.
④ 刘涛. 融合新闻选题："信息逻辑"与"流量逻辑"的对接[J]. 教育传媒研究，2020，(1)：20-24.

融合新闻策划需要遵循新媒体思维的重要原因是接受对象有异：传统新闻的接受对象是"受众"，而融合新闻面对的是新媒体语境下的"用户"。传统媒体在新闻选题、采集与编辑方面，主要挑选某一时间段内的重大新闻事件，对相关新闻选题、新闻内容进行组织，但往往很难博取关注。这一问题产生的主要原因在于新闻选题缺乏创意性，在新闻标题、内容制作方面缺乏新意，使受众对新闻信息产生审美疲劳①。而融媒体一方面要从频道、栏目、节目的定位出发，围绕时政新闻、金融新闻、经济新闻、民生新闻、社会新闻等，收集更多真实的新闻信息，对已经发生的新闻事件进行直观报道，持续跟进新闻事件的后续发展，保证新闻选题的准确性、客观性；另一方面，可以增加文娱方面的新闻，包括文化产业、娱乐资讯等，吸引年轻受众的眼球，实现新闻选题浏览量、传播力的最大化。

大数据时代下，融合新闻策划选题的重要灵感来源就在于大数据。融合新闻选题策划的重要思路就是通过数据关系的可视化呈现，揭示潜藏在数据世界背后的新闻世界，进而以"新闻的力量"深刻介入并影响公共议程。数据不仅有助于我们发现问题，还可以给我们提供问题解决方案，从而真正体现融合新闻媒体的社会责任感。在互联网技术快速发展的环境下，不同新闻媒体应依托微博、微信、QQ、新闻客户端等网络平台开展新闻策划，不断提高新闻内容的全面性。首先，要针对国际国内发生的新闻事件，从网络平台搜集新闻选题，筛选出符合新闻栏目定位的选题方向，进行新闻选题确定、实地采访、内容组织、成文排版等全方位策划，保证不同类型新闻信息的准确性。其次，对于新闻选题传播方式的创新要结合文字、图片、视频、音频的信息传播手段，在微博、微信、网络新闻客户端等平台，开设媒体微博账号、微信公众号，贴近普通民众的生活策划新闻主题，制作相关内容，并通过评论转发窗口，加强与受众的互动交流。融合新闻策划要根据受众需求，不断调整自身的选题方向和策划方式，带动更大范围的新闻浏览、交互与分享。

(2) 形态策划：表现方式和叙事语言综合运用。融合新闻的形态，既包含着新闻的表现方式，也包含着新闻叙事语言的综合运用。这是由融合性的文化环境决定的。因此，融合新闻的策划，除了传统媒体原有的选题策划、内容策划之外，还必须结合融合新闻的多媒体属性和跨媒介属性，认真谋划融合新闻的表现方式和传播样式。换言之，对这些表现形式和传播样式的安排和组织，就是融合新闻的形态策划。

融合报道在"报网融合"时期主要表现为网页多媒体新闻、Flash多媒体新闻等较为初级的报道形态。而随着4G/5G移动互联网网络、大数据、虚拟现实、人工智能等技术持续发展，其报道形式与报道方式进一步丰富，融合程度日益深化，数据新闻、直播新闻、VR/AR新闻和人工智能新闻等新型融合报道形态不断涌现。

融合新闻与传统新闻的不同之处主要体现在表现形式和叙事语言方面②。从表现形

① 费洪芹. 媒体融合下新闻选题策划与创新[J]. 中国报业，2022(4)：46-47.
② 刘涛. 融合新闻学[M]. 北京：高等教育出版社，2021：77.

式来看，融合新闻的构成原理是多媒融合，新闻表达创新的关键是多种媒介形态融合的策划，即如何把文字、声音、图像、视频等媒介元素按照不同传播渠道的内容偏向、受众认知的接受心理、元素整合的叙事语言，进行有针对性的融合，实现传播效果最优化。融合新闻的表现形式多为新媒体形式，当前基于新兴技术驱动的短视频、H5新闻、VR新闻、动画新闻、新闻游戏等新媒体表达方式成为融合新闻策划的热门选项。从叙事语言来看，融合新闻的基本属性是多媒融合，强调多种媒介元素的聚合表达，因此，基于融合文化和新媒体思维的多媒体叙事成为融合新闻生产的基本叙事语言。在表征结构上，融合新闻主要表现为时间叙事、空间叙事、关系叙事三种基本的叙事方式；在互动方式上，融合新闻主体上按界面响应、路径选择、角色扮演三种互动方式拓展用户参与互动的程度和深度。但是融合新闻策划并不是简单地滥用新兴的表现方式，而是综合考虑分发渠道的特点和新闻题材的特性，选择最优的呈现方式，合理呈现各种媒介元素，提升用户的体验，以达到良好的传播效果。

(3) 渠道策划：把握渠道差异化特性，实现最优组合。融合新闻实践的最高境界或终极目标是打造一个整体性的、系统性的融合新闻生态，具体包括产品维度的多媒融合、传播维度的渠道融合、运营维度的产销融合。立足全媒体生态维度，融合新闻策划除了融合形态的策划，还应该聚焦传播方式的策划，而媒介融合语境下的传播方式创新，主要体现为媒介生态视角下的整合传播。

融合新闻策划意味着一种系统性的生产体系策划，要在掌握各种渠道传播特点的基础上进行有效整合，打破不同渠道"各自为政"的状况，力求充分发挥各种渠道的传播优势，切实提高渠道资源的利用效率。以往，传统媒体的渠道多以线下为主，如报纸、广播电视、广播电台、杂志……随着移动互联网的到来，线上传播渠道增多，门户网站、微信公众号、微博、短视频平台、互动智能电视成为主要的渠道阵地。总体来说，在移动互联网时代，媒体全渠道分为线上线下两类，线下包括报纸、广播电视、广播电台、杂志等；线上包括门户网站、微信公众号、短视频平台、自有 App、互动智能电视、微博等。在2022年中国共产党第二十次全国代表大会报道中，新华社发挥出权威信源优势，第一时间滚动播发27条微博快讯和15条报告摘编，同时"两微一端"及时播发28条新闻推送弹窗；中央广播电视总台全媒体矩阵播发《解决台湾问题是中国人自己的事，要由中国人来决定》等视频；光明日报将纸质版刊发的精彩社论《为全面推进中华民族伟大复兴团结奋斗》，共同进行移动端的视频化包装推送，同时在微博发布《记者带你见证二十大开幕会》等原创视频、《总书记的重要讲话催人奋进》等图文海报，迅速抢占网络流量。可见，渠道融合强调同一新闻议题在不同渠道的智能发布，力求根据不同渠道的差异化个性，对新闻报道内容进行合适的"裁剪"和"加工"，使之适应不同渠道的传播规律发挥"1+1>2"的效果。

4.3 传播管理与反馈

2020年6月30日，中央全面深化改革委员会第十四次会议审议通过了《关于加快推进媒体深度融合发展的指导意见》。会议强调："建立内容建设为根本、先进技术为支撑、创新管理为保障的全媒体传播体系。""以创新管理为保障"意味着在全媒体传播体系内存在着与内容生态、技术系统相匹配的管理机制和法规政策体系。内容生态和技术系统的不断升级，向传媒管理者提出了新的挑战，也助推了传媒业运营模式的调整，亟须一套科学、全面、规范、有效的管理机制，以统筹起全媒体生态中的诸多要素，整合全媒体传播体系中的各个环节。

全媒体传播体系重点"中央厨房"的技术系统由IP流集成调度系统、采编系统、Prysm显示技术与人机互动系统、传播效果监测反馈系统、融合云等子系统构建而成。该技术系统的搭建，让新闻线索收集、选题策划、传播效果和运营效果监测有了数据支撑，为"中央厨房"的业务运行提供了有力保障，进而有助于传媒主体及相关生产部门实现内容共享、技术共享、渠道共享，推动媒体行业在更大平台上开展合作。总体来说，融合新闻的传播管理与反馈呈现出"数字化发布监测"与"双向化互动传播"的特点。

4.3.1 融合新闻的数字化发布监测

1. 一站式运营与管理

按照新闻产品的生产制作逻辑，"中央厨房"技术系统分为六个功能模块，即内部用户管理系统、互联网用户管理系统、传播效果评估系统、可视化产品制作系统、新媒体内容发布管理系统、报纸版面智能化设计系统，这六大功能模块组成一个整体，支持融合新闻实践的整个过程。其中，内部用户管理系统和互联网用户管理系统用以管理用户数据，可帮助新闻产品生产者把握用户的阅读习惯和偏好；传播效果评估系统会对每一则新闻产品进行统计分析与定向监测，获取用户的实时反馈，从而了解稿件的传播效果；可视化产品制作系统着力对内容进行可视化处理，支持在线制作、发布可视化产品，如H5、短视频、数据新闻、新闻游戏等；新媒体内容发布管理系统是面向特定用户的互联网内容管理平台，允许非技术人员进行产品统筹，实现内容一站式管理和一键式发布；报纸版面智能化设计系统是一个集即时版面规划、内容编排、审核批阅和信息查阅等功能于一体的智能化设计平台，能够有效提高报纸版面的整体编排效率。在六大功能模块的协同发力下，"中央厨房"实现了对内容分发、传播效果监测、舆情监测、用户行为分析等方面的有力管理，并逐步形成新媒体优先发布、报纸深度发掘、全媒体广泛覆盖的工作模式。

2. 全程化监测与反馈

全媒体传播体系的有效运行不能只依靠媒体机构"唱独角戏"，而是需要媒体同其他社会机构之间有机合作、协同发展。在传统媒体时代，媒体机构与社会的触点连接较少，在监测与互动上表现较弱。而在融媒体时代，尤其是技术系统的支撑下，各级媒体的融合实践中注重对移动通信、大数据、云计算、人工智能、物联网、区块链等技术的引入、开发和应用的力度，将技术支撑、资源配置、数据汇聚、内容发布、运营维护和用户体验纳入同一个考察系统之中，通过"云、网、端一体化"的方式，最终实现对新闻传播的全过程监控、预测和评估。

3. 精准性推送与评估

融合编辑室都具备一套数字化管理平台，可以在统一界面上加工并编发文字、图片、音频和视频等新闻素材，根据集团内各种媒介的不同功能和特色发布多媒体信息[①]。一方面，媒体可以通过"中央厨房"搭建数据化、智能化、移动化的技术系统，实时抓取全网的数据，从内容关联、社会关系和兴趣类别等维度入手，描绘出较为清晰的用户画像，实现与用户的紧密连接，同时对全国热点事件进行预测、监控及系统分析，并将新闻内容进行细分化和标签化管理，最终根据用户需求和喜好推送相应的信息产品。随着大数据信息技术的成熟，智能媒体对受众的数字画像描摹越来越清晰，新闻内容与受众偏好相匹配，信息分发精准推送，能够满足受众个性化的需求，扩大受众规模，提升媒介的影响力。另一方面，"中央厨房"能够借助5G、大数据和人工智能等技术手段实现对传播效果的全程监测和精准评估。在万物互联的全媒体生态中，用户需求并非一成不变，而是多元的、动态的。因此，传播效果的精准评估不仅需要媒体关心环境、场景、行为、时间和终端等层面的"小连接"，更要求注重用户与信息、物、商品等形成的"大连接"，通过对反馈数据进行持续分析和解读，不断调整产品制作和投放策略。由此，大数据和新媒体技术对用户数据进行实时监测，评估传播效果，及时优化新闻报道内容，为各传播渠道精准定位，调整传播内容，统筹策划、采访、编辑、发布、评价各个环节提供了有力保障[②]。

4.3.2　融合新闻的双向化互动传播

在传统媒体时代，受众反馈需要耗费较大的人力、物力，且时效性不强；而在互联网时代，实时的互动和接收受众的反馈成为可能。在报道过程中，与受众进行实时互动，并根据反馈来优化传播效果，是融合新闻实践的重要一环。在融合新闻的传播过程中，这一互动具体表现为运营编辑将用户的评价反馈进行聚类汇总分析，进一步得到更

①　石长顺，肖叶飞. 媒介融合语境下新闻生产模式的创新[J]. 当代传播，2011(1)：111-113.

②　陈伟军. 融合新闻学[M]. 广州：南方日报出版社，2021：39.

为清晰的用户需求和浏览体验提升方向，并对接自媒体作者资源，根据客户需求对投稿提出新要求，进一步整合资源，从而更好地运营原创栏目和进行资源IP开发。

实现双向互动传播，需要媒体机构从业人员必须具有双向互动意识。这个互动意识包括两个方面：一方面是评论区的及时回应和交流，已建立媒体机构人格化的亲民形象和用户黏性；另一方面是善于根据网民留言获得新闻追踪采访的线索和问题。而在现实中，一些媒体机构从业者还停留在单向传播的思维惯性中，对新媒体端发布的内容，只停留在发布阶段，而对留言区的评论缺少积极的回应，甚至因害怕留言区出现一些偏激言论而采取"精选"评论或屏蔽评论的策略，这样就既无法通过互动建立用户黏性，也无法通过评论区的意见而发现新问题或新线索，更无法有针对性地展开下一步的采访报道。造成这种局面的原因有两个：一是网络匿名发言机制导致一些发言者不负责任；二是整体社会氛围缺乏对留言区发言的包容度，尤其是媒体缺乏勇气与胆识。

在复杂的网络环境中，媒体必须勇于直面评论区的各种言论，并有针对性地通过扎实的面对面采访提供更多、更全面、更充分的事实，坚持用事实说话，而不能只是在空调屋里像普通网友那样空洞地发表评论，或者只是简单地转发行政执法机关的调查结果通报。因为任何新闻事件都不会简单地随着某个官方通报而打消所有的疑虑和担忧，在任何新闻事件的背后，都有许多值得探究的情节和细节，也有许多需要认识的人性盲区和值得深思的社会问题。只有通过媒体记者面对面的采访报道，用人与人之间的生命对话，用更多的事实和细节，让新闻事件能够被理解，让新闻的社会文化价值能够被充分彰显。

综上所述，融合新闻的全媒体生产和运作模式是媒体融合的产物。当下，各级广电传统媒体正在大力推动融媒体背景下新闻采编流程再造，目的在于进一步强化内容产品的竞争优势，强化平台的传播力和影响力，从而巩固并优化与受众的信息服务能力，建立与互联网背景相适应的生机勃勃的新媒体生态。整体来看，我国主流媒体转型的融合实践表现向好，但是仍存在一些困境，比如"造血"能力弱、发展不均衡、人才结构不合理等，这些问题阻碍着新闻媒体在报道中的职能发挥，也不利于我国舆论生态与民主进程的发展。因此，融合新闻的全媒体生产运作的改革之路仍在进行时，我们可以预见，这是一个螺旋式发展、不断优化的动态过程。当然，不管如何变，新闻媒体的基本职能永远不会变，在以"坚持正确舆论导向，高度重视传播手段建设和创新，提高新闻舆论传播力、引导力、影响力、公信力"的"四力"建设目标引领下，多种媒体融合的全媒体大宣传、大传播格局的未来发力重点方向不会变。

第5章 融合新闻形态

前文已述，新的媒介技术必然带来新的表达方式和叙述形态。融合新闻不同于传统媒体新闻的显著特征，就是其叙述形态不再单一，而是变得丰富多样。各种叙述形态各有其传播特征和使用规律，需要新闻传播者在报道新闻时，采用最为合适的介质、载体和形态，以实现新闻的有效传播。

就目前来看，这些新的多媒体叙述形态主要包括图文新闻、音频新闻、视频新闻、数据新闻、VR新闻、新闻游戏、动画新闻、H5新闻、移动直播新闻等。当然，随着媒介技术的不断演进，一定还会有新的融合新闻形态被开发出来。本书第3章已经就这些形态做了一些简要的梳理，本章将就这些多媒体叙述形态的具体特征和使用规律做进一步的探讨。

5.1 图文形态

文字是叙述新闻的传统方式，但文字新闻总体上属于记者的转述，阅读文字新闻需要有一定的识字水平，这在一定程度上划定了文字新闻的接受界限。与此相比，图片具有直观性，可以直接呈现新闻现场的典型瞬间和过程。"一图胜千言"的说法意味着新闻图片可以讲述一个故事并传达情感、情绪和信息，甚至表达出文字所不能传达的意蕴。在报纸时代，文字和图片的结合就很受重视，但由于报纸版面所限，可以刊载的图片毕竟有限。而在融合新闻中，图文的结合展现新的形态。

融合新闻更加重视视觉冲击力，更加重视图片与文字的整合设计，更多地使用新闻图片和信息图表，实现图与文的有机整合，对新闻的版面空间和色彩进行多样组合和个性化设计。新闻版面的空间组合、色彩组合和个性化设计，成为新闻视觉化的重点拓展领域。通过计算机技术实现的数字化设计手段，为平面媒体的视觉创新提供了高效的生产工具，空间元素和色彩元素的不同组合为视觉新闻在报纸版面的二维空间营造出丰富多样的视觉表情，也为读者带来了不同于以往的视觉感受。

图文，包括图片和文字，是传统报纸媒体新闻报道的主要叙述形态。而融合新闻的图文形态与报纸的图文形态有着诸多不同。第一，融合新闻的图文形态是数字化的，是可以放大、缩小、下载和重新组合的，很方便受众进行再传播和再处理；第二，融合新闻的图文形态是可以设置即时互动和留言评论功能的，方便了受众与阅读文本进行互动和交流；第三，融合新闻的图文形态摆脱了传统报纸那种版面空间的限制，在图片和文字的使用上具有较大的空间自由度，这在某种程度上也影响了文字与图片之间的关系。

因此，融合新闻的图文形态是图与文在网络化环境中对内容、结构和形式的全新组合，呈现出不同于传统报纸的新型视觉特征。

5.1.1 融合新闻的图文关系

图片在传统报纸的报道模式下，通常作为文字报道的补充，起到辅助文字报道的作用，恰当的配图也可以具有美化报纸版面的功能。在融合新闻中，图片的功能得到强化，图片已经成为争夺受众注意力的重要视觉符号，图片与文字的关系也变得比传统报纸时代更加多样。具体说来，融合新闻的图文关系可以分为文字主导、图片主导、图文互文三种基本模式。

1. 文字主导模式

所谓文字主导模式，是指在融合新闻报道中，文字仍然占据主导地位，图片只是作为文字报道的辅助说明或印证而存在。

与图片相比，文字语言有着自己的表达优势。首先，文字在表征事物时更具有意义上的精确性，可以尽可能地避免信息接收者在把握新闻事实主题时的困惑；其次，语言在表达抽象性、含蓄性的方面有着巨大的优势，可以丰富人们的想象力和提高抽象思维的能力。而图片虽然具有现场直观性，但它本身是多义性的，受众在阅读时会解读出多种意义。因此，需要文字语言对图像的意义按照传播者的意图进行锚定。也就是说，文字具有引导图片意义呈现的重要功能。

文字主导模式下的融合新闻图文报道体现为文字(语言)主导下的新闻叙事，新闻文本的主题由文字来确定，通常将最重大、最具新闻价值的新闻语料以文字的形式撰写成新闻标题，放在报道文本的顶端并用大号字体标示，读者一眼就可以看到新闻的核心内容。同时，文字(语言)经由图像完成对人和事物的形象化表达，图像呈现的目的在于说明、论证和强化语言的命题。

目前我们在各种终端上看到的图文新闻，其形式基本是以文字为主、图片为辅，文字对抽象的内容进行描述，图片对具体的内容进行呈现，由图片完成对人和事物的形象化表达，说明、论证和强化语言的命题。文字和图片相辅相成，不仅使传播内容更具趣味性，也能缓解用户的阅读压力。

2. 图片主导模式

在视觉文化时代，图片或图像越来越成为媒介交流和传播的重要符号，甚至到了可以与语言"平起平坐"的程度。相比于文字来说，新闻图片具有直观性和视觉冲击力，便于人们理解新闻，受到更多阅读者的接受和喜爱。此外，从阅读空间来看，由于新媒体端具有放大、缩小功能，页面在理论上可以无线下拉，所以图片空间相对传统报纸的版面具有较大的可延展性，可以容纳更多更详细的内容，因而，融合新闻越来越从过去的文字主导走向了图片主导。

所谓图片主导模式，是指报道以图片为主，文字作为图片的说明或注解。图片具有强烈的视觉冲击力，可以调动观看者的情绪，增强报道的感染力。也就是说，图片主导的图文模式，诉诸的是受众的情感。图片的构图、取景、光线、色彩、影调、动感等因素，以及图片与图片之间的联系，都是图片传达的重要信息和情感，因此图片的拍摄和制作需要极高的专业性和艺术性。

当然，数字化的图片有时来自活动影像的截图，在使用中，要进行图片来源的标注，以维护新闻图片的真实性和权威性。同时，图文报道与视频影像报道要在同一报道中互相嵌入，让人们在阅读新闻时，能够根据自己所处的现场环境，选择是阅读图文还是观看视频。因为，视频新闻在播出时，往往会伴随着声音，而移动中的受众，并不能保证自己的新闻观看行为始终不影响到他人。

3. 图文互文模式

图片与文字虽然各有自己的强项，但也有各自的缺陷。图片虽然可以展示现场，但却无法展示图片内容背后的信息。比如，一个人在画面中，他的长相、表情、动作、衣着、环境都可以一目了然，但是他的身份、背景、想法、动机，甚至拍摄图片之前和之后都发生了什么事情，是从图片上看不出来的，这就需要用文字对图片进行说明和解释。

从符号性的角度看，文字和图片是两种不同的符号类型，文字和绘画图片是象征性符号，而摄影图片是指示性符号。在语言学家索绪尔看来，象征性符号的能指和指涉物(referent)之间的关系是约定俗成、偶然任意的，在字词与其所代表的概念之间并没有自然或绝对的联系，在不同的语言中，同样的事物(比如"雨"，英文叫"rain")会有不同的文字和发音。而指示性符号(比如下雨的摄影照片)，则关系到能指和指涉物之间存在的联系，符号的存在基于能指(下雨的照片)和指涉物(下雨这个事实)在时间的某一点上的契合(拍照与下雨同时发生)。在这个意义上，绘画不是指示性符号，而是象征性符号。因为没有见过的东西也可以被画出来。照相机所拍摄的形象大都属于皮尔斯所谓的"指示性符号"的范畴，因为这些符号都需要指涉物的存在，照相机才能在某一时间点上将其拍摄下来[①]。

摄影图片这种符号的指涉性质决定了其带有证据性和与现实绑定的特征，因此往往比文字表达更具有某种确证性。就像苏珊·桑塔格(Susan Sontag)所言："一张照片可以作为某件发生过的事情的无可置疑的证据。"[②] 尽管影像的拍摄体现了一种主观选择性，

---

① 罗伯特·艾伦. 重组话语频道：电视与当代批评理论[M]. 牟岭，译. 北京：北京大学出版社，2008：29-32.

② 威廉·米切尔. 重组的眼睛：后摄影时代的视觉真相[M]. 刘张铂泷，译. 北京：中国民族摄影艺术出版社，2017：39.

但是其"机器的客观性(objectivty)氛围仍旧牢牢黏附在机械性和电子性的影像上"①。

当然，随着数字技术的出现，特别是AI图片的大量出现，摄影照片与现实存在之间的绑定关系有一定的松动，由于数字影像的可修改性和可变造性，影像与现实之间的那种"韧性"变得并不牢固。但是影像所具有的那种客观性的遗产"依然紧紧黏附在照相机和今日用来生产影像的机器之上，和我们的意识不断拉扯"②。也就是说，虽然我们不再把影像的真实性当作某种确证的信仰，但是，影像依然多多少少有一部分是在真实的时间和真实的空间里拍摄的，因此，我们会在大部分情况下仍然习惯性地相信摄影图片的真实性。

当然，越是在图片的可信度下降的情况下，新闻伦理的重要性也越发凸显。文字对图片的性质的说明，便是新闻道德的体现。若使用AI图片，文字必须加以注明，不可冒充摄影图片。所以，文字在融合新闻中还承担着对图片真实性的标注和担保功能。这一切都对图文新闻的媒介实践带来了一系列的变革。

5.1.2 图文新闻的数字实践变革

融合新闻图文形态的上述特征，决定了媒体机构在新闻报道实践中需要做出运作实践方面的诸多变革。比如，改变内部机构设置以适应数字化图文运作的要求，改变图片的选择和编辑模式以适应多平台、跨媒介的分发和传播格局。

1. 改变媒体内部运作格局

在传统纸媒时代，摄影图片生产部门在报社内的投入度不高，有的媒体内部会设置独立视觉中心、图片中心和摄影部，有的媒体将三个部门融合形成采访部，内部的摄影记者只需提供各种静态照片，且照片数量只需满足新闻报道的版面布置需求③。由于受到客观条件的限制，图片编辑人员提供的图片一般以图画和插画为主。而在融合新闻时代，对图片的大量需求要求媒体重新调整摄影部门的规模和地位。图片编辑不仅要考虑图片报道的版面用途，更要对微博、微信、客户端等新媒体平台的传播方式进行综合考量。记者和各类编辑人员需要遵循网络传播的特点与新闻的时效性等原则选择报道内容。在这种形势下，根据信息传播的不同特点，传统新闻媒体形成了以业务能力为核心的工作结构，其中的一些工作人员为纸媒和新媒体提供图片报道所需要的重要图片元素，使得图片报道的工作格局逐渐改变。

---

① 玛莉塔·史特肯，莉莎·卡莱特. 观看的实践：给所有影像世代的视觉文化导论[M]. 陈品秀，吴莉君，译. 台北：脸谱文化事业股份有限公司，2013：27.
② 玛莉塔·史特肯，莉莎·卡莱特. 观看的实践：给所有影像世代的视觉文化导论[M]. 陈品秀，吴莉君，译. 台北：脸谱文化事业股份有限公司，2013：29.
③ 张渊. 图片报道在融媒时代的定位和融入路径[J]. 采写编，2023(2)：19-21.

2. 改变图片数量种类需求

一般来说，传统纸媒由于版面限制，图片报道追求少而精。而融合新闻对新闻图片的需求从少而精走向多而全，新闻图片逐渐成为与文字比肩的重要新闻载体。新媒体平台成为用户接收和传播信息的主要渠道，用户的信息接收与传播呈现碎片化、快餐式消费的特征，一些精品化的少量图片已经无法满足用户有效了解新闻事件的需求，因此必须要采用更多图片来更全面地展现新闻事件。在这种情况下，社会公众可以利用移动终端在新闻现场拍摄新闻图片，而编辑人员只需要对这些来自各种渠道的照片进行筛选与整合处理，最终选出具有代表性、关键性的零散图片进行发布即可。

3. 改变图片编辑工作方式

融合新闻中，新闻图片报道并非简单地在不同载体间转移，新闻资讯的采集和展现方法都产生了明显的变革。相较于传统纸媒，融媒体时代下的新媒体图片编辑除了传统的图片搜索、图集制作等工作之外，也需要向文字编辑和美术编辑提供对应的图片。融媒体工作人员不仅需要真实的新闻现场的照片，也可能会运用与之对应的视频、音频、漫画和图表进行辅助报道。融媒时代的持续发展使得新闻图片编辑摆脱了传统纸媒的版面限制，应用的图片素材变得更加丰富。

4. 改变图片报道的视觉效果

相较于传统纸媒的图片报道，融合新闻的图片报道更加重视图片本身及其组合带来的视觉效果，应用更多的图片将更多的新闻事件现场环境和主要人物的表情、动作进行更详尽的展示，并且更直观地呈现在观众眼前，确保他们能够在观察图片的过程中尽量全面地了解新闻事件的核心内容，这也进一步强化了新闻事件的传播效果。

相较于文字，图片在冲击人的情感方面具有更大优势。一张高质量且角度独特的图片能够轻易地使观众产生情感方面的共鸣，从而进一步强化新闻事件的传播效果。例如，2020年初疫情期间，南方都市报以一线"白衣天使"形象为核心聚焦点，推出了"最美逆行者"系列融媒体报道，为打赢疫情防控阻击战发挥了无比重要的"强信心、暖人心、聚民心"的作用[①]。

又如，2024年7月13日，美国总统特朗普在竞选集会上遭枪击，虽然现场的电视直播视频很清晰地展示了事件发生的过程，但是现场的美联社摄影记者Evan Vucci拍摄的一组富于冲击力的照片迅速传遍全网，让人们从画面上感受到了现场的慌乱和紧张。其中一张照片显示特朗普昂头振臂高呼，他的身边是低着头保护他的特勤人员，背景则是一面飘扬的美国国旗，这张照片以其专业的取景构图和对人物瞬间表情动作的捕捉而广受赞誉。

巴黎奥运会期间，中国运动员在第一个比赛日旗开得胜，夺得首金，且金牌数位列

---

① 武心雅. 中国新闻奖融合创新一等奖"最美逆行者"系列融媒体报道解析[J]. 传媒，2022(14)：30-32.

第一，然而第二天的比赛，中国队没有金牌入账，微博热搜上出现"一觉醒来中国队暂列金牌榜第6#"的词条，人民日报针对比赛日第二天的战况，运用AI图文技术，做了一组名为"倒时差日记"的系列图文报道(如图5-1、图5-2所示)，标题是"没有轻松的胜利，继续加油"，配发的图片按照"面孔""数字""赛况""声音""特写""瞬间"等小标题进行分类，将第二个比赛日现场运动员的图片和采访进行图文加工，配以凝练的文字，既传递了赛场的比赛战况，又将媒体对运动员的温暖关爱蕴含其中，起到了很好的舆论引导作用。

图5-1　人民日报微博"倒时差日记"截图　　图5-2　人民日报微博"倒时差日记"截图

　　当然，在全媒体时代，虽然图文报道有着自己的独特魅力，但还需要与视频报道结合使用，产生多形态叙述之间的联动。而且，无论是音频、视频、图片还是文字，所有的多媒体元素都应该服务于一个目的，那就是用简便的方式让用户更快地获得明了易懂的新闻内容。在我们的生活中，不是每篇报道中都存在多媒体元素，但是一旦运用了这些多媒体元素，它们就需要有说明报道中重要因素的能力，并且以一种令人振奋的、巧妙的或不同的方式进行组织。

　　总之，融合新闻的图文叙述，要求内容生产者从文字写作、写意配图到空间设计、色彩运用都要统筹把控、综合运用，让图片更好地呈现现场和典型场景，让文字更好地交代背景信息，叙述图片无法呈现的内容，让融合新闻更具传播力和感染力。

5.2 音频形态

融合新闻的音频形态，是指在媒体报道中主要采用声音作为新闻信息传递的符号载体。这些声音既包括解说声、采访同期声、现场环境声，也包括音乐、音响。在传统广播时代，这样的音频形态早已存在。只不过，由于声音传播所使用的无线电频率属于稀缺资源，必须由政府统一管理和分配使用，所以，只有媒体机构才能大规模制作音频节目并进行广播。然而，数字媒介和移动互联技术条件下，音频节目的制作对于每个个体变得易如反掌，凭借一部手机就可以完成录音制作，甚至进行音频直播，并可以上传到众多数字化社交媒体平台。融合时代的音频新闻，已经与传统广播节目形态有了很大的不同。

5.2.1 融合新闻的音频形态

声音作为传播符号或载体，具有独立的信息传播功能：声音传播的线性特征使声音带有很强的叙事功能；声音的不同层次、远近强弱、断续节奏以及时长本身就是现实环境和过程情景的表征；相较于文字，说话者的声音发自人的身体器官，声音比文字具有更强的人格化特质。因此，声音广播不依赖图像便可成为独立的信息载体，即使身处图像时代，声音在新闻报道中也占有一席之地。作为融合新闻的音频形态，音频新闻在融合新闻报道中有着自己独特的传播优势。

1. 音频新闻的定义

音频新闻泛指我们从收音机、广播等以音频传播为途径的媒介收听到的关于新闻的播报。过去，由于客观条件的限制，普通群众能接触新闻信息的途径极少，几乎只能依靠前线记者的采编播报，才能了解到新近发生的信息。过去的音频新闻所包含的内容范围也十分有限。

20世纪上半叶是广播的"黄金时代"，广播新闻日益发展，成为新闻业的主流品类。到了20世纪下半叶，电视、互联网和社交平台相继兴起，让广播新闻日趋边缘化。尤其是随着移动数字化时代的到来，广播新闻如何改变"互联网土著"一代对声音媒体和听觉传播陈腐过时的刻板印象，成为关乎这一品类及其相关产业能否实现"浴火重生"的关键。在此背景下，音频新闻作为广播新闻的升级版应运而生①。

经过多年的发展，音频新闻的应用已经十分广泛，几乎可以涵盖所有利用声音来报道新闻和传递信息的形式。这里的音频新闻既包括大量语调平直、不带感情的新闻播报，也包括那些内容丰富、情感曲折的故事化音频新闻。前者在内容与播报形式上与传

---

① 史安斌，刘长宇. 音频新闻：脉络、演进与特征[J]. 青年记者，2020(19)：80-83.

统的广播新闻并无不同，收听的用户只能单纯地接收声音中包含的新闻信息，不会牵动其他感官，更不会激发过多情感，而后者则有明显的不同。两者共同构成了当下音频新闻的主要版图①。因此，音频新闻与传统的广播新闻之间具有实质性的联系，甚至两者之间同属一种类别。只是伴随着时代的进步、媒介产品的迭代更新，为了使广播新闻能够在新闻传播领域继续占据一席之地，广播新闻进行了内部升级，成为如今我们看到的音频新闻。

2. 音频新闻的发展

早在2017年，美国网络新闻奖就增设了"音频数字叙事奖"，以推动这一新兴的报道形式在专业水准和品质上的迅速提升。2019年12月，普利策新闻奖评选委员会更是公布在2020年评选中将新增一个奖项类别"音频报道奖"，该奖设立意味着音频新闻受到越来越多的重视，旨在表彰那些"兼具启示性和引人入胜的故事性，并且坚持不懈为公众利益服务"的优秀作品。2020年5月，这个首度设立的"音频报道奖"(audio reporting)，颁给了播客作品《外面的人群》(*The Out Crowd*)。这一报道介绍了被特朗普政府"留在墨西哥"(Remain in Mexico)政策影响的人们，由知名播客《这就是美国生活》(*This American Life*)与洛杉矶时报和Vice新闻的两位媒体人合作创作。

声音传播带有一定的伴随性，人们收听时并不影响走路、坐车或者做其他事情，因此，在某种程度具有一定的接收自由度，通勤、睡前和做家务是三个重要的收听场景。音频新闻以各种新闻播客的方式在各类数字媒介平台上走红，每个人都可以以声音的方式发布具有新闻性质的内容；同时，传统广播开发了新的音频新闻节目，供网民自由选择接收时间，报纸媒体也在文字新闻内容界面设置了声音播报功能，让新闻可以从阅读一键转换为收听，使"读者"与"听众"自由转换、融为一体。

3. 国内音频新闻发展状况

智能音频技术的出现，带来音频传播新的阶段，播客成为"新听觉文化"复兴的典型代表。2020年前后，中文播客出现了爆发式增长的态势，主要表现为三个特征：一是独立播客大量出现；二是主流媒体以播客为新型数字化策略进入音频传播领域；三是互联网科技公司推进播客平台化。

2020年，国内首个播客App"小宇宙"上线，网易云音乐将"播客"增列为应用一级菜单；腾讯QQ音乐上线"播客"板块；音频平台喜马拉雅上线"播客频道"；音频平台荔枝上线独立播客应用App；视频平台快手上线播客App"皮艇"；中央广播电视总台"云听"客户端正式上线。2021年2月，百度播客客户端"随声"上线。国内播客数字生态初步形成，意味着播客传播开始具备网络效应(net effect)，其传播影响即将出

---

① 陆茜. 音频新闻的声音传播场景、技术效果与体验[D]. 济南：山东大学，2022.

现质的飞跃①。

播客的供给端势头发展强劲，消费端的用户实力更不容小觑。市场研究机构eMarketer的调研报告显示，2020年中文播客受众为6840万人，2021年有8600万人，2022年有1.02亿，2023年有1.17亿，2024年有1.34亿，预计2025年中文播客受众数量将突破1.5亿。

目前，音频新闻类别、内容逐渐向着多样化方向发展，能够同时满足不同年龄段听众的各种需求。只要拥有智能终端，用户可以随时随地利用碎片化时间收听音频新闻，有利于音频新闻吸纳并维护新老听众。作为音频新闻的生产者，播客应该重视和提高制作水平，促进音频新闻的高质量发展。

以中央广播电视总台的音频新闻平台"云听"为例，自2020年3月正式上线以来，"云听"以打造自主可控、具有强大影响力的国家主流声音媒体平台为目标，坚持"守正创新，特色主流"的战略定位，全力推动平台高质量发展。截至2024年7月，全平台用户超过2.9亿人，月活跃用户超过2000万人，日活跃用户超过800万人，进入移动音频领域第一梯队。

在App中，用户不仅可以自主选择节目收听类型、时段，在首页同样可以关注当下发生的国家大事。"云听"聚焦资讯、知识、文化三大内容战略方向，聚合海量有声资讯，拓展知识服务体系，提升主流文化传播能力，为用户提供更好质量内容和个性化声音内容服务。现已开辟近200个垂类细分频道，入库优质节目300余万小时，打造了"云听开讲""云听声工厂""云听好书节""云听毕业季"等独家IP。此外，"云听"还充分发挥总台新媒体平台优势，推进与全国各地电台频率版权签约合作，引领音频行业版权内容经营和开发稳定、有序发展。

5.3 视频形态

所谓视频形态，是指信息内容以活动影像的方式呈现，在一定的时间流动中完成信息接收行为。从影像符号的角度看，视频形态与电视形态没有本质区别，甚至"视频"原本就是电视信号传输中的一个端口，与此相伴的端口还有"音频"。在数字网络技术环境下，"视频"或"音频"的含义已经从一个传输信号的端口演变成一种网络传播形态。

从长度上看，视频形态可分为短视频和长视频；从播出方式上看，视频形态可分为录播和直播。当然，在数字视频平台上，这些种类可以瞬间相互转化：短视频的多段组接或连续跳转播出，可以转换成长视频，长视频也可以被分切为多个小段的短视频；同样，短视频片段可以是视频直播的"引子"，只要一点击就可以转换到直播页面，而直

---

① 李建刚，谷雨微. 数字重叠：播客现代性与新闻业音频传播的范式转变[J]. 中国新闻传播研究，2021(3)：224-236.

播中的段落只要一键点击就可以瞬间被截取为小段落的短视频。

一种视频形态可以传播各种各样的信息内容，有新闻性的，有生活性的，也有艺术性的。新闻性的视频形态主要包括短视频新闻和视频新闻直播，这是融合新闻中用得较多的两种形态。

5.3.1 短视频新闻

短视频的崛起，是近年来互联网传播领域引人注目的现象之一。中国互联网络信息中心(CNNIC)发布的第54次《中国互联网络发展状况统计报告》显示，截至2024年6月，我国短视频用户规模达10.50亿人，占网民整体的95.5%。

随着移动终端和移动互联网技术的发展，快节奏、轻体量的短视频正在成为新闻报道的重要形态。在我国，2016年被称为中国短视频元年。在这一年，短视频新闻发展迅速，以抖音、快手、火山、微博、微信为代表的短视频App让短视频新闻的传播向"小、短、快"的方向发展。2018年，短视频应用迅速下沉至三、四线城市，短视频用户规模和使用时长都呈现爆发式增长态势，带动行业市场规模迅速增长。

短视频新闻也可称为新闻短视频，是指传播新闻性信息内容的短视频。

关于短视频的长度，各方说法不一。一般来说，一个视频至少需要10秒钟才能传递相对有意义的内容，而5分钟一般作为短视频长度的上限。超过5分钟的，一般就会被称为"中视频"或"长视频"。

其实，在传统电视新闻的分类里，30秒以内的新闻被称为"简讯"或"短消息"，30秒到3分钟的新闻被称为"长消息"，超过3分钟的新闻则被称为"新闻专题"。由于传统电视新闻是把长消息和短消息编排在一起，以栏目化的方式播出，每个新闻栏目常规的长度一般为30分钟或1小时，所以给电视观众的感觉似乎电视新闻节目都比较长，但如果把新闻栏目拆开，每条电视新闻在长度上都可以说是一条短视频新闻。

1. 短视频新闻的特征

尽管单从长度上每条电视新闻可以看成一条短视频，但短视频和短视频新闻还是有着很大区别的。这个不同就表现在传播方式、表达方式和表达主体上。

1) 短视频新闻的传播方式

不同于电视播出方式，短视频新闻主要出现在网络终端，特别是智能手机移动端。各种短视频网站，如抖音、快手等，是短视频新闻的主要传播平台，随着短视频传播的泛平台化，原来主要从事其他互联网服务的平台，如微博、微信视频号、百度、今日头条、小红书、B站等都成为短视频的聚集地。其中，新闻性短视频也占据了很大的份额。这些短视频终端在新闻的传播方式上主要表现为以下几个特点。

(1) 播放时间更为自由。短视频新闻解除了电视新闻与观众之间那种时间上的约会关系，观众或用户不必准时守在电视机前等待固定时间播出的新闻栏目，而是可以随时随地进行点击观看。短视频新闻的时效性总体上比电视新闻的时效性更快。这是因为，一个新闻事件发生后，媒体机构不必等待固定的栏目播出时间，可以直接发出短视频新闻，大大提高了新闻的时效性。

(2) 播发机制更迭。在电视新闻中，各条新闻之间如何编排，谁在前，谁在后，哪条与哪条之间进行组合编排或者对比编排，都体现了电视媒体通过栏目编导想要传达的价值观和舆论引导意图。而数字媒介终端的短视频新闻大都以单条的形式出现，不存在与其他短视频新闻内容之间的编排。换言之，短视频新闻拆解了电视新闻的编排。在短视频新闻中，电视新闻那种专业判断的编排机制被算法机制所替代。算法会根据受众的点击痕迹，通过大数据算法的推理，来判断哪条短视频会被给予较多的推送，或者哪条短视频应该推给什么人观看。这意味着新闻编排的专业机制让位给了大数据算法的运算机制，而这个运算机制是服从于流量的，流量至上成为短视频新闻新的传播驱动力。

(3) 互动参与性强。观众或用户可以方便地下载、转发、评论、点赞短视频新闻，形成围绕新闻内容的互动，观众有更多的参与主动性，这是电视新闻终端所没有的。同时，网民或用户可以将自己拍摄制作的短视频新闻上传到数字媒介平台，从而引发关注，推动事件的进程或问题的解决。这种超强的互动参与性正是短视频新闻可以迅速引爆并形成网络舆论风暴的原因。

2) 短视频新闻的表达方式

(1) 表达方式更加自由和随意。电视新闻作为一种专业的新闻表达方式，有着自己的一套规范的操作方式和结构模式，比如要有导语，要讲究叙述的层次感和完整性，要有明确的主题，报道词要交代新闻事件的背景和过程，等等。但是短视频新闻，特别是非专业新闻机构制作的短视频，往往不具备结构上的完整性，而呈现原创性或片段性的特点，给人的感觉是无头无尾，突如其来，又莫名其妙。在镜头画面上，有的短视频新闻往往显得粗糙不够规范，模糊、晃动、倾斜的镜头比较常见，现场环境声嘈杂不清，同期声杂乱无章。但这样的短视频因为具有较强的新闻性，反映了一定的社会问题，比如一段公共场所的矛盾冲突视频，特别是公交、地铁、火车上因为让座、吵闹而引发的冲突，仍然可以归为短视频新闻。

(2) 表达方式体现了较强的冲突性。对于人类的眼睛来说，幅度较大的动作或移动更能够吸引视觉注意力。活动影像作为人类眼睛的模拟，同样对动作性强、冲突性强的事物最为敏感。相较于文字或图片，活动影像媒介具有表现动作性和冲突性的内在优势，这一点无论是对于电影、电视还是对于短视频来说，都不例外。换言之，短视频媒介具有与传统影视媒介在视觉偏好上的共同特点。虽然许多短视频新闻的生产者是没有受过专业训练的业余网民，但他们上传的短视频新闻却无意中契合了短视频媒介的视觉偏好。这些短视频新闻中的事件要么是当事人或旁观者所拍摄，要么是网络视频直播，要么是各种场景下的记录仪或监控视频的片段截取，往往具有很强的动作性和冲突性，往往能成功吸引人的眼球。可以说，近年来，网络空间的大部分舆论关注焦点，大都是由短视频新闻或者新闻性短视频所引发的。

(3) 表达方式同样蕴含了很强的传播意图。这种短视频新闻的表达虽然较为粗糙，但并非没有上传者的意图。这类短视频的上传者虽然不具备专业新闻的技能，但同样会通过镜头裁剪、字幕、音乐或者解说的方式来表达自己的态度。但是，由于没有采访的介入，这样的短视频新闻虽然具有新闻性，但没有专业新闻全面、客观、平衡和公正，因此，此类短视频新闻也极易引发对于新闻事件的"舆论反转"现象。

(4) 表达方式的呈现更加多元。短视频新闻往往采用手机竖屏播放模式，由于画面构图的变化，竖屏新闻能够放大新闻人物的人脸比例，突出某些微观的场景，让观看者的注意力更多地转向屏幕中的人物表情和动作，从而使得新闻观众有更为切实的新闻在场感与视觉沉浸感。

3) 短视频新闻的表达主体

电视新闻的制作主体主要是媒体机构的专业记者和编辑，他们体现着媒体机构的属性，担负着服务于社会公共利益的社会功能。而短视频新闻的制作主体可能是任何一位互联网用户，他们可以很方便地上传自己拍摄、制作的短视频新闻。从生产角度来看，这意味着新闻表达门槛的降低。短视频平台的出现，为普通群众提供一个能够参与信息传递的平台渠道，让人们对"人人都有麦克风，人人皆记者"有更深刻的体验。短视频的生产制作周期更短，在一定程度上保证了新闻的时效性。短视频的拍摄也更为便捷，不管是谁，只要拥有智能手机，就可以拍摄自己的所见所闻，以人们意想不到的方式传播这个信息。随着技术发展，智能手机拍摄已经发展出了专业摄影的镜头模式，稳定仪、云台、防抖装置等一系列辅助设备更是从侧面帮助群众提高了短视频拍摄水平。

此外，由于短视频新闻的表达门槛较低，吸引了一大批年轻化和低龄化的生产者，短视频新闻内容呈现年轻化和娱乐化的趋势，推进了新闻资讯、公众社交圈的充分融合。各式各样的信息都可能被制作成短视频新闻。人们也可以通过手机、笔记本电脑等智能终端，拍摄记录自己的所见所闻，传输至网络媒体平台，与他人实时分享。在这个过程中，人们的意见进行了多轮的交流分享，人们的娱乐需求也得到了极大的满足。

2. 当下短视频新闻存在的问题

当下短视频新闻存在的问题包括短视频滥用、新闻性弱化、互动性缺失、"黄色新闻化"等。这些问题既存在于媒体机构生产的短视频新闻，也存在于网民或非媒体机构生产的短视频新闻。

1) 短视频滥用

短视频滥用主要表现为不管新闻内容是否适合以短视频形式输出都采用短视频形

式。这类现象在市县级融媒体中心身上表现得最为集中。

因为要建设融媒体中心，或者要推进媒介融合发展，许多媒体机构都很重视短视频的传播形态，并且内部规定了短视频新闻的考核机制，还要求记者和编辑必须在自己个人的朋友圈进行转发，似乎短视频新闻播放得越多，就越能带来所谓的流量，体现所谓的融媒体建设成绩。这其实是陷入了一种"短视频崇拜"的误区，以为短视频是放之四海而皆准的传播利器，是受众最喜欢的新闻形式。殊不知，短视频也有自己的"短处"，使用不当反而弄巧成拙。比如，短视频的内容要有较强的动作性和冲突性，那么许多动作性不强的新闻内容并不适合短视频去表现；短视频播放需要花费一定的观看时间，用户必须点开播放，这对于许多用户来说是一种负担，因为同等时间内看文字图片新闻获取信息的速度更快；只要播放就会出现声音，会对周围环境造成干扰。

短视频滥用现象是媒体机构从业者还不了解短视频媒介特性和传播规律的表现，是融媒体中心建设还处于"初级阶段"的典型表现。随着新媒体端新闻生产和播发考核机制的完善，以及媒体机构从业者逐步提高新媒介素养，懂得新闻内容与媒介形式选择之间的关系，这种滥用现象或将得到逐步改善。

2) 新闻性弱化

短视频新闻的新闻性弱化主要表现在两点：一是短视频内容空洞无物。具体表现为，没有明确的新闻事实或新闻主题，比如仅仅是拍一些风景、花草、城市景观等空镜头，配上一点音乐，以及一些"早安""晚安"等"心灵鸡汤式"的文字字幕就推了出来，让人看后不知所云。这样的传播基本上没有效果可言，仅仅是用来凑数。二是短视频内容没有新闻性，只有宣传性。虽然宣传是媒体机构的主要职责所在，但也要分清楚新闻与宣传的区别，不能把宣传与新闻混为一谈。比如，航拍城市高楼大厦或者工农业生产的画面，配上一些表示取得成就的数字或者领导讲话的字幕。这样的宣传太过于直白浅陋，在传播渠道垄断时代尚有一定的效果，但在短视频时代已经失灵，因为短视频都是单条式播放，宣传性内容与新闻性内容已经无法绑定观看，必须每一条新闻都有实实在在的内容做支撑，才能激起用户的点击欲望，培养用户对账号的忠诚度。

3) 互动性缺失

互动性缺失，指的是媒体机构在短视频的评论区很少或基本不与留言评论的用户进行互动。传统传播媒介在内容播发出去之后，就不再参与后续互动。这是一种传统传播模式的媒体惯性，但在短视频时代，这些媒体惯性已不再适用。社交媒介时代短视频平台提供了互动和参与的技术便利，网民的参与性已养成，这就要求媒体机构的短视频新闻传播必须加强互动元素。

互动性缺失在地方融媒体中心表现得最为突出。笔者曾统计部分地方融媒体在2003年9月10日至10月10日的互动情况，在随机选取了我国四个地区的融媒体视频号，对其每条短视频下面的评论区进行观察，并进行了评论数和官方回复数的统计，如表5-1所示。

表5-1　部分地方融媒体视频号评论数和官方回复数统计(2003.9.10—2003.10.10)

抽取项目	江苏某融媒体	河南某融媒体	四川某融媒体	海南某融媒体
评论数	375条	6200条左右	610条左右	17条
官方回复数	0条	0条	10条	4条
视频条数	24条	200条左右	30条	2条

从表5-1可以看出，尽管有的融媒体短视频账号下的评论数较多，甚至有的短视频的点赞量及转发量达上千甚至上万，但媒体内容发布者对用户评论的官方回复很少，甚至从不回复。比如，某地方融媒体发布的文旅活动短视频新闻评论区有人提问"如何购买""能网购吗""门票价格多少"等，均未得到答复；发布的地方人才公寓政策短视频新闻，评论区有人问"怎么申请"等问题，也未得到任何回应。管中窥豹，媒体机构在融合新闻时代的互动意识还有待加强。

4)"黄色新闻化"

(1) 什么是"黄色新闻化"。所谓"黄色新闻化"，是对一百多年前美国新闻史上著名的"黄色新闻"概念的借用。"黄色新闻"起源于约瑟夫•普利策《世界报》与威廉•赫斯特《纽约新闻报》的恶性商业竞争，竞争的焦点是漫画家奥特考特以"黄孩子"(yellow kids)为主角的周末漫画专栏。漫画主人公"黄孩子"只有几根头发，经常穿着一件又长又大的黄衣服，到处东游西逛，发表观感，借以评论纽约新近发生的事件。这场争夺"黄孩子"的战争以及由此形成的新闻报道风格，被人戏称为"黄色新闻"(yellow journalism)。

"黄色新闻"的特征是煽情主义和感官刺激，注重犯罪、丑闻、流言蜚语、离婚等社会问题，在编排和印刷上采用大字号标题，滥用或伪造照片，捏造访问记和假新闻，登载肤浅的文章等，以强烈的视觉冲击，吸引读者阅读和购买欲望。这是一种没有灵魂的新闻思潮，美国有新闻学者曾评价："赫斯特降低了新闻事业水平，他出版了美国最坏的报纸。"[①] 后来，随着人们对"黄色新闻"负面影响的厌恶，这种新闻才逐渐衰落，但是却成为一种新闻报道风格的记忆符号。

(2)"黄色新闻化"的特点。今天短视频中出现的一些所谓"新闻"，正是由于其与"黄色新闻"有着某些相同和类似的特征，所以被称为"新黄色新闻"。但是，这并不意味着这些短视频是对"黄色新闻"的简单复制或效仿，而是有着融媒体环境下的新特征、新表现和新影响。

从特征上讲，黄色新闻化的短视频一般有着虚张声势的浮夸外表，包括惊悚的背景音乐、醒目的标题颜色，再加上一句网友不咸不淡的评论。这类视频的标题即内容，少则一行，多则四五行，通常采用黑底黄字或者黄底黑字的配色，用加大加粗后的字体贴满屏幕；加大号的煽动性标题和刺激性的撞色搭配，让打开视频后的观众仿佛置身于花

---

① 郑超然、程曼丽、王泰玄.外国新闻传播史[M].北京：中国人民大学出版社，2000：336.

里胡哨的低俗网站，如图5-3所示。

图5-3 "黄色新闻化"短视频截图

除了夸张醒目的外表，黄色新闻化的短视频还表现在内容的浅趣味和叙事要素的残缺。内容的浅趣味指这些趣味是瞬间性的、意义肤浅的。拍摄者和上传者为了通过传播赚取注意力，竭尽全力地在无趣中找趣味，在鸡毛蒜皮中找趣味，强行把浅趣味的东西说得很浮夸，从所谓"网友评论"中找认同。叙事要素的残缺指事件叙述的不完整性。传统的新闻报道都要求叙事内容相对完整，具备"新闻的六要素"才能构成一条合格的新闻报道。而"新黄色新闻"根本不考虑这个问题，它只是对一个片段的记录，往往无头无尾，让人无法知道事情发生在什么地方、什么时间、什么人身上，更不知道后续的过程和结果。这种要素的残缺是其趣味碎片化的重要表现。

黄色新闻化的短视频是传播者利益至上的产物。短视频的生产者和网络发布平台，共同构成短视频时代的新型传播者。这些新型传播者没有建立起像传统媒体机构那样完善的职业道德准则，而网络平台的筛选机制只考虑流量热度，一味迎合公众的娱乐性、碎片化趣味，这是"新黄色新闻"产生的现实环境和根源。

"新黄色新闻"的危害已经引起全社会的警惕。2024年2月16日，一位网红博主制造了一个"秦朗丢作业"的"新黄色新闻"，她在多条短视频中声称，在巴黎一家饭店的厕所内捡到两本寒假作业，里面写着秦朗的名字，发视频是要寻找"丢作业"的秦朗，让此事一下冲上了热搜。事后经证实此事纯属子虚乌有。随后，央视和北京日报等媒体对此事提出了严肃批评，央视网发文《"秦朗是谁"不重要，但"新黄色新闻"泛滥很危险》(扫码查看)，直接指出了此类短视频为"新黄色新闻"，并认为其危害极大，不仅制造视频类信息垃圾，占领受众和网络空间的注意力，还会消解新闻传播的公共价值。

(3)"黄色新闻化"的治理。治理短视频的黄色新闻化需要从数字媒介平台、公众和媒体机构三方面入手。

第一，要推进数字媒介平台"算法向善"，使其担负起把关者的责任。数字媒介平台虽然自称商业性互联网企业，不生产内容，但却拥有分发内容和数据处理的巨大权力，成为意义的生产和扩散、数据收集和处理的核心，社会有必要要求其在内容的分发和扩散方面担负起把关责任，将更有价值的新闻推送到公众面前，建立起数字媒介平台算法推荐和内容分发的职业道德规范，对于违规的数字媒介平台进行必要的惩戒和处理。

第二，要加强对公众的数字媒介素养教育，提高其对新闻质量的判断力。"大众社会向网络社会或平台社会的转变过程，伴随着集体身份向个体选择的转变。"①公众被分割成一个个原子化的存在，成为被算法操纵的生产者和消费者。社会教育制度应该重塑个体的公民意识，用公民意识唤醒对数字媒介平台的批判意识，以及对"新黄色新闻"的辨识能力，通过拒绝观看、批评和谴责的方式，来倒逼数字媒介平台为自己推荐和分发有价值的内容。

第三，要警惕媒体机构被"新黄色新闻"所裹挟。媒体机构如果一味地模仿网络新闻传播的风格和趣味，甚至走向"网络趣味崇拜"，并在内部管理上将流量作为新的考核标准，将导致报道格调降低。"流量至上"的生产逻辑严重违背新闻价值规律，最终将导致媒体议程设置功能和舆论引导作用丧失殆尽。

3. 专业媒体短视频新闻的传播之道

1) 让短视频新闻言之有物。

没有意思的内容，不会因为做成了短视频就变得有意思；没有新闻性的宣传内容，不会因为做成了短视频就会自动获得新闻性，防治短视频滥用和新闻性不足的关键在于让短视频新闻言之有物。

言之有物首先体现为选题策划要体现公共价值。一百年前美国著名的政论家、新闻记者、专栏作家李普曼曾经指出，"最具新闻潜力的场所，就是那些个体事物与公共权威相交叉的地方"②。所谓个体事物与公共权威相交叉的地方，是指短视频新闻可以表现个体的事物，但必须要能以此反映出公权力的运行问题(是公权力造福了个体，还是损害了个体)。套用李普曼的这句话，我们可以说，最有新闻性的短视频是那些体现了社会公共利益的短视频。

言之有物其次体现为内容要符合短视频媒介的特点。短视频新闻并非传统电视新闻的缩减版，而是有别于传统电视新闻的全新表达形式。短视频新闻最适合表现"硬新闻"，即表现典型事件的典型瞬间。它排斥以解说词为纲的表现蒙太奇模式，喜欢以现场事件为主体的叙事蒙太奇或长镜头；它不喜欢表现理性的说教式的内容，喜欢突出有

---

① 尼古拉斯·凯拉. 媒介与社会：权力、平台和参与[M]. 任孟山、陈文沁，译. 北京：中国传媒大学出版社，2023：213.

② 沃尔特·李普曼. 舆论[M]. 常江，肖寒，译. 北京：北京大学出版社，2018：266.

情感冲击力的人物表情动作过程。

2) 让严肃新闻喜闻乐见

所谓喜闻乐见，是指话语方式上的语态改变，要用亲和的、平等的、幽默的、风趣的语言表达方式，让严肃的新闻内容变得轻松有趣。尽管不同的媒体终端有着自己的话语语境，比如电视端的《新闻联播》与新媒体端的《主播说联播》就有着完全不同的语境，但是在媒介融合时代，网络化、社交化的社会氛围，也要求传播者变换说话方式，这样才能在新媒体端得到更多的关注，引发受众的点赞、热议和再传播。以央视新闻栏目《共同关注》为例，这个节目之所以受到网络上很多的讨论和喜爱，就跟这个节目的话语方式密切相关，特别是主播朱广权创造的那种段子化的、押韵式的说话方式，让网友们广为传颂。其中的一些片段更是被人们剪辑下来，通过抖音、快手、B站等平台进行传播，其观看量与弹幕量都超出意料，收获了大批的关注。在这个传播过程中，人们不仅获得了新闻消息，也在信息传播的过程中满足了放松娱乐的需求。

3) 善于使用用户创造内容

一百年前，李普曼曾经说过："全世界所有的记者，就算全天24小时马不停蹄地工作，也不可能见证世界上每一件事的发生。"[1] 今天，这样的局面，因为每个人手中的手机得到了极大的改变。许多但凡有一点冲突性的小事件，都有可能被见证者记录下来传播到网络平台。那么作为媒体记者，要善于从这众多的网民短视频记录中，筛选出具有新闻价值的内容作为新闻线索进行采访和事实核查，通过媒体机构的再传播，或弘扬正能量，或形成社会舆论，推动问题的解决。

以央视频发布的短视频新闻《漫长的2秒：伊宁男童从5楼坠落后》为例，2019年5月23日，新疆伊宁一两岁幼童从五楼坠落，千钧一发之际，路过的小伙奋不顾身接住，而巨大的冲击力将小伙撞击在地。经医院检查，幼童没有大碍，而小伙的头部和肩膀有明显的擦伤。第二天上午，记者从朋友圈得知这一线索后，在网上流传的两秒现场监控画面的基础上，补充采访了当事人、医生和小区居民。该作品新闻要素齐全，镜头语言突出，制作节奏紧凑，以"小切口"反映了民族团结的"大主题"。

为了提高内容的多样性，媒体机构应该转变思想观念，培养、强化互联网思维和用户思维，引入UGC、PGC、PUGC等内容生产主体，从源头上扩充内容来源。另外，内容生产主体的泛化存在导致内容质量良莠不齐、把关难度增大的潜在风险，主流媒体在发展短视频时也应坚守价值引领角色的作用，在丰富内容的同时，确保内容的质量。

4) 加强与用户的互动交流

社交媒介的崛起是媒体融合的重要背景。看完新闻想点赞、评论或转发，已经成为今天人们接触新闻时的新行为习惯。短视频媒介具有便捷的互动设置按钮，媒体机构应该转变过去大众传播时代的单向传播思维，把新闻发布看作新闻传播的开端而不是结

---

① 沃尔特·李普曼. 舆论[M]. 常江，肖寒，译. 北京：北京大学出版社，2018：264.

束，这就要求媒体机构编辑强化与受众的互动意识，及时关注用户的观看反馈，积极主动地倾听用户的建议与意见，及时调整内容制作的形式和侧重点；对于发布的每一条短视频新闻评论区的留言给予应有的重视，并有选择地进行恰当的回复，甚至展开交流和讨论。正如李普曼所说："如果一个事件具备了成为新闻报道对象的基本条件，那么在报道中还是可以存在足够的空间供不同的观点交流与碰撞的。"[①] 特别是在我国，网民的受教育程度普遍不高，中国互联网络信息中心(CNNIC)发布的第46次《中国互联网络发展状况统计报告》显示，我国网民学历结构方面，初中的占比遥遥领先，达到了40.5%，其次是高中/中专/技校占到21.5%，还有19.2%的为小学及以下学历。大学专科的占比只有10.0%，而达到本科及以上的仅为8.8%。网民对于一些新闻事件的理解能力有限，编辑需要就这些留言中的问题或偏差理解进行耐心的解释，或者根据其关注的焦点，继续挖掘和深化报道内容。总之，只有强化用户思维和受众意识，才能强化新闻性，才能增加用户黏性，把用户培养成"粉丝"。

5) 打造短视频新闻的品牌

所谓品牌，就是产品形象留在用户或顾客心中的"烙印"。传统电视新闻的品牌以新闻栏目、频道或主持人形象为表现形式。在媒体融合时代，品牌则以融媒体账号和主播形象为表现形式。由于数字媒介平台上的账号非常多，建立品牌形象，才能赢得关注，获得稳定的用户和粉丝量。

媒体机构打造短视频新闻的品牌有着自己的社会资源优势，要善于将这种社会资源优势转化为品牌形象，用媒体机构在传统媒体时代积累下来的知名度和信誉度，作为打造短视频新闻品牌的价值内核，充分利用自身的资源和优势，在涉及国计民生的重大新闻报道中以专业视角、优质内容和权威地位塑造品牌公信力，进而培养起用户的忠诚度。同时，在"负责任地为公众提供当前最新发生的消息"的前提下，结合目标用户的特点来设计相关的短视频品牌形象，例如特色鲜明的主持人、标识、风格等，从各种方面加深用户的印象。

5.3.2 视频直播新闻

除了短视频，融合新闻的视频形态还包括视频直播新闻。视频直播新闻也称为移动网络直播，是网络直播技术在新闻传播领域的应用，目前已经成为融合新闻的重要传播形态和方式。

对重要的新闻事件进行同步全程直播，曾是广播媒体和电视媒体的强项，也是建立广播电视媒体权威性的重磅武器。但由于电视新闻直播流程和装备复杂，政治敏感度高，需要周密安排和精心策划，视频直播只在可预见的新闻事件中才会被使用，对于突发性新闻事件的直播，在我国相对运用较少。

---

① 沃尔特·李普曼. 舆论[M]. 常江，肖寒，译. 北京：北京大学出版社，2018：266.

伴随着5G技术的广泛运用，移动终端已经成为最普通、最便捷的信息接收工具。移动视频直播是借助互联网、利用手机客户端而进行的网络视频直播，具有便捷化、碎片化、互动化、现场感等特点，并且允许受众在直播页面进行即时互动。截至2024年6月，我国网络直播用户规模达7.7亿人。

移动视频直播在2016年刚刚兴起时，还是年轻网民自我表达和社交娱乐的工具，随着直播技术的普及，几乎所有的网站都设置了直播功能，这让视频直播的应用迅速从青少年娱乐形式走向更多的社会领域。特别是疫情暴发后，很多经济活动和社会生活不得不以线上形式进行，"直播带货""线上会议""线上授课"等迅速走进普通人的日常生活，让移动直播的用户呈几何级数增长，并成为全民新的媒介使用习惯。

随着用户的增长，移动直播逐渐应用于新闻性事件的报道。不同于电视直播，移动网络直播不需要像电视节目那样与其他节目编排在一个频道中，没有时长限制，也不需要把直播内容安排得像电视直播那样丰富和紧凑，甚至都不需要记者或主播出来说话，所以，移动视频的新闻直播又被称为"慢直播"。当然，不是说所有的移动视频新闻直播都是"慢直播"，而是在传统的新闻直播之外，又多了一种新闻直播的新形态。

近年来，较为著名的移动视频新闻直播莫过于2020年1月武汉疫情期间，央视频客户端对于"火神山""雷神山"两座医院建设过程的全程直播。不同于电视新闻直播，移动视频新闻直播的主角不是媒体记者，而是观众。观众的参与构成了移动视频新闻直播的主基调。据媒体报道，这次央视频的直播过程中，围观者达上亿人次；在直播页面的观众评论区，上千万的网友参与了实时互动，并且给直播场景中的挖掘机起了各种绰号，"大白""小蓝"等作业机器更是成为观看者的新宠，全国各地的观众，自觉打卡报到，称自己是来自何地的"监工"等。

由此可见，作为融合新闻的一种重要叙述手段，移动网络视频新闻直播的突出优势在于它可以构建具有超强参与性的新闻互动场域，与受众共享新闻情境，并对受众信息进行实时反馈。移动网络视频新闻让观众获得一种共时在场的集体化的生命体验，特别适合于报道过程性强的现场事件和重大突发性事件。

目前，移动网络视频直播已经成为媒体机构重新聚合受众的新型日常报道方式。通过与微信、微博等社交媒介的联动，可以实现直播内容与用户的一键直达。比如，通过微信的"服务通知"可以提醒手机用户及时观看移动新闻直播，用户只要在页面上点击"直播中"的视窗，立刻就可以进入直播页面。比如2024年8月1日18：30分，凤凰网开通72小时慢直播，直播主题是"伊朗最高领袖下令直接打击以色列：哈马斯领导人哈尼亚在德黑兰遇袭身亡"，直播页面显示的标题为《全球围观：伊朗何时报复以色列？》"如图5-4所示。

直播页面以分屏方式呈现三个画面，上半屏为"以色列及周边国家航线图"，下半屏又分为两个空间的实时画面，左边是"实时画面：哈尼亚葬礼"，右边是"实时画面：耶路撒冷"。因为直播的主要事件是葬礼，所以画面只是配以舒缓哀婉的钢琴曲，没有人出来说话，也没有葬礼现场的实况声音。直播页面上方显示"11万人看过""52热度"。

图5-4 凤凰网视频新闻直播页面截屏

哈马斯领导人在伊朗遇袭身亡，是个国际性的重大事件。因为在中国的斡旋下，包括法塔赫、哈马斯在内的巴勒斯坦14个派别于2024年7月21日在北京举行和解对话，并于2024年7月23日签署了《关于结束分裂加强巴勒斯坦民族团结的北京宣言》，而几天后的7月29日就发生了哈尼亚在伊朗首都遇袭身亡的事件，这背后有着深刻的国际政治斗争背景。因为该事件发生在巴黎奥运会期间，其关注度不如平时，但作为重大国际事件，媒体还是给予了足够的重视，凤凰卫视不仅连续几天对此事进行了电视新闻直播，还开通了移动端的网络视频直播，满足了关注此事件的网民和用户的信息需求。这个事件直播持续了72小时，期间几乎没有主播出来说话，只是用镜头对着哈尼亚的葬礼现场和耶路撒冷冷静地拍摄，就像监控视频一样。但是，一旦有突发性事件发生，这个慢直播立刻可以转变为对事件密切关注的快直播。

观看类似这样的移动视频新闻直播的同时，人们可正常做日常生活中的其他事情，默默观看即可。在视频新闻直播中，新闻不再是过去事件的报道，而变成异地空间正在进行的事件过程或生活状态，人们关注着这些新闻事件，就像关注自己周围的生活一样，全球新闻如同身边事，而每个人也通过观看新闻直播将全球的事物和场景纳入自己的生活。

5.4 其他形态

5.4.1 数据新闻

数据新闻，又称数据驱动新闻，指通过对大量繁杂数据的分析、挖掘，从而发现新闻点，并采用多样的可视化工具和叙事化的手段将其呈现出来的一种新型的新闻报道方式①。数据新闻正逐渐成为一种主流的新闻报道方式，引领着一场信息透明化的运动。随着媒介融合的深入，以及以大数据、算法等为基础的人工智能与传媒业的交融，数据新闻作为媒介融合的产物和一种全新的新闻形态与模式，越来越受到业界和学界的关注。这也引发了国内新闻传播界的数据新闻热潮，诸如网易数读、搜狐数据之道、新浪图解新闻、腾讯新闻数据控等门户领域中栏目的诞生，以及新华网等主流媒体的数据新闻相继发轫，形成了门户网站率先跟进、传统媒体相继推动的数据新闻应用战略格局，拉开了大数据在新闻行业的本土化实践的序幕。数据新闻作为一种新的新闻范式，改变了传统的新闻生产方式和呈现方式，引发了新闻理念和思维方式的转变。

1. 数据新闻的来历

数据新闻是利用计算机和互联网络技术挖掘数据，抓取数据后进行过滤、统计、编纂而形成的报道形式。数据新闻最重要的核心部分是数据，高品质的数据材料能够生产出较有影响力的数据新闻，从渊源上可以追溯到20世纪70年代兴起的精确新闻报道。

精确新闻报道提出者认为，传统新闻报道向艺术的方向发展，追求讲故事，追求文字优美动人，但还可以有另外一个发展方向，就是科学的方向，追求精确的分析和表达，这个方向就是精确新闻报道。精确新闻报道将社会科学的研究方法，比如抽样调查、实验和内容分析等引入新闻报道中。所以它更像一篇论文或调查报告。现在很多财经报道都可以归入精确新闻报道。但精确新闻报道往往充斥了大量的数字，不容易被理解和记忆。在这种情况下，可视化发挥了重要的作用，它可以帮助作者和读者从数据中挖掘出隐藏的真相，还可以帮助读者理解文章的内容。将可视化和精确新闻报道相结合，就成了数据新闻。

具体而言，数据新闻在形式上以图表数据为主，辅之以必要的少量文字。在实际操作中，记者主要通过数据统计、数据分析、数据挖掘等技术手段，从海量数据中或是发现新闻线索，或是拓展既有新闻主题的广度与深度，最后依靠可视化技术融合过滤后的数据，以形象化、艺术化的方式加以呈现，致力于为读者提供客观、系统的报道以及良好的阅读体验②。

2. 数据新闻的特征

(1) 模式多样化。一项基于2011—2020年国内媒体数据新闻栏目的调研报告显示，以数据算法驱动的平台媒体模式对传统媒体造成了较大的打击。在此背景下，数据新闻栏目展示了较为强大的生命力，尤其是疫情期间，数据成为政府与公众沟通的重要信息类型。例如，新华网侧重于强调顺势和开源；第一财经的新一线城市研究所发展数据咨

---

① 李国光，马东丽，王强春，等.融媒体采访实务[M].成都：四川大学出版社，2022：95-96.

② 尹章池，刘恒凯.大数据新闻传媒概论[M].北京：北京大学出版社，2022：36-37.

询业务；财新传媒完成了从数据新闻到数据产品，从图表新闻到大数据新闻，再到财新数据产品的积累，始终保持着新闻生产领域的"供给侧改革"。可见，当前数据新闻呈多平台多样态发展。

(2) 服务专业化。数据新闻的产生是从公众的需求和利益出发的，全社会信息生产的分工更加细化，更加去中心化，也走向了更深层次的开放和合作，数据新闻的生产已不再是媒体自身独家内部运作的行为，众多第三方也逐渐加盟，创造出分工更加明确、更加专业的团队。例如，武汉镝次元数据科技有限公司就是近几年在国内比较有代表性的数据新闻生产综合服务团队，他们与相关高校专业化的数据新闻研究中心进行深度合作，拥有数据搜索与挖掘、数据内容可视化与运营服务以及数据素质培育的全方位解决方案。

(3) 数据可视化。只有将复杂、抽象的数据转变为一种更加生动、形象、具体的数据图，新闻才具有可看性，受众才能更多地了解数据之间的关系。数据新闻需要保证受众阅读的在场感和体验感，依托于数据分析、图片制作等技术手段，将复杂的信息简单化，让读者更加清晰地了解新闻所要传递的信息内容。同时，想要实现可视化新闻的化繁为简，需要运用一定的技术手段和数据整理技巧，并围绕受众展开，即以用户为导向，数据为支撑。

例如，2022年12月28日第34届中国经济新闻奖揭晓，中央广播电视总台财经节目中心作品《"数说美好生活"——中国美好生活大调查(2021—2022)融合报道》获得融合报道类一等奖。《中国美好生活大调查》在央视频App发布的《数说天团集体亮相 总结2021大事件》中，通过人物出镜+数据可视化的方式进行报道，首先在拍摄过程中拍摄讲述者的单人镜头，在后期编辑时利用画面中的留白区域设计数据的动画演示，作为讲述内容的可视化呈现。该节目利用数据新闻的可视化等形式在电视大屏、微博、微信、央视频App等多终端发布，收视率比原时段增长了28%，全网直播观看量达1.14亿人次。同时，该作品在语言风格上采用口语化的表达方式，如谈及婚恋问题时讲述者说"前浪还未登上岸，后浪着急要上船"，同时双手做出水浪的样子和抬手眺望的动作，语言与肢体表达相互配合，增强数据解读的表现力，极大地丰富了数据新闻报道可视化的表达形式。

3. 数据新闻类型

(1) 数据图表。信息图表可以通过颜色、形状、表格等视觉元素的多元运用，将传统新闻报道中难以表达的信息转变为更加直观的信息，将页面设计、图标设计等工具组合，提高信息的呈现度；通过动画和交互设计，增加与读者的互动性和内容的趣味性。比如在数据新闻中动态图表的应用，就是将抽象的数据含义用丰富的可视化图表形式表现得更加具象，并通过动态的形式来反映这些数据发展变化的趋势。在国内，财新网充分利用了动态图表。财新网曾经发表文章《一文八图了解美国经济近况》，通过数据的整合和分析，利用绘图软件制作图表，最终清楚地展示出美国当时的经济发展状况。

(2) 数据地图。空间地理数据是新闻的一大核心要素，在特定的报道中，空间地理数据本身就是新闻的主体。因为文字难以传达出空间地理数据的空间感和整体感，而数据地图报道能够化繁为简，既能展现丰富的信息，又能让用户很容易地把握整体内容。

(3) 互动游戏。有些数据新闻通过游戏互动的方式让受众置身其中。从结构的层次感来看，互动游戏新闻丰富而有序；从参与度来看，互动游戏新闻强调空间感，充分调动感官刺激。2022年北京冬奥会期间，新华网结合中国传统绘画艺术，采用手绘画卷的形式，借助数据可视化技术，全景展现了24个主要场馆，并将比赛项目等有机融入其中，利用艺术手法全景式地描绘了北京冬奥会的主要场馆，呈现出新时代人与自然和谐共生、构建人类命运共同体的理念。

4. 数据新闻制作

传统的新闻生产主要包括确定选题、采访写作、编辑审核、改稿发布几个环节，主要以"采访"为中心，而数据新闻将报道的核心内容转移到数据收集和数据分析上，重新发现数据的价值，主要包括以下几个环节。

(1) 确定选题。一个好的选题决定这个数据新闻的受欢迎程度。数据新闻涉及社会、公共服务、战争、犯罪、医疗卫生、经济、教育、文艺等方面。在传统的新闻选题基础上，数据新闻因为主要倚重于用数据说话，所以更加擅长宏观性的社会话题，从时事政治到民生状况，从社会趋势分析到各领域信息的公开报告，数据新闻的选题广泛度得到极大拓展。选题策划者应善于从社会热点事件或网络热门议题中寻找线索，顺藤摸瓜，找到在事件或现象背后蕴含的宏观社会信息，并以数据化的方式进行表达和传播。

(2) 收集原始数据。新闻从业者可以通过数据库等工具进行检索，查询已经公布的数据，收集原始数据。新闻数据收集主要是抓取网页上的数据。新闻从业者利用全网搜索、爬虫软件、网页提取、数据众包等方式收集信息，可以访问许多政府和非政府组织都维护的有关各种主题的数据库，也可以使用Python编程语言中的Scrapy框架来编写网络爬虫程序，但是这种方法可能会违反某些网站的服务条款，因此确保在执行之前需要获得明确的许可。新闻从业者还可以使用数据可视化工具(如Datawrapper、Tableau等)，创建图表和可视化数据，较为常见的是利用社交媒体工具，来寻找特定话题的相关帖子和评论。

(3) 抓取分析数据。数据分析是数据新闻生产的核心步骤。数据分析的重要步骤是数据清洗，即检查数据集的准确性和完整性，同时处理缺失值、重复值、异常值、格式错误等问题，以确保数据集是干净的。

(4) 数据可视化。数据新闻离不开可视化，可视化是数据新闻的基础。我们把可视化分为三个领域：科学可视化、信息可视化和可视分析。科学可视化主要用于处理科学数据，如地理信息、医疗数据等，以自然科学领域为主。日常接触到的地图、气象图、

CT等都属于典型的科学可视化。信息可视化主要用于处理抽象的、非结构化、非几何的抽象数据，如金融交易、社交网络和文本数据。传统的信息可视化起源于统计图形学，又与信息图形、视觉设计等现代技术相关。可视分析主要用可视化的方式来帮助分析不容易找寻的数据。

(5) 数据故事化。故事化是数据新闻生产的最后一步，也是较为关键的一步。数据的可理解程度是值得关注的，制作者需要将数据信息进行分析，将分析结果转化为故事叙述，以便让读者理解发现，最后将其发布到网站、报纸、杂志、社交媒体等平台上。

5. 数据新闻未来

目前数据新闻已经成为传统媒体与新兴媒体相互融合的智能化新闻。互联网技术、人工智能技术的发展都在影响着数据新闻呈现的形态。

(1) 注重数据可视化和交互性。随着新技术的发展和进步，用户需求的增加，数据新闻的可视化和交互性越来越重要。首先，数据新闻发布者需要从读者的角度出发制作新闻，充分考虑数据新闻的图表、颜色、线条等可视化设计是否符合受众需求。其次，增加新闻和读者之间的交互，利用智能屏幕的点击、互动等操作，设计一些趣味性的引导，让读者拥有更多的自由权和主动权。

(2) 数据新闻自动化。随着智能机器人的出现，智能机器写作已经不再是梦想，数据新闻自动化将成为一种趋势。未来，智能机器人将能够自动分析数据、撰写文章并生成交互式图表。数据新闻的自动化，不仅能提高产出效率，还能减少新闻报道的失误。

(3) 数据新闻与虚拟现实的结合。近些年，混合现实、增强现实等技术已迅速发展，为新闻表达的创新形式提供新路径。这类技术将现实与虚拟网络世界相联系，使得数据能够更好地与用户实现自由的交互，从而优化用户读取新闻的体验感。未来的数据新闻很有可能将数据新闻和虚拟现实进一步结合起来，以呈现更加沉浸式的新闻体验。

5.4.2　VR新闻

近年来，VR产品已经开始大量涌入市场，逐渐在教育、医疗、艺术等领域得到应用，逐渐被大众所熟悉和接受。在此背景下，出现了一种新兴的新闻类型——VR新闻。"VR+新闻"的模式契合VR产业发展的方向，为融合新闻传播增添了新的形态。

1. 什么是VR新闻

VR是virtual reality的缩写，即虚拟现实，是一种创建和体验虚拟世界的计算机仿真系统，也是以计算机技术为核心生成的与一定范围真实环境在视、听、触等方面高度近似的数字化环境。它提供一种多源信息融合的交互式三维动态视景，用户借助一定的装备沉浸其中，体验身临其境的感觉。

VR新闻将VR技术应用于新闻传播领域，使得传播媒介"听"新闻或"看"新闻发展成沉浸式"感受"新闻或主观式"探索"新闻，实现受众与新闻事件"零距离"接触。

2015年，纽约时报推出了第一个VR新闻节目《The Displaced》，该节目以360°全景视频的形式展现了难民生活的真实场景。2020年，疫情后，VR新闻应用程序得到了更广泛的应用。例如，英国广播公司(British Broadcasting Corporation，BBC)使用VR报道了疫情在伦敦的暴发情况，并展示了医护人员的工作环境。VR新闻为用户打造了一个完全虚拟的环境，使用户沉浸在这个环境里与之互动，帮助用户身临其境地感受新闻事件所蕴含的信息，减少新闻失实现象。

VR技术有沉浸感、交互性、想象性三个特征。沉浸感指让人沉浸到虚拟的空间之中，脱离现有的真实环境，获得与真实世界相同或相似的感知，并产生"身临其境"的感受；交互性指通过眼球识别、语音、手势乃至脑电波等多种传感器与多维信息的环境交互；想象性指在虚拟世界中，用户根据所获取的多种信息和自身在系统中的行为，通过逻辑判断、推理和联想等思维过程，对其未来进展进行想象[①]。因此，VR与新闻结合给新技术、新业态都带来了不小的挑战。

2. VR新闻类型

(1) 全景视频新闻。全景视频是较常见的VR新闻形态，它通过使用360°全景摄像机拍摄视频，让用户可以在VR头戴设备中有身临其境的感觉。VR视频还会加入很多环境之外的元素，使用户拥有一定的自主性和自发性。例如，2015年《得梅因纪事报》推出大型解释性报道《丰收的变化》，该报道运用了虚拟现实技术和360°全景视频技术，系统讲述了艾奥瓦州农民们对农业的总体看法、他们所面临的困境以及美国技术、文化、人口、经济等因素变化对农村家庭造成冲击的故事。

(2) 全景图片新闻。全景图片新闻以全景图片的静态展示为主，用户可以通过点击鼠标、触摸屏，借助一些陀螺仪感应器等形式观看全景图片新闻，可以应用在大型的会议上，比如全国两会，其优势是采编和制作较为轻松，真实性和时效性也很强。全景图片新闻也可以应用于自然风光的展示，如新华社推出的《全景中国》是一款致力于为用户呈现中国全景的应用程序。该应用程序通过VR技术提供全景图片新闻，让用户通过VR头盔亲身感受中国各地的自然风光、文化遗产等。通过这则全景图片新闻，用户可以深入了解中国的各个角落，感受到中国的自然风光、人文景观。又如2022年，洛阳晚报推出的《快来看！VR全景沉浸式赏牡丹》利用VR全景拍摄技术拍摄中国国花园、隋唐遗址植物园、王城公园等处，让观众足不出户欣赏洛阳牡丹之美。由此可见，运用VR技术制作的报纸同样具有交互式阅读的特点。

(3) 全景直播新闻。全景直播新闻能够展示新闻事件变化发展的过程，使观众能够全面清晰地了解新闻事件的全貌，适用于播报较大的新闻事件。新华社推出的《全景新闻视界》是一款集VR全景直播、VR全景视频、VR全景图集于一体的应用程序。该应

---

① 喻国明，张文豪. VR新闻：对新闻传媒业态的重构[J]. 新闻与写作，2016(12)：47-50.

用程序为用户提供了全球各地的新闻、文化、旅游等多种内容，让用户可以感受到全球的多样性和多元化。同时，通过全景直播新闻，观众可以和现场进行互动，拥有身临其境的体验。全景直播新闻的制作需要使用专业的全景相机和直播技术，还需要有足够的带宽来支持视频流的传输。

3. VR新闻题材

VR新闻的表现形式以图片和视频为主。可以说，适合用图片和视频展现的报道场合，就适合用VR技术。随着VR拍摄技术的发展，互动设备的普及，未来VR可能介入的报道类型包括重大突发性新闻报道、仪式化现场报道、调查性深度报道、体育娱乐与科技新闻等。

(1) 重大突发性新闻。比如洪水、泥石流、塌方、地震、火灾等大型灾难，这类具有强烈视觉冲击力的场合适合用VR来展现。突发类的VR新闻会有一点点滞后，但就新闻内容的全面性而言，使用虚拟现实技术能够从更多角度描述和展示突发事件。在交互体验方面，结合AR技术效果会更好，比如可以在突发报道的一些场景中用VR+3D或者VR+AR的方式，解释突发事件发生的原因、过程和结果。

(2) 仪式化现场报道。除了重大的突发事件，仪式感比较强的新闻场景，比如阅兵式或者大型的颁奖礼、会议、晚会、博览会等常规化的重大活动也适合用VR新闻来展现。仪式化现场报道能够增强观众的参与感、临场感，极大地丰富了新闻作品所传达的信息含量。如通过两会中的VR新闻报道，观众可以看到每个角落里发生的事情，看到每个人的表情、举动，甚至可以置身于主席台，以不同视角体验会场气氛。在仪式化现场报道方面，光明网率先做出常态化报道的尝试，开辟了VR专区，定期更新包括核心价值观讲坛、生态文明论坛等在内的VR会议新闻。

4. VR新闻制作

首先，VR新闻的制作需要较多的交互性的技术操作，允许用户进行探索和体验；其次，VR技术可以尽量完善空间上的指挥，让操作者更便捷、更轻松地完成所需的基本操作；最后，需要提升用户的在场感和代入感，完善用户的体验感。VR新闻制作主要看以下几个环节。

(1) 前期策划。首先，在制作初期确定选题。VR新闻一般介绍"大事件"，并不适合日常的新闻报道，因此可以选择一些"大事件"的新闻，纪实类新闻报道可选择战争、自然灾害等主题；直播类新闻报道可选择体育赛事、重要会议等主题；展示类新闻报道可选择自然风光、风土人情等主题。确定选题后，再确定新闻内容和形态类型，制订详细的计划和流程。

(2) 全景拍摄。在拍摄前要配置一台全景摄像机。VR新闻特有的环节需要视频设备来捕捉全景画面，选择摄影机时可以综合考量画质、成像、是否防抖等性能。选定摄影机后，可以选定拍摄场景、拍摄地点，通常需要选择具有新闻性的典型场景。

(3) 后期制作。全景摄像机的镜头较多，视频素材也会相对较多，这就需要后期进行不断的调整组合，将拍摄的素材进行剪辑、编辑，添加字幕和音效等操作，对制作好的VR内容进行技术处理，包括图像处理、音频处理、场景渲染等。

(4) 最终发布。完成前期工作后，制作者将制作好的VR内容发布到相应的平台上，例如VR应用程序、社交媒体等，就完成了整个VR新闻制作的流程。

5. VR新闻现状

目前人们对VR不如原先重视，公众的吸引力被分散，用户对VR技术的好奇已然退却，随之而来的是VR新闻盈利模式的稚嫩、用户需求的不确定、价格高昂，导致VR新闻很难再受到人们的关注[①]。

(1) VR新闻生产成本高。VR新闻的生产需要运用一定的技术手段，但目前虚拟现实技术在与新闻生产相对接的环节还不太成熟，虚拟现实内容的制作是按照场景的规模来计算的，而不是新闻时间的长短，因此出现产品生产周期长、制作成本高等现象。例如《丰收之变》拍摄仅用3天，后期编辑却花了3个月时间，投入5万多美元。高昂的成本导致一些推出VR的新闻平台或新闻客户端的媒体无法保证VR新闻的日常化供应。对于中小新闻机构而言，人力、财力、技术有限，可以尝试VR新闻，但不可能将其作为常态化的运作模式[②]。

(2) 部分价值信息的遗失。VR新闻在给予用户控制感和自由感的同时，缺少了传统媒体中新闻记者和摄像师作为把关人对信息的筛选，很难确保公众能自主地找到有价值的信息。在VR新闻中，即使设置了一些提示性的信息，有利于用户更加方便和全面地获取信息，但是当用户沉浸在所处的VR虚拟场景中，用户会选择自己更加喜爱的信息，很有可能会忽略部分有价值的信息，导致丧失注意力，或者丢失一些有价值的信息。

(3) 用户体验有待提升。VR头戴设备目前还存在一些缺陷，比如头戴设备舒适度还不够，长时间佩戴会出现眩晕的问题。又如，一些不同配置的手机和电脑相互不兼容、视频储存占据的内存较大，同时网速也是一个棘手的问题，这些都会直接或间接地影响用户的体验[③]。

6. VR新闻未来

(1) VR新闻生产常态化。VR新闻可以满足人们足不出户看新闻、沉浸式体验的需求，VR新闻想要大范围普及，其支撑技术的更新和进步是首要的。当VR在制作技术、传输技术、显示技术、传感技术、交互技术等方面逐渐成熟起来的时候，VR新闻可以深入人心，成为较受欢迎的一种新闻报道方式。

---

① 常江，徐帅. 从"VR+新闻"到"VR新闻"：美英主流新闻业界对虚拟现实新闻的认知转变[J]. 新闻记者，2017(11)：35-43.

② 张超，丁园园. 新闻业的沉浸偏向：VR新闻生产的变革、问题与思路[J]. 中国出版，2016(17)：38-41.

③ 刘涛. 融合新闻学[M]. 北京：高等教育出版社，2021：272.

（2）VR新闻生产平民化。VR新闻的制作成本相对较高，随着未来技术的进步，VR新闻的成本会下降。有研究者指出，随着VR设备的普及和制作工序的程式化，VR新闻的生产成本是完全有可能大幅度降低的。除了硬件设备价格下降直接削减成本以外，探索VR新闻的盈利模式，建立成熟的商业运作机制，是VR新闻开发者增加收入、平衡支出，甚至盈余的根本渠道。

（3）VR新闻的应用模式和叙事能力提升。由于受到现阶段技术、成本、市场规模等因素的制约，现阶段推出的VR新闻在呈现方式上基本以简单全景、跟随观察、跳跃切换为主。不过可以想见的是，当VR技术突破发展瓶颈，VR新闻产业化程度不断加深，深度沉浸、自由视角、自然过渡的VR报道会越来越多，VR新闻的应用模式将日益适应市场的规模化、个性化需求，VR新闻的叙事能力也会全面提升。

5.4.3　新闻游戏

随着媒介融合的加深，新闻生产和新闻游戏制作产生了交集，新闻游戏逐渐被大众熟知。近十年来，新闻游戏作为一种新颖、小众的内容形态正在悄悄壮大，成为国内外新闻媒体开展业务创新的一个重要选项。

1. 什么是新闻游戏

"新闻游戏"这一概念最早由乌拉圭游戏设计师冈萨洛·弗拉斯卡(Gonzalo Frasca)于2003年提出，是指由新闻事件改编成的严肃游戏，或包含互动叙事策略的新闻报道。新闻游戏通常为用户构建了交互性较强的模拟场景，从而使新闻报道更具代入感和体验感。冈萨洛·弗拉斯卡的作品《September 12》(见图5-5)便是借由新闻游戏的形式，提出了"暴力会产生更多暴力"的观点，玩家可以发射导弹"轰炸"恐怖分子，但是会伤及无辜的平民，恐怖分子的数量也会急剧上升，间接地批判了战争与恐怖主义对人类社会的危害。

图5-5　《September 12》新闻游戏截图

"新闻游戏"用游戏的方式将新闻事件传递给用户，具体指运用电子游戏的技术手段，通过对故事情节的描绘，让受众用"亲身体验"的方式，最大限度地还原新闻事实，使公众获得对现实中热点事件的虚拟体验，尽管这种新闻形态是借助"游戏外观"来呈现新闻，但仍然不是传统新闻报道的简化，而是利用互联网技术手段，根据具体的新闻事件来设计猎奇的游戏内容和游戏步骤，使受众在互动、体验的过程中，更加全面、彻底、清晰地了解完整的新闻事件，沉浸式体验新闻的更深层次的内涵。

2005年以后，随着信息技术的发展和社交网络媒体的推动，新闻游戏这一新闻形态兴盛起来，一大批制作精良的产品涌现，如《预算英雄》等。麦克卢汉在《理解媒介》中赋予"游戏"以媒介地位，史蒂芬森在《大众传播的游戏理论》中提出"传播游戏观"将信息传播类比成游戏，强调站在受众立场上的自我参与式的主观体验。

近年来，新闻游戏在全球范围内发展，专业媒体也开始制作属于自己的新闻游戏，例如，英国《金融时报》打造的新闻游戏《优步游戏》(*The Uber Game*)(见图5-6)可谓"爆款"。

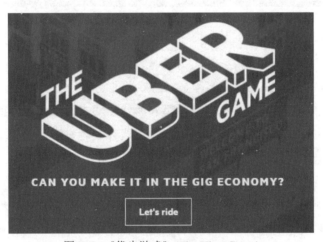

图5-6　《优步游戏》(The Uber Game)

它于2017年10月上线，2018年斩获有"网络普利策"之称的美国网络新闻奖"杰出创新视觉与数字辅助报道奖(大型编辑室)"，并获得全球数据新闻奖"年度最佳数据新闻应用"提名。

就国内而言，新闻游戏也在不断发展和创新。2016年，财新数据可视化团队设计的新闻游戏作品《我是市长》(见图5-7)夺得了世界数据新闻大赛的季军。该游戏根据中国大城市污染问题这一热点话题的背景展开，让受众体会到城市治理所面临的种种挑战，促使社会重新关注城市污染和治理问题。

目前"新闻游戏"可以分为两类：一类是由真实事件改编的严肃型的新闻游戏；另一类是具有娱乐属性的新闻。前者采用寓教于乐的方式让玩家在游戏中获取有效的新闻信息。此类新闻游戏的内容来自新闻事件或者社会上较为关心的热点话题，通过游戏中特有的程序修辞来展现新闻事件。后者是以游戏的形式传播具备娱乐属性的新闻。相比传统的新闻报道，新闻游戏因形式更加多元化、内容可看度更高，在传递信息的同时，也增加了趣味性。相比于传统枯燥的图表数据和大篇幅的文案，游戏形式更直观地表现出各种因素对新闻主题的影响。

图5-7　《我是市长》新闻游戏截图

2. 新闻游戏的特征

(1) 程序修辞的说服性。程序修辞是指游戏并非通过语言、动画、图像等方式展现内容，而是通过游戏开发者设置的游戏模型和游戏步骤来传达观点，即通过既定程序对公众进行劝说。在程序修辞下，玩家可以通过游戏开发者设定好的模型，来运行游戏中的规则和剧情。例如，2009年美国《连线》杂志推出的《残酷的资本主义》，目的是揭示索马里海盗背后的黑色交易，让用户亲自参与到游戏中，更加直观地了解各种触发因素会产生完全不同的几种故事情节，将复杂的故事简化，让公众在过程中感受历史事件发生的背景和想要表达的意思。博格斯特认为，程序修辞有着口头、文字和视觉表达所不具有的独特属性，对于抽象、难以理解的过程可以通过游戏再现来展现，而不仅仅通过语言来描述①。由于程序性是计算机系统的内在和基础，程序修辞非常适合通过计算机程序来表达，电子游戏正是程序修辞的典型案例。

(2) 非线性叙事的互动性。传统新闻报道呈现的新闻事件大多是线性的、确定的，而新闻游戏的叙事逻辑是非线性的、开放的、多元的。新闻游戏采用非线性叙事的方式，场景的设置没有时间上的先后顺序，玩家可以随意选择进入故事的场景，这种非线性叙事为受众提供了更多选择的可能性。但这种叙事方式并不是完全中立的，游戏依然要受到游戏开发者主观意志的影响。游戏开发者通过设置游戏场景、游戏音效以及游戏的主题将玩家引入游戏情节中，为新闻游戏提供了复杂事件中发生的多种可能，而不同的剧情线路串联出整个故事梗概和主旨。例如，网易新闻与橙光游戏合作开发的《逃跑

---

① Ian Bogost. Persuasive Games: The Expressive Power of Videogames[M]. Cambridge：The MIT Press，2007.

人的日常》(见图5-8)是一款逃离战俘营追求自由的游戏。这款游戏讲述了第二次世界大战中一个英军小兵逃离战俘营的故事，其中的逃亡情节均基于历史上真实逃亡者的经历改编，每一个历史信息均有出处，有真实的历史事件可循。这款游戏采用开放性结局，有86个结局，用户可以通过不同的逃跑路线来解锁各式各样的结局。玩家通过关卡选择、剧情触发，实现与故事人物的有效互动，使其参与到新闻事件中，提升新闻报道的社会意义和社会价值。

图5-8　《逃跑人的日常》新闻游戏截图

(3) 用户主体的沉浸性。新闻游戏通过构建虚拟场景，让用户以第一人称或第二人称视角进行叙事和情节的展开，提供给用户较强的参与感和体验感。与传统新闻的第三人称视角不同，新闻游戏的玩家化身亲历者，多元的视角转换拉近了用户与新闻事件的距离，更容易调动用户情感[1]。例如共青团中央和橙光游戏一起合作推出的新闻游戏《重走长征路》(见图5-9)，目的是弘扬长征精神，增强用户的历史认同感。

图5-9　《重走长征路》新闻游戏截图

---

[1]　曾祥敏，况一凡. 新闻游戏的特征和题材创新再探析[J]. 青年记者，2022(15)：9-11.

该游戏设定以第一人称视角出发，玩家在其中扮演一个普通的红军战士，在长征路上做出不同的决定，会触发不一样的结局。在互联网等虚拟仿真技术的不断发展下，玩家可以借助各种移动终端设备来体验游戏，融合视觉、听觉等感官达到身临其境的体验。

(4) 新闻事实的客观性。新闻游戏既要取材真实的新闻事件，又要具备新闻游戏文本的特性，不管是前文提到"严肃型的新闻游戏"还是"娱乐属性的新闻"，其本质都属于新闻，承担着传递信息的功能，在制作新闻产品时，都需要遵循新闻事件客观性的原则。因此，我们在讨论新闻游戏时，一定要基于新闻的客观事实属性进行叙事，通过技术支撑打造虚拟场景，提高新闻报道的专业性。

3. 新闻游戏形态类型

(1) 角色选择类。在常规游戏的设定中，玩家需要根据自己选定的角色和道具进行游戏，而且选择的角色不同，后续情节发展也会不同。在新闻游戏当中，玩家可以是不同角色。例如，在新闻游戏《急诊人生》中，需要玩家扮演急诊室的医生，不仅需要通过鼠标点击来诊断程度不同的患者，还要完成医生喝水、上厕所等操作，游戏让玩家体验到急诊室医生的辛苦，了解到急诊室的真实环境。

(2) 逃生益智类。新闻游戏中的逃生益智类主题多以真实事件为背景，游戏当中的玩家通常被置于战乱背景下，以一个逃生者的角色完成特定的动作。新闻游戏《你会带走什么》就是受到叙利亚难民问题的启发，让玩家置身于一个被轰炸地区的房间，在几十秒内找出指定物品，之后会出现一个难民与这个物件的真实故事，通过玩家对战乱背景的交互体验，能使玩家对新闻事件了解得更为深刻透彻。 又如新闻游戏《马德里》以2007年发生在西班牙首都马德里的"3·11"列车爆炸案为背景，玩家要点亮来自世界各地人手中的蜡烛，为伤亡者祈福，让不断变暗的蜡烛一直亮着。该游戏画面简洁清晰，却给人无尽的温暖感觉。

(3) 社会治理类。社会管理类新闻游戏，以新闻报道中的社会性问题为背景，依托特定的新闻事件制作而成。这类新闻游戏的出现，给人们认识社会宏观调控和社会治理问题提供一个切身体验的机会，引导游戏玩家有机会深入思考社会性问题，认知社会管理的综合性。比如，在《像市长一样思考》的新闻游戏中，玩家可以扮演市长角色，对城市进行治理，让人们了解到环境污染背后的原因以及治理的复杂性。

(4) 事件还原类。这类新闻游戏的呈现都是以真实的新闻事件为原型的，包括事件发生的场景和与事件发生相关的一系列细节。一家英国游戏公司Traffic Software在网上推出《刺杀肯尼迪》游戏。该游戏不仅以真实历史事件为原型，还精确再现了刺杀当日的细节，包括当时的地形、刺客所在的位置以及他所使用的枪支、当时的风速和车队行驶的速度等，然后让玩家扮演刺客奥斯瓦尔德，以同样的方式刺杀总统。《刺杀肯尼迪》游戏以肯尼迪被杀为背景，玩家需要以第一人称视角开启射击游戏。

4. 新闻游戏的制作

新闻游戏的生产制作流程包括新闻采编、策划方案、美工设计、程序研发、游戏测试等环节，同时需要专业的制作者和团队一同生产，并将传统的新闻以游戏创作的方式展现。

(1) 前期准备。前期准备主要分为新闻的采写工作和策划工作。新闻游戏是基于真实的新闻事件和报道制作出来的，所以前期新闻资料的收集和整理工作尤为重要，为后续开发者制定游戏的基调和情节奠定基础，比如橙光游戏创建的新闻游戏《网瘾治疗中心》，通过前期团队的调研，制作者找到很多关于《未成年人保护法》以及网瘾少年的真实案例，并将找到的材料碎片放入具体的故事情节中，基于前期的新闻采写工作，整个游戏才会变得更加饱满起来。除了新闻采写工作，制作人还需要提前策划好游戏剧本、游戏基调、游戏场景、游戏角色等琐碎的工作，将游戏架构以文字的方式呈现。在进行详细的游戏策划时，制作者要考虑游戏可行性、可玩度等多重因素，才能把握住游戏的节奏，成功完成初步的准备工作。

(2) 中期制作。完成前期的新闻采写和策划工作后，制作方就要进入中期的游戏制作环节。中期制作包括美工设计、程序研发环节。美工设计主要负责角色、场景的设定和制作，比如一些精细的物理模拟、复杂的动画背景以及可以变化的虚拟控件等。美工设计的具体分工环节，包括3D建模、插画制作、文案设计、特效动画等。为了向公众展现更加生动有趣的游戏体验，制作方往往在美工设计上花费的时间和金钱成本都较高。制作团队完成美工设计后，需要进行硬件的开发。程序开发基于编程语言而制作，程序员需要把控游戏中的效果控件、不同视角的转换以及人物的行进路线等，需要根据前期策划的游戏框架将程序编写出来，完成整个游戏的逻辑框架的搭建。

(3) 后期测试。制作方完成前期准备和中期制作后，就需要进行该新闻游戏的软件测试。游戏测试员需要对制作出的新闻游戏进行不断的测试，减少游戏中出现的问题，不断完善游戏，提高游戏的可玩性。一般来说，新闻游戏的操作难度不高，能够让很多新手玩家快速上手，在关卡情节的设计上一般会设置合适的难度，随着游戏的推进和玩家的选择，故事线的脉络才会逐渐清晰，这样既能保证玩家的体验感和在场感，又能保证游戏的通俗性和可玩性。

5. 新闻游戏对新闻业的影响

目前新闻游戏面临着很多问题，但是仍存在着广阔的前景，新闻游戏作为融合新闻发展下的新闻叙事新形式，深受大批忠实的互联网网民的喜爱。

(1) 扩张新闻边界。传统的新闻业不再满足新媒体环境下的用户的需求，在新媒体与传统媒体相互融合的语境下，传统新闻业正在经历"去边界化"的过程，以新闻业为中心的"去边界化"其实是新闻业边界的扩张，新闻游戏便是从传统新闻业和新媒体融合的场域中成长出来的，这主要还是基于互联网技术的进步，以及新闻本身的内在生长。新闻与游戏的结合正是新闻业边界扩宽的案例。可以说，新闻游戏打破了传统新闻业的边界，重新探索了新闻报道叙事的新方向。

(2) 创新叙事方式。作为新兴媒体技术下的产物，新闻游戏的出现将传统的新闻报道方式转化为"游戏交互叙事"，新闻游戏可将交互叙事发挥到极致。新闻游戏通过程序修辞，通过与用户的互动，解释复杂的新闻事件或议题，大大提升优化了用户的信息获取体验感。例如，2015年在叙利亚难民危机广受关注之际，BBC推出了新闻游戏《叙利亚之旅》，用户可选择一个难民角色逃离叙利亚到达欧洲。该游戏通过程序修辞实现场景再现、情节还原，让用户更真切地体会到难民逃亡之路的风险与艰辛。

(3) 改变传统竞争关系。传统媒体主要是对用户注意力的竞争，在信息超载的互联网时代，用户接触到的信息已然是碎片式、凌乱式的，大部分的用户注意力已经被稀释了，快餐式消费理念变成了主流。传统的慢条斯理地争夺用户注意力在今天已经变得十分困难。新闻游戏借助社交平台，让新闻报道变得比原来更有趣，通过用户的深度参与，不仅延长了用户在该新闻平台的停留时间，还将通过有趣的游戏情节、生动的人物设定等，从感官上提升了用户的体验感，成功争夺了用户的注意力资源，有利于适应新环境的变化，成功实现传统媒体的转型发展。

总体来说，新闻游戏是新闻报道与网络游戏的一种融合叙事。它是新闻事件被认知和体验的新方式，也是网络游戏涉足新闻性题材的一种尝试。从本质上讲，游戏和新闻的内核都是故事，网络游戏不仅可以从文学、艺术中提取游戏设计的题材，也可以从新闻事件中获得游戏设计的题材和灵感。因此，这种融合既拓展了网络游戏的题材范围，也拓展了新闻报道的传播方式、范围和影响力。

第6章　融合新闻叙事

在经典叙事学看来，人是讲故事的动物。人们的交流和表达大都在对故事的讲述中展开。讲述故事需要遵循一定的形式，这就构成了叙事(narrative)。叙事之所以重要，是因为人的社会活动本身具有叙事性。

新闻报道作为一种对新闻事件进行陈述的文本，本质上也是一种叙事。在叙事学看来，所谓叙事，就是讲故事，它天然地包含着"讲什么"和"怎么讲"两个方面的问题。"讲什么"指内容，"怎么讲"指方法、形式或渠道。叙事学将前者称为"故事"(story)，将后者称为"话语"(discourse)。叙事学家西摩·查特曼认为："故事即被描述的叙事中的是什么(what)，而话语是其中的如何(how)。"①他更进一步将故事拆分成事件和实存，事件主要指行动与事故，实存主要指人物与背景。"话语可以分为两个亚成分：一是叙事形式本身——叙事传达之结构；二是其表现——它在具体材料化媒介中的呈现，如文字的、电影的、芭蕾的、音乐的、哑剧的或其他媒介的。"②在叙事结构中，叙事涉及叙事时间、叙事声音、叙事视点等多方面的关系处理，而叙事媒介会对叙事结构产生重要影响，两者之间是相辅相成密不可分的。

在传统新闻报道中，故事和话语都受到新闻报道的叙事传达结构和媒介的制约，比如故事要求是完整的，人物和背景是要交代清楚的；话语要求符合特定新闻媒体的媒介特征，比如报纸排版、文字报道倒金字塔结构，广播电视的线性传播、栏目化、节目表等。在融合新闻时代，由于传播媒介、传播方式的巨大变迁，新闻叙事的故事和话语都发生了很大的变化，形成了融合新闻独有的叙事特征。本章将这些变化和特征概括为三个方面：新闻叙事的跨媒介性、新闻叙事的生成性和新闻叙事的评论化。换言之，融合新闻叙事是跨媒介叙事、生成性叙事和评论化叙事。

6.1　跨媒介叙事

2003年，美国学者亨利詹金斯在《融合文化：新媒体与旧媒体的冲突地带》一书中首次提出"跨媒介叙事"(transmedia storytelling)概念，他认为跨媒介叙事的核心不在于单个媒介呈现的故事本身，而在于不同媒介共同建构的"故事世界"，也就是不同媒介要素聚合在一起共同完成一个新闻的呈现，从而提升新闻叙事的传播效果。

---

① 西摩·查特曼. 故事与话语[M]. 徐强，译. 北京：中国人民大学出版社，2013：6.
② 西摩·查特曼. 故事与话语[M]. 徐强，译. 北京：中国人民大学出版社，2013：8.

因为媒介的概念内涵比较丰富，所以跨媒介的含义也比较复杂。从叙事的角度看，跨媒介至少包含三个方面的含义。第一，呈现跨平台或者跨终端，也就是说，在各种媒介终端上都可以看到相同的新闻内容。第二，跨媒介符号。因为数字技术让传统媒体的叙事符号(文字、图片、声音、图像等)实现了汇流，也就意味着任何一种媒体机构或者新闻内容生产者都可以采用多种符号形式进行叙事。第三，跨传播类型。所谓传播类型，是指各种场域下的传播特点，如自我传播、人际传播、群体传播、大众传播等。也就是说，新闻传播不再只是大众传播一种模式，许多新闻的传播融合了多种传播类型。所以，所谓跨媒介叙事应该包括至少三个方面的含义，即跨平台呈现、跨符号表现、跨类型传播。

6.1.1　跨平台呈现

从叙事的角度看，跨平台或跨终端呈现是跨媒介叙事的基本构成，没有跨平台呈现，很难谈得上是跨媒介叙事。根据叙事是由故事加话语构成的理论，当话语的两个亚成分"叙事形式本身"或者"在具体材料化媒介中的呈现"发生改变的时候，叙事自然也会发生改变。当一个报道决定在跨平台终端进行呈现的时候，意味着它的具体化材料媒介和其叙事形式本身都必须跟着发生改变，这势必影响到从策划、制作到发布、反馈、收集等一系列操作方式和表达方式的改变。因为这种话语方式的改变，新闻的故事呈现多元的、丰富的向度。

以获得第34届中国经济新闻奖融合报道类一等奖的报道《"数说美好生活"——"中国美好生活大调查"(2021—2022)融合报道》为例，中央广播电视总台财经节目中心采用一体式的策划，充分发挥多媒体多终端的优势，多渠道多形式分发内容。该节目在电视端发布电视新闻，在移动端微博和央视频App发布视频内容，在微信平台发布图文报道及VR小程序，传统媒体与新媒体联动搭建成节目的传播矩阵。另外，电视端的大屏观看体验好、家庭氛围感强，这也是节目沿用至今的数据发布形式；而移动端的小屏突出灵活性强、互动性强、传播性强的特点，有助于在短时间内形成较大范围的传播推广。大屏与小屏的融合，实现了优势互补。该节目在播出过程中利用可视化、VR等形式在电视大屏、微博、微信、央视频App等多终端发布，有效提高了节目收视率，全网直播观看量达1.14亿人次。

6.1.2　跨符号表现

所谓跨符号表现，是指将不同媒介符号形式，如文字、图片、音频、视频、动画、VR、H5、游戏等融合在一个文本或平台上，以非线性的方式组织故事，以达到多角度地呈现"叙事流"，制作出更丰富、更生动、更贴近受众的新闻报道的叙述模式。

目前较为常见的跨媒介符号叙事是在微博平台、微信公众号或者媒体客户端上推出一个文本，里面既有文字叙述，又有图片呈现，还有动图或视频片段，不同的媒介符号，以不同的方式来共同完成对一件新闻事件的叙述。这样的操作已经成为跨媒介叙事的常规操作。

在这样的跨符号叙事中，文字负责叙述发生的事情，交代事件背景，传达报道主题；照片负责展示人物形象，固定经典瞬间；而动图可以展示趣味性、戏剧性的动作片段，让人反复玩味；视频则同步播放现场声音，可以更好地展现事件过程和现场环境，将观看者带入现场氛围。这种将各类符号特点有机组合并互相嵌套、映衬的融合性叙事，让新闻报道更加立体、生动、全面，带给受众的是综合性的新闻接触体验。

例如，在2022年北京冬奥会期间，各家媒体通过多种形式报道了冬奥会。中国中央电视台(CCTV)在新闻报道中采用了文字报道、视频报道、图片报道等多种形式相结合的方式，通过实时更新的方式呈现冬奥会的最新进展。同时，CCTV还通过搭建多个直播平台，将冬奥会的比赛实时转播给用户，提高用户的参与度和互动性。在冬奥会开幕式的报道中，CCTV还通过虚拟现实技术，为用户呈现了一个逼真的虚拟世界，增强了用户的视觉体验和沉浸感。

又如，在2022年春节联欢晚会的报道中，芒果TV采用了多媒介形式的融合，通过文字报道、视频报道、图片报道、直播等形式，全方位呈现了春节联欢晚会的精彩表演和背后的故事。芒果TV还在晚会的直播中采用了虚拟主持人技术，为用户呈现了一个逼真的虚拟主持人，提高了用户的互动性和参与度。同时，芒果TV还通过社交媒体平台与用户进行互动，提高了用户的参与感和忠诚度。

再如，在2023年3月5日至15日，中华人民共和国全国人民代表大会和中国人民政治协商会议(简称"两会")在北京举行。在这次会议中，中央电视台通过直播和短视频的方式，让观众可以随时随地观看会议，还可以通过短视频了解会议的精彩瞬间。中央电视台在短视频中以图文并茂的方式呈现了重要的会议内容和议题，提高了新闻报道的吸引力和趣味性。

6.1.3　跨类型传播

传播是新闻叙事的意义生产和实现过程。新闻叙事只有与读者、听众、观众相遇，并被阅读、收听和观看，才能产生新闻叙事的意义和社会效应。所以，传播或发布是新闻叙事的重要一环。

早期传播学将传播的类型分为自我传播、人际传播、组织传播和大众传播等几种类型。在媒介融合时代，这些传播类型都实现了某种程度的融合。以微博为例，当一个微博账户的粉丝为0时，使用者发表的微博内容就相当于自言自语，相当于一种数字日记或者"数字树洞"，这是一种借助媒介的自我传播；当微博内容被评论、转发或私信交流时，微博这一传播类型就在瞬间演变为人际传播，当一些用户发现与自己的兴趣相投者时，会加其关注，形成订阅机制，并在微博上展开对话，成为人际交流的一种新方式；当微博用户在一个共同加入的"群"里探讨问题时，传播类型就具有了群体传播或组织传播的性质；而当一个微博用户的粉丝数足够多时，它就具有了大众传播的性质。而且，这4种传播类型在微博上不仅可以互为转换，还可以同时共存①。

其实，不只微博，现在的每一个数字媒介平台几乎都同时具备这4种传播类型的特征，因此有人将互联网时代出现的传播概括为第5种传播类型——网络传播。随着数字智能技术和大数据算法技术的成熟，现在数字媒介平台上的传播，又被称为"算法传播"或"智能传播"。每一种传播新类型或新模式都涵盖了先前出现的传播类型或模式。新闻叙事就是在这样的技术环境中被重新塑造。因此，所有的跨媒介叙事都可以看作某种跨传播类型的叙事。

跨传播类型叙事涵盖了多个传播类型，呈现鲜明的特点。具体说来，有社交化、定制化和交互化等三个特点。

1. 社交化

传统新闻在写作或制作时，针对的是广大的看不见的受众，撒播思维贯穿整个新闻生产过程。来到社交媒体时代，媒体机构或者普通用户在社交媒体端发布新闻时，思维方式既是大众化的，又是社交性的。新闻叙事横跨大众传播和人际传播两种模式，让融合新闻具有浓浓的社交化色彩。

社交化是指新闻在发布时既针对广大受众或粉丝(加关注的用户)，又针对某些个人而展开，甚至在一条面向大众传播的新闻文本中，会同时呼叫某些个体，这就让新闻叙事出现了两种语态的杂糅。

以巴黎奥运会的报道为例，无论是以新华社、人民日报和央视为代表的中央级媒体，还是省市级媒体，或者普通微博用户，在微博上报道新闻时，都会同时呼叫("@")作为新闻当事人的运动员的微博账号，这就让面向大众的新闻报道，同时能够抵达新闻当事人的微博账户，实现了大众传播和人际互动的融合。网友们对这样的表达方式表示非常赞赏，认为媒体机构做报道时非常用心。比如，在巴黎奥运会开幕后的第一个比赛日，央视新闻发布了这样一条题为"巴黎今天将决出14枚奥运金牌"微博报道(见图6-1)，在报道中特意将众多网民还不怎么熟悉的多个参赛运动员的微博账号找出来，添加了@进行呼叫。这一举动立刻赢得网民称道，名为"芒果捞新剧"的大V账号敏感地捕捉到这些运动员账号的特点，说"我们00后运动员真有自己的ID，也是难为央视把你们找出来"，很快另外一个词条"难为央视把你们找出来"立刻冲上了热搜(见图6-2)。因为这些运动员多为"00后"，网名都比较新奇，所以网民认为央视能够

---

① 杜志红. 电视的命运：媒介融合与电视传播范式变革[M]. 北京：中国书籍出版社，2014：31.

把"00后"这一个个抽象的网名找出来，是费了一番心思的，这条热搜阅读量99.9万人次，讨论量2620人次，互动量2.1万人次。经过央视这一呼叫并上了热搜，夺得奖牌的运动员账号立刻粉丝数暴增。后来为中国队夺得巴黎奥运会首金的射击运动员黄雨婷、盛李豪，被网民亲切地称呼为"一条姐""干饭哥"。

图6-1　央视新闻微博截图

图6-2　微博热搜词条截图

　　在传统社会中，社交原则上属于人际传播的范畴，而新闻叙事的社交化让大众传播横跨了人际传播，也让新闻叙事呈现更多的社交色彩。换句话说，在社交媒体端展开的新闻叙事以建立更多的社交连接为目的，而不再单纯地满足于新闻的传播。

　　随着诸如Facebook、新浪微博这样的社交媒体逐渐成为重要的新闻发布渠道，社交性也越来越影响到这些社交平台的叙事方式和叙事风格。与此同时，社交媒体也在不断调整自己的算法，将制造对话和建立联结作为新闻发布和推送的目标。

　　新闻叙事的社交化还表现在通过新闻叙事让"粉丝"(加关注者)或用户成为新闻扩散的渠道。社交化的新闻叙事很适合社交媒体的文化氛围，会引发粉丝或用户的转发、评论或点赞，将用户激活为传播渠道，进而利用社交平台来扩张内容的影响力。挖掘内容的社交属性，除了要满足用户知晓这一愿望外，还要帮助用户在社交圈中刷"存在感"，提升用户的社交形象，活跃社交热度，更要激发用户参与的社交动力。新闻叙事应能唤起用户的感同身受，易于"传染"，参与方式便捷，实现一键式社交分享。

　　新闻叙事的社交化还表现在叙事语态的改变。有人将这些语态风格概括为"网络江湖式话语"。如新华社在微博平台主要是通过创建诙谐有趣的话题来展示新闻作品，将"网言网语"用得炉火纯青。以2021年举办的东京奥运会报道为例，新华社创建了"#平平无奇的压水花小天才#""#yyds的谐音就是杨杨得胜#"等热搜话题，既点明新闻内容的核心事实，又能引起用户的共鸣。这种表达方式在语言上契合了微博用户年轻化的特点。网友通过新华社微博既看到了新华社前方记者的"放飞自我"，又看到了新闻中心、记者日常等赛场外更真实、更有温度的报道和真实个体。新华社微博既紧跟成绩、赛况这样的硬新闻，也大量呈现场下、幕后、花絮等软内容，甚至对新闻中心、休息室、观赛家属等赛场外围做了大量呈现报道，一改官方媒体沉闷、严肃的印象，在政策许可范围之内做到了严肃与娱乐并重。奥运中的精彩瞬间和名场面，都被网友们总结成一个个有趣的梗。有了机智网友"抛砖"，新华社微博顺势"引玉"，陆续创建"#一天比赛看下来我也有了大心脏#""#本届奥运最有趣的热搜#""#微博网友们的梗有多好玩儿#"等话题，迎合网友们迫切表达情绪的需求，也给评论互动创造了更多空间。创意海报之"昨晚的微博评论太凡尔赛了"系列就是典型代表。这一系列海报频上微博热搜，被众多媒体微博、政务微博转载。其实，海报文案就来自网友关于奥运的评论，选择评论精华再创作就成了海报文案，网友看见自己的评论上墙①，评论区氛围更加高涨，很好地增强了互动效果。在其他形式的报道中，网友评论也频频上墙，如"精彩高燃瞬间"短视频系列中，网友评论为视频增色不少。

2. 定制化

跨传播类型叙事的第二个表现是定制化。"定制"原是服装行业的用语，意为"为个别客户量身裁剪"的意思，带有很强的个性化和组织化的色彩——定制本身既意味着用户个体需求得到了充分的尊重，又意味着一种约定，这种约定就像一种稳定的组织关系，所以，定制化意味着大众传播与个体传播、组织传播的跨越与融合。定制化的新闻叙事是跨媒介叙事的典型表现。定制化新闻叙事主要包含两个方面：一是面向不同平台的定制；二是面向不同用户的定制。

(1) 面向不同平台的定制。所谓面向不同平台的定制，是指同一新闻内容在不同的平台上要采用符合该平台的格调和风格，也可以称为多平台定制或多渠道定制。以新华社的东京奥运报道为例，新华社在不同社交平台采用了差异化运营方式，以更符合所属平台的调性展开叙事，比如同样是总结一天赛事的短视频系列"东京晚自习"，在微博、B站、快手的形式、内容都不一样。新华社B站账号联动知名UP主"手工耿"巧妙找到结合点：手工耿的哪些"发明"能加入奥运"气氛组"，网友评论"梦幻联动""官方整活最为致命"；在微博上以图文形式呈现的《奥运早知道》系列在B站上变为短视频，先是一番记者们贡献视频素材赚足眼球，再由跑口记者②解读各大项目看点。在不同的社交媒体上，新华社越来越接地气，也越来越懂用户，不仅能契合用户需求，还巧借网友智慧输出内容。

---

① 所谓"上墙"，是指由微博网友在评论区发送相关话题的评论，其中有价值或有趣味的评论内容会经媒体在后台挑选后，传送至微博大屏幕(微博墙)上予以公开显示。

② "跑口记者"是媒体业界的行话，是指媒体机构按照不同领域或政府管理部门对记者采访安排按条线进行分工。比如，有的负责时政报道，有的负责工业报道或农业报道，有的负责文化新闻和社会新闻的采访报道。"跑口"制度有利于记者在某一领域加强学习，熟悉专业知识，成为专家和内行，让新闻报道更加专业化。

(2) 面向不同用户的定制。所谓面向不同用户的定制，就是根据受众的个性化喜好和需求，有针对性地制作和推送符合其兴趣的新闻。从理论上讲，每个受众的个性都各有不同，他们对媒介内容的喜好和偏爱也是千差万别的。媒体机构除了要面向不同平台的不同群体进行新闻叙事的定制，还要做到自家平台上能够尽可能体现对于每一个用户的尊重。

例如，中央电视台推出的"央视+"多媒体客户端为满足用户的新闻需求，推出观看直播、点播、回看新闻节目的App并通过微信等方式向订阅客户发出播出通知，根据用户的观看历史和兴趣点在微博、客户端平台直接为订阅用户提供个性化推荐的新闻内容。该App的推出，为用户提供了更加便捷和个性化的新闻服务，增加了用户的使用体验和忠诚度。

随着人工智能技术的不断发展，定制化越来越智能化。个性化的智能推荐通过运用机器学习、人工智能等技术分析用户的兴趣爱好和历史浏览记录等个性化信息，通过智能推荐系统根据用户的个性化需求和偏好为其推荐相关的新闻内容，提升用户的交互式体验，让用户更加便捷地获取自己感兴趣的新闻内容。个性化推荐技术主要有协同过滤、基于内容的推荐、混合推荐等技术。随着移动互联网的发展，融合新闻平台可以通过定位、语音识别等技术，更精确地了解用户的行为模式，提高推荐效果。这一技术已经被广泛应用于各大媒体平台，并取得了不俗的成果①。

以数字媒介平台"今日头条"为例，作为重要的内容聚合分发平台，其定制化的智能程度相对较高。今日头条依托强大的算法推荐，根据用户的兴趣、浏览历史等因素，为用户推荐感兴趣的新闻。该平台的推荐系统采用了混合推荐技术，结合内容、协同过滤、用户画像等多个维度，为用户提供精准的推荐服务。而针对具体用户的个性化推荐，今日头条采用了基于标签、基于用户画像、基于行为的多维度推荐策略，进而提高了推荐精准度。

现在大部分数字媒介平台都在个性化推荐方面做了大量的探索和实践。例如，新华社推出的一款基于人工智能技术的新闻推荐系统可根据用户的历史浏览记录、兴趣和口味，推送符合用户喜好的新闻内容，实现新闻内容的个性化推荐，提升了用户的阅读体验。又如，芒果TV推出了一款基于用户兴趣的个性化视频推荐系统，可通过收集用户的观看历史、评分和点赞等数据，精准推荐符合用户口味的视频内容。芒果TV用户还可以根据自己的兴趣和偏好进行搜索和筛选，实现了对视频内容的个性化选择和交互式体验②。再如，腾讯新闻通过数据挖掘、机器学习、语义分析等技术，提供更加精准、个性化的新闻推荐服务。

3. 交互化

交互性是人际传播的重要特征。在现实生活中，人际交流都是面对面聊天，它的特

① 李斌. 新华社推出基于人工智能技术的新闻推荐系统[J]. 新闻界，2019(4)：26-27.
② 赵小静. 芒果TV推出个性化视频推荐服务[J]. 现代传媒，2018(5)：46-47.

点是双方的交流具有即兴性和互动性，你一句我一句，说者与听者的角色是同时或瞬时交叉互换的，交谈的内容也是共同创造的，交谈的目标是达成一种关系的存在或者单纯追求交流的愉悦感。

(1) 交互化新闻叙事的含义。跨传播类型的融合新闻叙事就是要跨越大众传播与人际传播的界限，让新闻的叙事以一种交互性的方式出现，使新闻叙事不再是单方面的内容生产，而变成一场围绕新闻内容的讨论和协商。用户可以通过多种方式参与到新闻报道中，例如评论、点赞、分享等。这种交互式的体验可以提高用户的参与度，增强用户对新闻的理解和记忆。受众从被动接收到参与新闻内容的制作，成为内容共创者或者"生产性受众"①。

一方面，媒体可以通过多种交互方式主动向用户征求意见和建议，以更好地了解用户的需求，同时增强用户对媒体的认同感和信任感。例如，社交媒体的普及为媒体提供了一个更加方便的渠道与用户进行交流和互动，比如微博、微信、抖音等平台，它们不仅提供了用户评论、点赞、分享等基本功能，还支持直播、问答等更为复杂的互动形式。媒体通过这些渠道与用户互动，不仅可以实现粉丝转化，提升用户黏性和用户活跃度，还可以将用户的反馈作为新闻报道的重要参考，更好地满足用户的需求。一些新闻媒体也在开展主动式互动的尝试，例如采用互动式新闻报道、在线直播、慢直播等形式，让用户能够更深入地参与到新闻报道中。这些交互性反馈机制不仅能够提高用户参与度和媒体声誉度，同时也可以帮助新闻媒体更好地了解受众的需求和反馈，进一步提高新闻报道的质量。然而，交互性反馈机制也存在一些问题，例如可能存在用户恶意评论、虚假信息传播等问题，需要新闻媒体采取相应的管理和控制措施。

另一方面，用户可以通过各种渠道和方式积极参与到新闻生产和传播中来。用户的参与，让融合新闻的内容生产成为用户生产内容(user generated content，UGC)与专业生产内容(professional generated content，PGC)相结合的新模式，这也使得融合新闻的跨媒介叙事具有很强的人际传播特征。例如，大量的用户自媒体出现后，许多人通过自己的微信公众号、微博账号、短视频账号等平台分享自己的观点、经验、新闻报道等内容，让更多的人看到、听到、理解自己的观点和声音。又如，新闻客户端和社交媒体平台会定期发布主题活动，鼓励用户分享自己的新闻素材或者参与新闻采访等活动，从而提高用户的参与感和认同感。新闻的叙事变成一种不断交互的内容共创过程。

(2) 交互化新闻叙事的方式。新媒介、社交媒介以及智能化的技术条件为跨传播类型的交互化新闻叙事提供了多种多样的方式。这些方式概括起来主要有以下几种。

第一，评论与讨论。受众或用户可以通过评论、转发、点赞等方式参与到新闻报道中，与其他读者、记者、专家等进行交流和讨论。这种互动式的交流方式不仅可以提

---

① "生产性受众"(the productive audience)，是由约翰·费斯克提出的概念，强调受众在传播过程中的主体地位、能动性和创造性。费斯克认为，受众不仅是信息的接收者，更是信息的生产者和意义的创造者，他们通过解码和再编码的过程，赋予媒介文本新的意义和快感。

高读者的参与度，还可以促进信息的共享和扩散，呈现新闻内容里蕴含的公众意见和看法。随着人工智能技术的应用，越来越多的媒体机构和数字媒介平台开始利用机器学习、自然语言处理等技术，对用户的互动数据进行分析和挖掘，呈现公众意见和情绪。例如，在新浪微博上，微博平台都会给每一条上热搜的新闻词条添加一个"智搜分析"板块，先介绍新闻内容概况，然后根据评论样本进行数据化分析，在"看法"一栏用数据柱状图标出"大众情绪"，同时显示"讨论词云图"，最后列出"典型观点"。在巴黎奥运会期间，"@观察者网"微博账户发布一条"美国运动员称和女友接吻导致兴奋剂检测呈阳性，得到美国反兴奋剂机构的赦免"的新闻，这条新闻很快冲上热搜，微博迅速根据网民的讨论留言生成了"智搜分析"内容和"典型观点"(见图6-3)显示在该词条下面的微博页面上。这种对留言讨论的数据化分析，也可以看成一种交互化的叙事，可以让参与者知道自己的观点和态度与多少人产生共鸣，而相同和不同的观点又有哪些，从而让每一个参与者都获得一种与他人互动的体验。

图6-3　微博"智搜分析"截图

　　第二，投票和调查。投票和调查也是交互性的体现之一。通过投票和调查，新闻媒体可以了解读者的看法和反应，同时也能够让读者更加积极地参与到新闻报道中来。投票和调查在融合新闻中的应用非常广泛，从社交媒体到新闻网站，无处不在。例如，BBC新闻在报道英国脱欧的过程中，经常采用投票的形式让读者参与讨论。在一篇题为"Brexit: What are the options?"的文章中，BBC就设置了投票选项让读者参与。通过这种方式，BBC不仅了解了读者的看法，还促进了读者对英国脱欧的理解和思考。又如，在疫情期间，新浪新闻开展了一系列的调查活动，了解读者对疫情的看法。在一篇题为《如何看待境外输入病例增多？》"的报道中，新浪新闻设置了一个投票，让读者选择自己的看法。同时，新浪新闻还通过调查问卷的方式了解读者对疫情的态度，为后续的报道提供参考。再如，在美国总统选举期间，《纽约时报》开展了一系列的投票和调查活动，让读者参与到选举中来。在一篇题为《Who do you think won the debate?》的报道中，纽约时报设置了一个投票，让读者选择自己认为谁赢得了辩论。通过这种方式，纽约时报了解了读者的看法，也为后续的报道提供了素材和参考。

第三，社交分享。社交媒体的出现和发展，让分享成为一种媒介接触习惯，也让新闻分享成为新闻叙事中的重要一环。分享的参与，意味着阅读者对于新闻内容的认同性或感兴趣程度，这无疑加大了"公众兴趣"这个成分在新闻叙事中的比重。目前，几乎所有的媒体机构的"两微一端"新闻发布窗口都设计分享按钮，受众只要点击按钮就可以将新闻内容一键分享给自己的亲朋好友，这让新闻的扩散方式更多融入普通个体的日常生活，也让"可分享性"成为新闻叙事中必须要考虑的因素。换言之，新闻报道者会注重考虑哪些要素更能激发人们分享的欲望，从而突出相关的分享兴趣点，如新闻事件中的人情味儿、新闻情节的趣味性、人们感兴趣的细节、出人意料的行为方式。所以，可分享性导致了融合新闻的叙事越来越追求趣味性和娱乐性的新闻价值。例如，在巴黎奥运会期间，为了配合全民健身日，人民日报发布了一条微博视频，内容是天宫空间站三位航天员在关注奥运会比赛的同时，也举行了一场"天宫空间站运动会"，三位航天员表演了从火炬传递到跨栏、打乒乓球、排球、混合泳、跳水、举重等项目的比赛，航天员在失重的空间里将各个比赛项目做得有模有样，同时又出人意料、妙趣横生(见图6-4)。

图6-4　人民日报微博截图

人民日报配的标题是"谁能跳高过他们啊！#天宫空间站运动会也太会整活儿了#"，末尾还引用了网友的评论"被举重中途放手擦汗笑到"，这种表达方式就是瞄准了"可分享性"。所以，该微博很快被转发1832次，评论留言1133条，点赞1.5万次；而视频页面的评论量也达到1147条，转发1852次。有网友在转发时幽默地评论说，"哈哈，这创意太有意思了，随便一跳就是世界纪录""你看我这记性，忘了天上还有咱们的人""我就好奇带了多少东西上去，不管是大小节假日都能拿出应景的道具""中国的航天员还是太全面了"。

　　当然，可分享性虽然可以带来流量，但不能流量至上。所谓"流量至上"就是把谁能带来流量作为媒体采访报道和平台推荐的唯一指标。如果让"流量至上"成为数字媒介平台的价值观和宗旨，就会沦为资本和"饭圈"操控受众注意力的舞台，侵蚀新闻报道的全面性、平衡性和广泛性，久而久之让受众的注意力变得狭窄。同样是在巴黎奥运会期间，乒乓球项目因为资本的操纵和"饭圈文化"的把持，几乎霸屏了奥运会期间的微博热搜榜。据笔者随机统计，一般每天的微博热搜词条里，乒乓球项目占比一般在一半左右，最多的时候能占到70%以上。8月10日早上的60条热搜词条中，有关乒乓球的就占了45条，占比高达75%，这导致了其他运动项目得不到应有的关注。就在同一天，中国跳水队取得第7块金牌，跳水运动员陈艺文实现了跳水项目金牌的大满贯；中国女子曲棍球队也摘得银牌，追平了历史最好成绩，比赛过程非常激烈。但是这样的成绩和精彩赛事在热搜词条上只有不显眼的一两条。而当天标注了"爆"字样的头条词条"王楚钦一上网天塌了"，点开之后居然是某营销号说的是王楚钦的爸妈说他打输了爱哭之类的琐事(见图6-5)，有网友对此评论："还以为是什么事情天塌了，搞这种热搜有什么意义呢？"严格来说，这种词条已经不仅是标题党，而是"新黄色新闻"了。有网友在"#遏制体育饭圈乱象刻不容缓#"的词条下呼吁："希望大家多多关注举重运动员吧，年轻的一辈接不上，全身是伤的老将石智勇临阵出马，肌肉都断了还和大家道歉说，对不起没能摘牌。"(见图6-6)。

図6-5　微博截图1　　　　図6-6　微博截图2

　　当然，饭圈文化侵蚀体育领域只是问题的一个方面，流量至上的微博平台、新闻媒体机构和资本的合谋才是根本原因。正如该词条下一位网友所说："有些媒体机构只关注热门项目，只关注流量吃不吃得饱，冷门项目有什么进步连报都不乐意报，流量为王，谁又在乎中国体育整体健康发展？客观说一句，锅也别让参与饭圈的人一家背。"如图6-7所示。

#遏制体育饭圈乱象刻不容缓#
粉有所好，媒有所报，前两天某台采访里主
持人要引导运动员关注什么来着？
很多事不是粉丝一家的事，有些机构、账号
烧冷灶，打横炮，使邪力，又当又立。
只关注热门项目，只关注流量吃不吃得饱，
冷门项目有什么进步连报都不乐意报，流量
为王，谁又在乎中国体育整体健康发展？
客观说一句，锅也别让参与饭圈的人一家
背。

大家都在搜 #陈梦回应饭圈文化

图6-7 微博截图3

第四，连麦、弹幕和直播。这些是融合新闻交互化叙事的另外一些重要方式。所谓"连麦"是指直播间邀请某位嘉宾以连线方式进行交流，连麦者可以与主播或其他嘉宾出现在多视窗的屏幕中。这种交互方式借鉴的是电视新闻直播中的嘉宾联系方式，只不过在网络视频直播用得越来越多。比如，2022年"央视频"推出了连麦互动直播功能，观众可以通过手机等设备与主持人进行连麦互动，与主持人交流想法和观点，提出问题。这种交互式体验不仅增加了用户的参与感和互动性，同时也使用户更加深入地了解新闻事件，对于新闻传播具有积极意义。

弹幕也是一种较为流行的互动形式。用户可以在视频播放的过程中进行评论，并以弹幕方式在屏幕上游走，观众在观看过程中可以一边看视频内容一边看弹幕评论信息，增添了观看的兴趣。弹幕包括文字、表情、图片等多种形式，这使得弹幕评论成为融汇多文本形式的聚集地。例如，2022年人民日报推出互动弹幕直播，观众可以在直播过程中发弹幕和点赞，与主播互动。此外，观众还可以通过弹幕区发送问题，主播看到问题后在直播中进行解答。这种交互式体验丰富了用户的参与感和互动性，提高了用户对新闻内容的关注度。

无论是连麦还是弹幕，都是在新闻直播过程中进行的一种新闻叙事，这种交互方式的特点是传受双方对于新闻内容的共创和即时互动。这种新的叙事方式将关注的重点放在传播过程而不是内容。换言之，传播不再仅仅靠内容取胜，传播的行为过程也成为其意义产生的重要成分。卷入其中的信息接触者不再仅仅为了新闻内容而去观看，也在接触新闻的过程中感受到某种生命活动的精神律动。同时，这种交互化也意味着在融合新闻的生产和传播过程中，不应该只是单向地进行内容生产，还应该注重传播过程的开放性。传播者对于受众讨论的话题内容给予充分的尊重，即使是错误的观点，也应给予其展示的机会，并把握一种多元碰撞中的平衡状态。从某种意义上，这种内容共创化、议程开放式的新闻叙事，意味着一种新的传播精神、一种新的传播价值观。这个价值观的核心是对新闻传播过程中接收者一方信息权利的尊重，是公众的媒介使用权利的回归与重塑。但是，这并不是媒体权力的衰落和丧失，而是让传统媒体在一种新的信息关系中焕发出一种新的精神面貌，激发起公众对媒体新的信赖和尊重[①]。

6.2 生成性

在经典叙事学看来，叙事的核心特点是完整性，即叙事是"按照事件发生的时间顺序，对事件进行陈述"[②]。以此观点来看，传统新闻的叙事是完整性的叙事，但融合时代的新闻叙事由于叙事方式、载体、逻辑的改变，常常呈现为一种动态的"生成性"。

所谓"生成性"是指一个新闻叙事不再是完成式的，而是在传播过程中不断生成，呈现在内容上的不断叠加、延展和扩充。在融合新闻叙事中，一个新闻故事不仅在传播符号或媒介形式上充满了"变身"，还在内容上处于一个动态的不断印证和反复挖掘的状态。所以，理解融合新闻叙事的生成性可以分为两个方面：一是"非完成性"；二是"延伸性"。前者着眼于新闻的生产环节，后者着眼于新闻的接收环节。

6.2.1 非完成性

传统的新闻报道一般要经过记者的全面调查和采访，输出一篇或者几篇具有高度完成性的报道。这些报道对于许多新闻事件往往具有一锤定音的传播效果。报道发表或播出后，基本上也就意味着新闻事件的结束。但是，融合时代的新闻与此相反，一个新闻很难再有这样的传播效果，常常呈现某种"非完成性"。这种"非完成性"的主要表现有两个：一是叙事在传播过程中由许多即时性的片段构成，体现出一种即时性碎片化连缀的特点；二是叙事在传播过程中不断产生新的侧面和角度，让叙事呈现一种多角度的开放性拼贴。前者意味着叙事在时间结构上的动态化，后者意味着叙事在空间结构上的拼贴化。

1. 即时性碎片化连缀

所谓"即时性"是指记者或媒体不再等事件完全结束后再做报道或者等记者完成全部调查采访过程后再做报道，而是随着事件的进行边采访边报道，追求的是一种最大限度地与新闻事件发生时间的接近性。对于可预见的新闻事件，这种报道还会进行预告。

第一，即时性碎片化连缀表现为追求时效性。快速传递新闻信息，才能保证即时地发布和推送新闻内容，使用户能够及时了解最新的新闻事件。比如在巴黎奥运会期

---

① 杜志红. 电视的命运：媒介融合与电视传播范式变革[M]. 北京：中国书籍出版社，2014：49.
② 杨国斌，王维. "重点看评论"：叙事阈限、叙事惯习与网络化叙事[J]. 传媒观察，2023(11)：5-12.

间，许多媒体将比赛过程中的每一步进展都进行实时更新，对于时效性的追求几乎到了报道要与事件发展同步的程度。即使不看电视，用户仅从微博、今日头条、百度、浏览器等数字媒介平台或者各个新闻媒体机构的文字信息推送里就可以同步知晓比赛进程和结果。

第二，即时性表现为追求连续性。实时更新必须是连续不断的，才能形成叙事在时间上的链条。观众通过不断地观看实时更新，可以逐步了解事件过程的全貌。持续性的实时更新是将每一个情节的碎片勾连在一起构成一个较大叙事的重要过程。这个过程因为伴随着对于下一步进展的不确定性，轻易地将信息接受者深度卷入新闻事件。

第三，即时性碎片化连缀表现为追求参与性。因为即时性的新闻叙事是"现在进行时态"，所以受众在获取新闻的过程中，能够意识到自己的感受是与新闻事件同步的，会投入到这个叙事中，为事件走向贡献自己的力量。比如在巴黎奥运会期间，每当一个关于比赛的即时性叙事出现时，下面的评论区或者词条下都留有或鼓劲或期望或担心的留言，这样的参与性让受众不自觉地卷入到叙事中，成为其中的一员，使受众黏合在新闻叙事的过程中。

新闻叙事的即时性源于技术的进步。新媒介、社交媒介、手机客户端等技术应用和设施提供了新闻便捷性发布的条件，让新闻发布在时效性上无限接近新闻事件的发生过程。但这种即时性又往往意味着报道必须被切割成一个个时间维度的碎片，只是一个表面过程的展示。记者也会因追求时效而丧失在新闻现场的深度思考能力，更难以用广阔的视野和心灵交流式的扎实采访去探讨事件或人物背后的故事。

2. 多角度开放性拼贴

所谓多角度，是指报道的视角和侧面比较多元；所谓开放性拼贴，是指这些报道呈现一种开放性，可以通过将多角度的视角和侧面拼贴在一起，形成一个相对较为完整的新闻呈现。

多角度有以下三个表现。第一，多角度表现为同一平台的不同主体提供不同的报道。数字媒介平台聚合了众多媒体机构和非媒体机构的报道者，这些报道主体因为受众定位不同，关注的焦点也会各自不同。有的数字平台偏重娱乐，就会呈现新闻事件更多的娱乐性和表面化；有的媒体机构平台比较专业和严肃，会通过采访权威信源而提供更多的深层次信息。这些不同媒介平台的报道可以相互印证和补充，从不同侧面提供关于新闻事件的多个面向。

第二，多角度表现为数字媒介平台选择多样化的发布，供用户自由选择观看角度，拓展用户的参与感和多重体验。最常见的是央视频等融媒体客户端在直播大型活动时，会提供多个摄像头的画面，用户可以自由选择观看自己感兴趣的内容，如不同演讲者的讲话内容或者不同观众的反应等。例如，央视新闻客户端在2022年卡塔尔世界杯的实况报道直播中，实现了多平台、多机位、多语言、多解说的全媒体报道。又如，2022年

《人民日报》对南极科考队进行了报道。该报道既运用了文字、图片、视频等多种呈现形式，又结合了不同角度的信息来源，包括科学家、冰洋学家、南极驻地工作人员等，从不同视角展现了南极科考的重要性、科研成果等信息，深入挖掘了南极科考的内涵和意义。

随着技术的不断进步和媒介的不断拓展，多视角的融合报道的发展前景也将变得越来越广阔。"直播+多媒体融合"成为新的叙事常态，在一些大型国际活动、赛事中，多家媒体会进行联合直播，通过多个摄像头、不同视角的拍摄，让观众可以全方位地感受到现场的情况。同时，虚拟现实VR、增强现实AR等技术的应用也为多视角的融合报道提供了更加丰富的可能性。例如，2022年2月4日，北京冬奥会在国家体育场举行了隆重的开幕式，采用了多媒体、视听、互动等多种形式，通过多个画面和视角展现了中国传统文化和现代科技的完美融合，将观众带入一个全新的视听体验中。

开放性拼贴意味着新闻的生产会成为一个动态的过程，不同角度、不同侧面的信息会以新的方式不断组合起来，源源不断地生产出新的新闻叙事。特别是随着大数据、算法等智能化信息聚合方式的出现，新闻的叙事出现了在多种计算机命令下的不同变身。比如，现在的数字媒介平台大都推出了由AI主导的资讯响应模式，对受众想知道的新闻进行"AI回答"，这种模式让新闻叙事随着受众对新闻故事的询问角度不同，而重新组合出各种个性化的新闻叙事。

许多媒体机构都积极引进大数据算法和智能信息处理系统，实现了新闻叙事的开放性，让新闻叙事处于动态的生成过程中。如人民日报社在2020年"两会"期间第一次推出"AI编辑部"，实现了云端编辑、智能审核、智能海报生成、一键特写等功能；又在2021年3月推出2.0版本，不仅完善了视频处理功能，打通了新闻编辑、审核、制作等多个环节，还应用了智能把关识别技术，使信息真实性大大提高。AI智能编辑部能够精准识别涉政人物、劣迹艺人，判定色情、暴力等违规场景，从智能和悟性两个方面提升技术应用，让新闻叙事在快速的开放性叙事中确保信息的真实性、有效性和权威性。一些媒体机构还将各种大数据信息整合，建立媒体共享资料库，可以供众多的新闻生产主体随时调用新闻素材和数据资料，生成各个主体自己的新闻叙事角度。比如，2022年新华社的"新华智云"推出"中国农民丰收节共享媒资库"，依托人脸识别、语音识别(automatic speech recognition，ASR)、自然语言处理(natural language processing，NLP)、标签识别等多项AI算法模型，对中国农民丰收节全国主场活动入库媒资进行了结构化处理，全国超50家中央、省、市、县级媒体使用了该媒资库，媒资下载总量达2000余条。这些媒体机构可以将这些共享的资料重新组织成自己的素材，生产出符合本土化新闻需求的各种新的新闻叙事。

6.2.2　延伸性

所谓"延伸性",是指新闻叙事在受众端不断被补充和扩展,成为媒体机构新闻报道的重要印证和反复挖掘的故事,并能够与之前或之后的故事形成互文性的连接与对照。这意味着对于一个新闻叙事来说,叙事者不再是单一的,而是多元的,叙事的生产者也会变成受众,受众也具有生产性,成为新闻叙事的重要生产者。生产性受众不仅会对媒体机构的新闻叙事进行挪用、再造和重组,还会通过自己在新闻现场的所见所闻印证、补充或放大媒体机构的新闻叙事中未曾涉及或突出的部分。

以文学和电影作为主要研究对象的经典叙事学往往以已经完成的文本作为研究对象,其叙事体现了在时间结构和空间结构上的完整性和已完成性。但是融合新闻的多平台、多主体、互动化、开放性的表达结构,导致了融合新闻不再遵循经典叙事学的结构模式。在融合新闻叙事里,作者与读者、传播者与受众之间的界限已然模糊,新闻叙事呈现一种"延伸性"。

仍以巴黎奥运会为例,2024年7月30日乒乓球混合双打决赛,央视新闻、新华社、人民日报等主流媒体都用图文形式发多条微博,报道了中国运动员孙颖莎、王楚钦战胜朝鲜组合夺得混双金牌的新闻,从比赛过程到夺金后两人举国旗庆祝的画面,再到颁奖升旗仪式,可谓一应俱全,体现了全过程报道的特点。媒体机构关注的焦点是"这是中国队第6金,也是国乒在巴黎奥运会的第一金"。然而,遗憾的是,众多媒体机构却对当时夺金后发生的一个意外事件只字未提。这个意外事件就是,在两位运动员举国旗庆祝时,王楚钦放在运动员休息区的球拍被现场抢拍镜头的摄影记者给踩断了。这样的意外在奥运会及各类国际乒乓球比赛中从未发生过,可以说是绝无仅有,因而具有相当大的新闻价值。由于第二天上午10点王楚钦还有单打比赛,这个事件立刻引起了网友的高度关注。接下来在社交媒体上,受众关注的焦点立刻转移到王楚钦球拍事件上,众多观众拍摄的现场视频纷纷出现在微博、抖音等社交媒体上,这些视频从场馆各个角度和距离呈现了事件的前后过程,一些网友收集了这些现场视频,展开了谁是肇事者的追问和调查。他们通过角度比对、场地定位、细节放大、镜头暂停、关键人物标注等多种方式,基本锁定了肇事者。这个调查涉及两个问题:第一,踩坏拍子的记者到底是谁,是哪个国家的?第二,他是无意中踩坏的还是故意用手脚配合折断的?一些网友还做了实验,演示球拍必须手脚配合才能折断的过程。

可以说,在这个新闻故事中,媒体机构基本处于叙事缺位的状态,未能就此事件展开真相的调查,也未能直面奥组委负责人进行管理方面的质疑或问责。这个事件真正的叙事主体是广大网民。随着第二天王楚钦在比赛中失利,国乒在男单上半区失守,他的球拍被踩坏的问题成为一个更大的争议叙事的开端。虽然媒体机构报道了王楚钦对于失利的态度,否认了球拍因素,但并没有平息网络上关于球拍是否影响发挥的争议,反而引发了"饭圈"之间的拉踩和谩骂。一些乒乓球运动员如张怡宁、倪夏莲以及水谷隼等都纷纷在网上发表意见，从专业角度解读了球拍对于竞技状态的影响，但也有网友披露运动员在平时训练时经常会主拍和副拍并用。可以说，在这个新闻事件中，叙事在受众端不断延伸，每个手握镜头、指敲键盘的受众都是这个新闻叙事的生产者。

意外事件中的叙事具有延伸性，美好事件中的受众也是主导新闻叙事的重要一方。北京时间8月2日，在巴黎奥运会羽毛球混合双打决赛中，中国组合郑思维和黄雅琼战胜韩国组合，获得冠军。随着颁奖礼结束，运动员退场时黄雅琼被带到另一个角落，她的男友、国家羽毛球队运动员刘雨辰手持鲜花等候她，给她安排了一场意外的求婚仪式。中央电视台在电视直播中播出了这个意外的浪漫花絮(见图6-8)，瞬间成为当晚最大的新闻事件。

图6-8 中央电视台直播截图

这样的浪漫求婚事件在里约奥运会上也曾上演过，中央电视台也直播了中国跳水队运动员秦凯在颁奖典礼上向女友何姿求婚的全过程。当时，短视频媒介刚刚兴起，使用者和用户相对较少，在新闻叙事领域的运用还未成气候，所以，中央电视台的直播以及其他媒体关于此事件的图文报道仍然是一种完成性的叙事，受众对于这个新闻故事的印象基本就限定在中央电视台直播的画面中。

巴黎奥运会的这次情况与八年前有很大的不同，就在中央电视台直播过程中，更多的关于现场浪漫仪式的短视频和图片迅速出现在各个数字媒介平台上，成为当晚全网热度最高的新闻事件。这些图片、图像与央视的直播镜头形成了视角上的互补(见图6-9、图6-10)，中央电视台直播镜头用近景突出了主人公的表情动作，而现场观众的视频画面则将整个场馆的氛围凸显出来，让一个求婚仪式变成了整个场馆的狂欢。这一刻，现场的所有人，不论国籍、不论肤色、不论语种，都为这一美好浪漫的一幕而露出笑容，鼓掌尖叫。

图6-9　网友视频截图　　　　图6-10　媒体视频截图

同时，也有羽毛球队队友和其他媒体记者拍摄的视频，呈现了队友们帮助刘雨辰策划这个仪式的全过程，其中有在巴黎网购鲜花的曲折过程，有刘雨辰在场馆入口处等候颁奖礼结束时的准备过程，等等。还有的网友将这次的浪漫求婚场景与八年前的里约奥运会上的浪漫场景拼贴在一起，从而让今天的故事与过去的故事产生了一种互文性的联想。

从空间上讲，中央电视台直播镜头因为主要近距离跟拍运动员在这个情景中的言行举止，表现主要人物的动作、表情，构成了这个新闻叙事中的主叙事，但是对于场馆中观众的热情反应缺少应有的表现，而受众端的视角遍布场馆各个角落，很好地弥补了中央电视台直播主叙事对于现场观众反应的表现不足，拓展了主叙事的表现空间和意义内涵。从时间上讲，受众端的视角和叙事拉长了中央电视台直播主叙事的叙事链条，让叙事产生了"前情回顾"和"情节闪回"效应，很好地满足了观众对这个仪式背后故事的好奇心。一个新闻事件中有多个叙事进行印证和比对，让叙事空间和叙事时间延伸到主流媒体叙事文本之外，从而产生了受众与媒体机构共同参与、共同建构、共同见证的融合叙事体验。

我们相信，随着受众参与新闻叙事的技能的提升，来自受众一端的新闻叙事不断增多，将有越来越多的新闻故事，会以这样的生成模式展开。新闻叙事的非完成性和延伸性会让融合时代的新闻越来越具有生成性，融合新闻叙事的生成性特征也将越来越显著。

6.3　评论区叙事

融合新闻叙事的第三个显著特征是叙事的评论化。这里所说的"评论"是指针对新闻报道或具有新闻性的文字、图片、视频而发表的观点、看法或意见。由于这些评论基本都出现在数字媒介平台设计的留言评论区，且具有某种数字化的叙事特征或叙事功能，可以称之为"评论区叙事"，也有学者称之为"评论化叙事""互动性叙事"或者"网络化叙事"①。

这里的"评论区"有广义和狭义之分。狭义的评论区，是指各个社交媒体平台或数字媒介平台在每个内容界面下设置的可以进行留言的区域。比如，门户网站、微博、微信公众号、百度贴吧、短视频平台等每条内容下面的跟帖区或留言区，常以方框或圆圈内的省略号作为引导参与评论的符号，并且与转发、点赞、收藏等功能并列在一起。不管人们看到什么样的新闻内容，都会习惯性地点开评论区去看一看里面的评论或争论。

广义的评论区，是指每个数字媒介平台上的注册账户可以发布评论性内容的网络空间。换言之，每个可以注册自媒体账户发布新闻评论性内容的数字媒介平台，都可以看作一个大的评论区。比如，微博账户、微信公众号、今日头条账号、百度动态账号、抖音账号、快手账号、小红书账号、B站账号等，这些账号的主体虽然可能没有直接在某些新闻内容界面发表评论，但是他们会通过这些自己的账号去讨论各种新闻事件。这些评论虽然散落在各个数字媒介平台上，但是由于算法推送机制的联动，分散在不同平台上的评论内容常常也可以显示在其他平台上，这些平台共同构成了一个互联互通的舆论生态环境。

无论是狭义的还是广义的评论区，其技术设置都允许别人对自己的评论同时进行再评论，因而让这种数字媒介平台的评论具有高度的互动性和网络化色彩。正是这种评论的互动性和网络化，让评论区成为一种独特的叙事。正如有学者所说："网络评论以及众多不断涌现的新的数字文化表达形式，颠覆了传统叙事的线性结构，拓宽了叙事的边界，使叙事的方式更开放，叙事的体裁更多样化。从叙事学角度看，网络评论的形式对于受众展开互动具有重要推动作用。"②

6.3.1 "评论区"何以叙事

数字媒介平台的评论区与传统的新闻评论有着重要的区别。后者是一种新闻文体或体裁，与体现叙事功能的报道常常严格分开；而前者是一种受众参与新闻活动的一种界面设计，正是这种设计让评论区具有了叙事功能，并与传统新闻评论有了本质的不同。

1. 传统新闻中的评论与报道

在传统媒体中，评论与报道是两种截然不同的文体。报道是对新闻事实的叙述，而评论是代表媒体机构立场的观点表达。专业的新闻机构为了体现新闻报道的专业性和客观性，也为了追求更大的受众市场，常常要求将评论和报道严格分开。在传统的新闻报

---

① 杨国斌，王维. "重点看评论"：叙事阈限、叙事惯习与网络化叙事[J]. 传媒观察，2023(11)：5-12.

② 杨国斌，王维. "重点看评论"：叙事阈限、叙事惯习与网络化叙事[J]. 传媒观察，2023(11)：5-12.

道中，一般要求记者在写稿时做到客观、平衡、中立，尽量隐藏自己的立场和倾向；只叙述事实，不在报道中直接对新闻事件发表评论；媒体的立场往往隐藏在对权威人士或专业人士观点的引用中，这样的叙述因具有"客观性"而被视为专业。同时，在媒体的编排环节，也要将报道与评论严格分开。在报纸版面上，报道和评论也会以不同的字体印刷来进行区分，比如报道用宋体字，而评论则用楷体字。在电视报道中，评论一般以记者出镜或者演播室主播出镜的方式来表达，以示与新闻片中的故事叙述和采访的客观姿态有所区分。

在这样的传统媒体环境中，新闻叙事的功能主要由报道来承担，而评论只是观点的表达，其叙事性相对较弱。然而，这并不意味评论本身就天然地不具有叙事性。李普曼在《舆论》一书中曾经指出："如果一个事件具备了成为新闻报道对象的基本条件，那么在报道中还是可以存在足够的空间供不同的观点交流与碰撞的。"[①] 换句话说，一个新闻事件总会伴随着人们对事件的态度、立场和观点。但这些态度、立场和观点能否与媒体的新闻叙事平等地进入公共舆论空间，则依赖于媒介提供的可能性。正如本书前文所述，由于大众传播模式总体上是单向的撒播性质，传统媒体的新闻叙事基本上都是完成性的，媒体机构的评论也常常带有很强的封闭性特征，受众能够参与叙事或评论的互动空间极其有限。

2. 融合新闻中的评论区

媒体融合时代，数字网络媒介不仅成为媒体机构新闻叙事的聚合平台，还鼓励和容纳了无数受众关于新闻事件的评论和讨论。从门户网站时代的新闻跟帖到后来的微博、微信公众号、今日头条、百度、B站、抖音、腾讯视频号以及各新闻门户网站等数字媒介平台，都广泛开设评论区，众多的网友针对一些关心的新闻事件，运用多种方式发表自己的观点，并与他人的观点展开交锋。这些评论留言总体看是碎片化的，评论使用的符号也是多元的，比如文字、图片、链接、二维码、声音、图像等，甚至有符号、字母、标签、表情包之类。数字媒介平台为新闻受众提供了契机，使其将自己的态度、立场和观点与媒体的新闻叙事一起平等地呈现在公共舆论空间。

但是，这些公众的评论与传统媒体的新闻评论有明显的不同：首先，这些网络评论大多来自新闻受众而非新闻媒体，受众从被动接受走向了主动对新闻事件进行评头论足，甚至质疑或批评；其次，这些评论并非只是观点、立场的表达，还在评论行为和评论形式中蕴含着重要的叙事逻辑，或者说评论行为和评论形式本身具有重要的叙事功能。这是一种评论化的叙事，是融合新闻叙事的一个重要特征。

3. 评论区叙事的底层逻辑

(1) 网络评论具有叙事功能的一个底层逻辑在于互联网的数据库具有叙事性。用户

---

① 沃尔特·李普曼.舆论[M].常江，肖寒，译.北京：北京大学出版社，2018：266.

或网民在网络上留下的任何使用痕迹都可以作为数据留在网络数据库中。这些数据在新媒体研究者马诺维奇(Manovich)看来，与传统意义上的叙事有所不同，他认为互联网的核心架构和逻辑是数据库，网页是开放型的，新内容、新链接不断堆积，没有完整的逻辑关系，只是数据的堆积和罗列。网页用数据表征世界，而不是像讲故事那样，赋予现象叙事逻辑。另一位学者凯瑟琳·海尔斯(Hayles)则认为，叙事和数据库并不是二元对立的形式，而是共生的关系，数据库能够把数据并置在一起，使其发生关联，数据的展示仍然包含了意义和阐释，并非纯粹无序的数据堆积。这种叙事虽不是传统的线性叙事，但仍具有叙事的某些特征，体现了一定的"阈限性"，所以又称为"阈限叙事"①。

所谓"阈限性"，是指某种"非此非彼、模棱两可、转瞬即逝的特性"②。网络评论是形式多样的、主体多元的、碎片化和跨平台的，存在着不同象征形式之间的交叉、互动、重叠和混杂现象，这些不同象征形式的交叉点就属于"叙事的阈限"或"边界地带"。因为网络评论有着这种"非此非彼、模棱两可"的阈限叙事特征，可以视为阈限叙事的范本。

这种阈限性主要体现在三方面，即互动性、非线性和开放性。在网络评论中，受众参与建构阈限性叙事的方式有两类：一类是解读。受众通过解读，给看似凌乱、没有逻辑的文本赋予完整的意义，这本身就是创造意义的过程。在互联网上，零碎的信息(如微博、推特的发帖)经读者解读，而呈现一定的故事性。另一类是留言、评论和转发，受众对原文直接进行补充、编辑、改造、扩展、纠错、点赞等。这些留言、评论或转发往往既是观点的表达，也是传播的扩散，从而让被评论的新闻事件获得较高的流量和关注度，成为网络舆论热点。一些违背公序良俗、生活常理的新闻事件往往会迅速成为网络舆论热点，给新闻事件的当事方或相关部门带来一定的压力，从而促使事件朝着公众希望的方向发展。

(2) 网络评论具有叙事功能的另一底层逻辑是社交媒体平台的可供性(affordance)与网民的叙事惯习(narrative habitus)。

所谓可供性，最初是指"生物 (或行为主体) 在物理环境中潜在的各种行动的可能性"③或者"环境对于动物(或行为主体)提供行动的可能"。网络评论的多样性和可参与性与网站和社交媒体平台的可供性有关。BBS(bulletin board system，电子公告板)论坛的基本构架即是"发帖—回帖"式的互动，社交媒体平台更是增添了许多便于网民互动和发布信息的功能(如图片和视频链接)。不过，网络平台的可供性只是网络化叙事的条件之一，而且该条件本身也受到网民认知和习惯的影响。网络化叙事的参与者一般按照自己的习惯以及对平台可供性的期待，进行网络化叙事的共创。他们这种能动性来自

① 杨国斌，王维."重点看评论"：叙事阈限、叙事惯习与网络化叙事[J]. 传媒观察，2023(11)：5-12.
② 潘忠党，於红梅. 阈限性与城市空间的潜能：一个重新想象传播的维度[J]. 开放时代，2015(3)：140-157.
③ 喻国明，赵睿. 媒体可供性视角下"四全媒体"产业格局与增长空间[J]. 学术界，2019(7)：37-44.

他们的"叙事惯习"①。

从叙事惯习的角度看，网民是网络化叙事的参与者。他们不仅能够在零碎的网络评论中看出故事性，还能通过评论、转发、点赞等方式，参与故事的演绎和创造。这是因为网民具备了网络场域的"叙事惯习"。网民们在网上生活(如在朋友圈或论坛里看帖、发帖)，懂得网络交流方式，知道什么情况下可以发言，用什么样的方式(如使用表情包、红包)发言，又在什么样的情况下不能发言(如避免被"封号")。正是有了这样的叙事惯习——我们不妨称之为"网络叙事惯习"——网民才能够游刃有余地穿梭于网络空间，参与到网络化叙事的过程中。

网民的叙事惯习并非一朝一夕养成的，而是在长期的网络阅读和交往行为中形成的，并伴随着网络评论区形态的不断演变。可以说，社交媒体的演变史也是评论区叙事惯习的养成史。

6.3.2 "评论区叙事"的演变历程

评论区随着互联网的发展而不断演变，其核心是推动网络用户之间的互动。评论区的雏形可以追溯到早期的BBS、论坛等，在这些界面上网络用户可以发表文字类的信息或观点。

评论区与新闻叙事联系起来，应该是从Web1.0时代门户网站设立的"跟帖区"开始的。就国内来说，当时几大新闻门户网站的新闻页面下方都设有跟帖区，网民可以在每条新闻内容下面发表自己的意见或看法。比如2000年，新浪在新闻页面下设计了"我来说两句"的互动机制，鼓励用户对浏览过的新闻发表自己的看法。2003年12月，网易新闻中出现了第一条跟帖，开启了网易跟帖的时代；2005年2月，网易新闻中出现了第一座"跟帖楼"，"盖楼"开始风靡。网易跟帖随即成为网易新闻产品乃至中国互联网新闻的最大亮点之一②，网易网站于2008年专门为跟帖现象做了一个年终策划，并将主题命名为"无跟帖，不新闻"。

"无跟帖，不新闻"这句口号，很好地揭示了新闻与跟帖评论之间内在的关联，也让新闻与网络评论开始成为新型叙事的雏形。"从表面看，跟帖有很大的随意性——简短、零碎、重复、没有明显的故事线。但是新闻跟帖的主要特色'盖楼'，却隐含了叙事结构。"③其中著名的盖楼是"保持队形"(见图6-11)。图6-11是关于一只猪的社会新闻的跟帖，新闻讲的是福建三明沙县一位屠夫谢老汉正在宰杀一头公猪时，被飞奔而来的一头母猪撞伤，已在案板上待宰的公猪因此被救下。老汉将母猪主人告上法庭，要求其承担该母猪撞伤自己所花费的医药费。经法院调解，母猪主人赔偿了谢老汉800多元

① 杨国斌，王维. "重点看评论"：叙事阈限、叙事惯习与网络化叙事[J]. 传媒观察，2023(11)：5-12.
② 杨国斌，王维. "重点看评论"：叙事阈限、叙事惯习与网络化叙事[J]. 传媒观察，2023(11)：5-12.
③ 杨国斌，王维. "重点看评论"：叙事阈限、叙事惯习与网络化叙事[J]. 传媒观察，2023(11)：5-12.

的医疗费。母猪事后一直被主人关在猪圈里，但母猪的事迹感动了大批网友，引发了网友们的疯狂跟帖。

图6-11 网易跟帖截图

从符号学角度看，跟帖的盖楼，看似是多位网友的模仿和重复，但整齐地堆积在一起，却成为一种叙事的符号，给人以"意见一致"和"人数众多"的感觉，而且跟帖的内容很好地诠释了新闻的内容以及引发的情感，成为民意或情感的投射，会给人一种力量和团结的意味。

这种"保持队形"的做法在微博时代得到了发扬光大，只不过其形态是通过转发加评论的方式呈现的。比如早期微博中的"追捧右侧君"现象，就是网易跟帖盖楼的一种延续和变异。在微博页面上，评论是按照发布的时间顺序从右到左依次排列。"右侧君"则是在某条微博的转发和评论排列中处于"最右"位置的微博ID及留言内容，它通常以"最经典""最内涵""最搞笑"等风格鲜明的机智言辞戳中大众笑点，引发共鸣，从而产生集体的追捧狂欢效应。追捧的方式是在转发时添加指示符号"→_→"，或者在此符号后面添加笑脸符号或者"神最右"这样的赞美之词。当然，有些最右侧的评论如果带有一定的敏感性，那么后面的追捧中也会添加蜡烛的符号，意味着这条评论可能会遭到删除。

例如，在图6-12中，某地公安微博用调侃的语气发布了一条与足球比赛新闻和本职工作相关的微博，没想到一位博主回复："你来不及了。闪开，让我来。"由于这个回复者的ID名为"法医"，网友看到评论后不禁让人哑然失笑。而公安微博在回复中用指示最右的符号"→_→"标出，引发了后来关注者的认同。这样的互动回复已经不单单是内容字面意义的交流，而加上了互动者的身份参与。在图6-13中，某足球队因为又一次输球，发微博向球迷们道歉，说："对不起！"有条评论说："充个会员搞个置顶吧。"这句话因为包含了"置顶"这个网络知识点而显得足够俏皮和搞笑，立刻成为"神最右"，受到后来者的追捧。这样的微博页面看似没有什么新闻叙事，但在这评论的互动中，延续了一场足球比赛结果造成的社会冲击，它包含了观众对于比赛结果的态度和情感，可以说是一种"态度的叙事"。

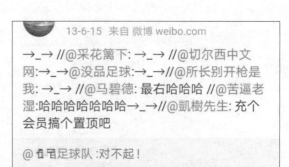

图6-12　微博截图1　　　　　　　　图6-13　微博截图2

2014年，微博开设了"热搜榜"产品，新闻资讯以词条的热度安排榜单。这个榜单将原来分散的新闻热点集中显示在一起，并以词条的方式不断实时更新，这是微博网站将新闻进行"再中心化"的一种方式，同时也让评论区叙事以新的方式呈现。这种新的方式就是，只要用"#"符号就可以链接某个热搜词条，而在这个词条下发言的内容都可以显示。词条成为一种评论内容的聚合机制，或者说一个词条下就是一个巨大的评论区。

虽然微博有一次发帖字数限制，但是由于微博可以链接文字长图、音视频、表情包、外部页面链接等，其实就突破了简短、碎片化的表达，而能够让一条微博产生叙事功能。网友们经常会使用过去的微博截图、音视频和新闻报道链接等，来展开观点的讨论，从而让评论区充满了证据链条，以及与其他叙事的互文性，这种证据链条和互文性又因在新情况下的再次聚合而构成新的叙事。

微信的评论区主要由四部分构成：一是朋友圈，二是微信群，三是公众号，四是视频号。朋友圈的评论区是社交属性最强的，但当一个新闻事件发生时，里面的留言常常会因有人说出不同的观点而引发讨论。这些不同观点的论证过程里常常充满了证据，因而让新闻事件与其他事件又形成互文性的连接。微信群也是大家讨论新闻事件的重要聚集地，群里的人越多，观点的差异性也会越大，早期的微信群经常再现观点的交锋，而且这些评论观点还可以被截图再传播，所以其评论区是无限延伸的。公众号推文的页面下方也设有留言区，那里是评论的聚集地，在一些敏感的新闻事件或公共危机事件发生时期，公众号的文章常常会遭到删帖，所以有些推文不会把话说透，而把评论区留出来，让网友的观点成为推文叙事的一种延伸。甚至有些人为了看评论而点开文章，"我承认我是来看评论的"是公众号留言区的流行语。

进入短视频时代，评论区更是无处不在，不仅每个视频网站的页面设计都给视频开辟了评论区，许多短视频本身就是由评论性话语构成的。每当一个新闻事件发生时，这些新闻评论类的短视频就会成批量地出现，短视频博主将发表新闻评论作为自己视频的主要内容定位。有些视频网站还给视频观看过程设计了"弹幕"功能，评论以字幕方式在屏幕上游动，弹幕密集的时候常常会覆盖整个视频画面。所以，弹幕又被称为"行走的评论区"，是流动的文化景观。这些带有评论性的短视频又会以关键词方式被搜索出来，只要想了解某个新闻事件，输入跟事件相关的关键词，就会有一大堆的评论性短视频呈现在搜索列表中。

6.3.3　"评论区叙事"的特征

通过以上对评论区叙事演变的梳理，可以发现评论区叙事有以下几个主要特征。

第一，评论区是受众了解新闻叙事的主要界面和机制。一个新闻叙事能否引发广泛的关注取决于评论的多少。这里的评论包含转发、点赞、收藏等互动选项，特别是在算法机制下，评论的数量代表着流量，是算法优先推荐的重要推送机制。这种机制可以让一个新闻叙事放大其影响力，从而产生社会影响，推动事件发展和更多的新闻叙事。其中最重要的标志就是"上热搜"，因此，热搜榜也成为新闻事件发生后当事各方力量的角力场域，"撤热搜"成为降低新闻叙事影响力的重要手段。在微信中常用的是"删帖"，但是"删帖"并不总能达到降低影响的目的，因为不恰当的删帖行为往往会激发网友让"帖子重生"的热情，这样翻来覆去地删帖与"再转贴"，在客观上演变为一种"炒作"行为，往往让一个新闻叙事因为被删而产生更广泛的影响力。例如，武汉疫情期间一篇由《人物》杂志采写的抗疫医生报道，不知何故被删帖，却引发了网民的重新发帖和接力转发，还创造了几十个再转帖的新版本，不仅有几十种外语版本，还有甲骨文版、盲文版、计算机编码版、DNA编码版、表情符号版等，这场删帖与再转帖之间的博弈展现了评论区巨大的内生力量，成为评论区叙事重要的里程碑事件。

第二，首帖、首评或高赞评论是引导评论区叙事的开端。"巧妙的首帖常常能触及网民感兴趣的社会问题，因此起到吸引网民参与的作用，是叙事开始的标志。这样的故事一旦开始，众多网民便会进行富有创意的自由发挥，把故事持续编下去。故事是开放的，没有明确的结尾。"[①] 在微博、今日头条、百度、抖音等众多平台的评论区，"首评""高赞"或评论数较多的留言往往会引来更多的留言、点赞或转发，这成为评论区的一种新型"榜单"，即评论区榜单，从而让评论留言被这种人气指数筛选，成为新的舆论焦点。

当然，在流量至上的数字媒介平台资本的鼓励下，会有人故意制造虚假叙事引发网络上的圈层群体冲突，从而吸引人们的注意力，以达到营利目的。比如前文提到的体育饭圈化现象就是资本利用青少年对不同运动员的喜爱，来制造不同粉丝群体之间的冲

---

① 杨国斌，王维. "重点看评论"：叙事阈限、叙事惯习与网络化叙事[J]. 传媒观察，2023(11)：5-12.

突，鼓励饭圈用拉踩、谩骂、起外号、罗织罪名等内斗方式来攻击为国争光的运动员、教练员，以提高数字媒介平台的流量。这些现象需要引起人们对于评论区叙事扭曲走向的警惕。

第三，评论区叙事是推动新闻事件进程的动力。当任何人都可以用手机记录生活中的冲突性事件时，短视频就成为设置网络新闻议题、引发网络舆论的集中地。评论区提供了网民转发、评论的便捷入口，网民可以对新闻事件展开不断的追问和讨论，特别是涉及公共问题或社会公德问题的事件，网民会有更大的热情，去审查细节、发现疑点、追查事件的前因后果，甚至寻找更多线索和人证物证，进而推动相关公权力部门的介入，推动事件或问题的解决。有时候，评论区的叙事会颠覆原有的新闻叙事，用相反的故事来推翻最初的故事，从而让网络呈现常见的"新闻反转"现象。

从叙事角度看，这种由评论区推动的新闻叙事类似侦探小说的叙事情节，使整个新闻事件由最初的文本延伸，从虚拟空间走向实体空间，搅动社会组织或机构的行动，直到案情真相大白或者让事件有个处理的结果。如果疑点得不到解答，事件得不到恰当的处理，故事就不会结束，无法收场。

综上所述，评论区叙事让叙事从传统的文本性、象征性领域逐步向社会现实生活领域渗透，叙事文本连接社会现实，成为正在进行的社会叙事事件，让叙事从话语的叙事性转向社会生活的叙事性。网络与现实生活就此深度交织，这既是象征性叙事的深度媒介化，也是现实生活叙事的深度媒介化。

6.3.4 "评论区叙事"对于媒体机构的启示

评论区叙事作为融合新闻叙事的一个重要特征，提示我们必须认识到网络中的这种新型评论模式已经是融合新闻生成和传播的重要组成部分。作为专业的媒体机构需要从以下几点来调整自己的认知和实践。

第一，积极加强互动，打造与受众的良好新关系。融合新闻时代，过去的接受型受众转变为今天的生产型受众，评论区就是调动受众生成内容的重要机制。在新媒体端，新闻发布只是一个叙事的开始，评论区的互动才是真正的新闻叙事的核心。通过互动，媒体机构会一改自己的传统形象，而成为一个人格化的媒体形象。这里典型的例子就是新华社的一篇题为《刚刚，沙特王储被废了》公众号报道(见图6-14)，这篇篇幅很短的报道发布10分钟，其阅读量就达到了10万多次，在36小时内创造了800万的点击量，后台收到评论近7万条，成为一个现象级稿件，被网友誉为"刚刚体"，引发其他媒体或自媒体的纷纷效仿。这篇报道的成功之处，除了在写法上一改以往的"快讯""简讯"之类正式新闻表述，而采用了"刚刚"这样更个人化、通俗化的叙事语言，更重要的是在这个公众号的评论区，编辑与网友之间的互动才是吸引更多人观看的主要原因(见图6-15)。

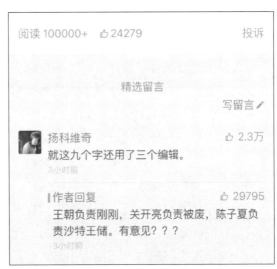

图6-14 新华社公众号报道截图　　　图6-15 新华社公众号评论区截图

　　在这个评论区，编辑与网友之间的互动既有调皮和幽默，也有真诚和关爱，很好地塑造了一个新华社崭新的新媒体形象。当有网友指出报道中的错别字时，他们真诚地承认错误："虽然有三个编辑，'废黜'还是弄成了'废除'。我们正在深刻反省。"这条回复获得了3.4万的点赞，说明媒体真诚地承认错误反而会赢得读者的好感。有网友点评道："今天的评论比新闻好看多了！"有人将这篇公众号下面评论区的互动专门整理出来，又形成了一个官媒与网友互动的新的故事。这个案例形象地诠释了评论区叙事的生成性和延伸性。

　　第二，从评论中获得新闻线索，通过采访提供更多事实。虽然评论区具有重要的叙事功能，但是不可否认，当热点事件发生时，今天互联网上的常态仍然是"观点多、事实少"。因为在敲击键盘和用腿跑现场之间，许多人还是会选择更容易的前者，其中就包括许多媒体的记者。近些年互联网上有许多舆论热点事件，纵然网络舆论喧嚣，却很少有记者能够坐到采访对象面前，用面对面的询问和多方求证的调查为争议事件提供更多的事实，许多媒体机构满足于在微博、微信、客户端上转发权威部门的通告，而忘记了公众更想知道事件的原委，更想听听当事人的所思所想。不然，通告虽然控制住了舆情，但并没有解除人们心头的疑虑，久而久之，人们就无法建立关于这个社会的共同信仰。而且，如果没有记者去通过采访而提供事实，网络评论就不能基于事实而讨论，只能陷入一种不同立场、不同身份与不同刻板印象之间的意气之争，徒增网络空间的戾气和怨气，滋长社会信任危机，甚至陷入"塔西佗陷阱"。所以，媒体机构除了参与评论之外，更重要的是要从评论区发现新闻线索，通过扎实的采访和严谨的调查研究，给网络空间提供更多的事实。只有建立在事实基础上的公共讨论，才是有价值的、富于建设性的讨论。

　　第三，提供高质量的评论，唱响主流舆论的声音。新闻评论历来是媒体的旗帜和灵魂，反映并影响着社会舆论，是帮助受众建立理性对话、达成社会共识的重要载体。

在众声喧哗的网络评论区，只有媒体机构天然代表着社会公共利益，而不是代表某个阶层、群体或个体的利益。因此要始终站在民众立场上，对一些公权力运行中的认知偏差、行为偏差进行监督和质疑，对一些道德失序民间行为进行批评和引导。

在这方面，典型的案例就是由浙江省委宣传部创办的微信公众号"浙江宣传"。该公众号于2022年5月30日上线，仅用了两个多月的时间，便实现了文章阅读量10万次常态化，成为政务新媒体号的运营标杆。其中最为人称道的就是一篇题为《"人民至上"不是"防疫至上"》的评论文章，文章对防疫期间的层层加码现象展开批评，因为说出了人民的心声而广受推崇。不少学者认为，"浙江宣传"在注意力逐渐浅表化的当下，依然并始终相信文字的力量，坚持突出信息量与思想性，通过深度的思考和有力的文字达到效果；同时紧扣、抓牢实时热点话题，用敏锐的洞察力和观察力，以及非凡的勇气与魄力，直面现实问题痛点；在写作上，运用温和理性的说理方式，从多个维度解读并给出结论；注重话题背后的知识，通过提供新鲜知识和观点，增强文章的可读性；追求说理性，而非压迫性，建构了开放性的阅读和思考空间；注重对于文章主题句的凝练，具有极强的议题设置和舆论导向能力。"浙江宣传"的成功之道值得每个主流媒体机构学习和借鉴。

第四，改造评论语言，塑造数字新闻评论新风格。这个特征有三个表现：一是评论语言交互化；二是评论语言网感化；三是话语表达情感化。所谓"语言交互化"，就是评论语言要从原来的告知语态转向对话语态。这方面的典型案例就是央视《新闻联播》于2019年在新媒体端推出的《主播说联播》，这个短视频账号从一推出就因为评论语态的改变令人耳目一新。在内容上，时评和新闻有机结合，主持人创新的文本和表达，让新闻更有对话感、亲近感、交流感，实现了话语评论层面上从引导到对话的转变；在表现形式上，从电视端的横屏改为手机端的竖屏视频，话语方式也变成了零距离面对面的"对话式"评论，在央视评论员的犀利点评和竖屏场景下，受众完全沉浸在与事件评论人对话的情景中，打破原有传播方式，创新情境，打造出新的对话空间，让受众产生亲近交流的真实感觉。

所谓"语言网感化"，就是要了解网络语言的特点，接纳互联网话语体系，并用青年人喜欢的语态进行表达和讲述。媒体机构要学会正确运用网络上传播的热度词汇，增强话语赋值，通过轻松活泼的传播语态满足围观受众的心理；同时，要以符合现代移动阅读习惯的形式进行内容呈现，降低读者的阅读负担感和疲劳感，主要表现为注重写作的模块化、注重观点的凝练化、注重段落的阶梯化，提高评论在不同平台上的传播可能性。微信公众号"人民日报评论"中有一个《睡前聊一会儿》的小板块，其中的评论推文非常贴近普通人的生活，像《还能不能愉快地聊天了》《听说，现在流行"反向育儿"？》《当我们谈跑步时，我们在谈些什么？》《为什么有的人在享受孤独？》，不仅标题接地气，还用对话的语态聊天，语言通俗易懂，既直指一些社会现象，又能深挖其中的文化含量。受众在留言板的互动交流，改变了传统主流媒体以往严肃的气质，吸引了受众的广泛参与。

　　所谓"表达情感化"，是指通过运用情感词汇、形象比喻和感人的叙述方式来激发受众的情感共鸣。传统的评论一般以说理为主，讲究表达的逻辑性。融合新闻时代的评论则不仅要注重表达的逻辑性，还要触动受众的情感。有学者研究发现，音视频评论相对于文字评论，更容易在情感上打动受众，其原因在于音视频表达有人的身体参与，或者具有很强的身体性。有的视频画面具有冲突性，而具有冲突性的现场画面更能让受众义愤填膺，激发其正义感。而情感表达的前提是倾听，并且能够做到与新闻事件当事人感同身受，站在人性立场上来看待新闻事件，摒弃言之无物、装腔作势的官话、大话、空话、套话。同时，评论要突出现场细节，以及新闻人物的精神世界，做到以情动人，推动公众情感态度的变化。当然，情感化表达并非"情绪化"表达，情感的调动应该建立在扎实的事实基础上，并且以理性的逻辑辩证作为评论的内核。情感化也并非煽情化，不能用强行煽情的方式来吸引眼球，那样就会滑向"新黄色新闻"的泥淖。

第7章　融合新闻传播

如果说在传统媒体时代，新闻的传播方式主要依赖机械运输渠道、电子传输渠道，那么进入大数据、算法和人工智能时代，新闻的传播方式就进入了一个算法传播和人工智能传播为主导的模式。因为当新闻信息不再由专门的媒体机构来生产，而是由亿万互联网用户生产，那么海量的新闻信息必须借助于新的媒介传播技术才能实现信息向受众的抵达和传受双向的互动。所以，从总体上看，融合新闻的传播属于一种算法传播和智能传播。

算法传播与智能传播有一定的区别，比如算法传播侧重于利用算法进行信息处理和分发，主要依赖预设的规则和逻辑来处理信息，而智能传播更加注重人工智能技术的应用，通过人工智能技术实现信息的自主处理和创造性传播。虽然两者有一定的区别，但在运行逻辑上有着密切的关联，算法中蕴含着智能，而智能传播又以算法为基础。因此人们也常常将两者合在一起，称为"算法智能传播"或"智能算法传播"。

7.1　何为智能算法传播

在数字技术下，人们在网络上的所有阅读、点击、输入、转发等所有信息行为都留下数字印迹，这些数字印迹汇集在一起，就形成了大数据，而只有建立一定的计算方式，才能完成对海量信息的处理和分发。"海量的用户信息为算法深度学习提供了样本数据，也为传播活动创造了新的机遇，于是一种基于算法技术的新型传播形态——算法传播诞生了。这种新型传播从内容生产、渠道组织、信息传递方式等方面都彻底颠覆了传统的传播模式，它以算法为纲，依据用户关键词生成定制化内容，在进行精准推送的同时记录用户的反馈数据，并据此调整后续的内容生成，从而形成了信息收集、内容生成、精准推送、效果追踪、内容调控的传播闭环，其中关键词、内容生成建构了算法传播的基本框架。"[①]

现代智能算法是科学家使用计算机技术建立起来的一套计算方法或计算规制。算法的载体是计算机程序，是一系列完整的从输入到输出的计算步骤，通过这些步骤将数据转换为可预期的结果。因此，算法就是一系列指令，告诉计算机该做什么。同时，算法指向解决问题或者说算法的程序设计以解决问题为导向：算法要通过一系列计算、过

---

① 全燕，张入迁. 关键词、内容生成与算法重组的传播格局[J]. 苏州大学学报(哲学社会科学版)，2021，42(2): 157-165.

滤、排序和推荐等方式，得出某种目的下最优化的选择和结果，这意味着针对问题形成决策[①]。

例如，在推送算法上，"今日头条"平台会在接触到新闻信息的第一时间对该信息进行"计算"，包括关键词、兴趣标签、时效性、热度值以及信息来源类型和权威度衡量，并根据计算结果将该信息储备于信息预备库中准备推荐给与此计算特征相匹配的用户。"关键词作为节点化的用户足迹，为算法的内容生成提供素材，为内容推送提供语义标注；算法的内容生成依靠"语义描述"满足用户的个性化内容与社会化内容需求，是算法传播的主体构成。算法传播据此构建了一个稳定的信息控制模式，使人在传播活动中全面退让，并将传播的权力交给了智能算法。"[②]

除了对信息进行算法处理，算法还对网络用户进行计算和"画像"。算法会追踪用户的"历史行为数据"，即通过历史已知的和持续新获的行为数据分析判断出该用户的个人特征、计算用户之间的社会关系，以此为基础进行信息产品匹配和推荐。目前，新闻推荐算法已经从早期通用的基于流行度、内容和协同过滤的初级阶段发展到基于机器深度学习推荐的更加智能化阶段，算法可以理解更为复杂的用户需求、隐匿偏好、情感特征甚至特定的社会语境和兴趣迁移，将大量分散疏离的数据重新聚集分析并形成高效的处置结果。算法用"看不见的手"控制了人们的信息环境，颠覆了传统的传播模式[③]。

如今，深度学习算法的应用已十分广泛。在传媒行业，深度学习算法对于图片、语音、文字和视频等的处理都有着不错的效果。例如，自然语言处理技术涵盖了机器翻译、对话系统、文本分析等多种应用场景，可以为纸媒编辑人员提供版面格式纠错、提取文章摘要、展示关联文章等多种辅助功能，提升了内容和版面编辑效率。总之，智能算法传播已经成为融合新闻的主要传播方式，并不断以这种传播方式重塑着新闻本身和新闻环境。

7.2　智能传播重塑新闻

7.2.1　人工智能环境下新闻业的变迁

媒介技术的智能化发展正在重塑新闻行业的生态环境，新闻生产者内部组织架构、新闻生产者与机器的关系、新闻生产者与用户的关系等都发生了巨大变革。

首先，国内外各大新闻媒体的组织方式正在经历一场转型。媒体组织内部各部门之间进行了深层次的融合，促使媒介资源的利用率大大提升；人工智能也介入新闻媒体组

---

① 王敏芝. 算法时代传播主体性的虚置与复归[J]. 苏州大学学报(哲学社会科学版)，2021(2)：166-175.

② 全燕，张入迁. 关键词、内容生成与算法重组的传播格局[J]. 苏州大学学报(哲学社会科学版)，2021，42(2)：157-165.

③ 王敏芝. 算法时代传播主体性的虚置与复归[J]. 苏州大学学报(哲学社会科学版)，2021(2)：166-175.

织,加快了资本与技术的双向流动。

例如,人民日报、新华社、中央广播电视总台以及多家地方媒体积极迎接智能时代的到来,通过整合各方资源,创新体制机制,释放新闻生产力,智能化新技术、新产品不断涌现。2019年9月,人民日报智慧媒体研究院宣告成立,体现主流算法的人民日报客户端7.0版、短视频客户端"人民日报+"、人工智能媒体实验室、全媒体智慧云和融媒体创新产品研发与孵化项目正式亮相。2018年1月,新华社提出建设世界首个智能化编辑部,启动了通讯社智能化建设的"衣领子"工程,2019年全国两会报道中新华社带着AI合成女主播、首场5G手机全链条直播、媒体大脑读报告、直播眼镜、MR全息报道等多个智能应用亮相。2019年12月12日,新华社智能化编辑部正式建成并投入使用,开启了一场新闻生产与传播的智慧革命。中央广播电视总台持续探索媒体智能化应用,以大数据、人工智能技术为5G新媒体平台建设和业务生产赋能,形成"5G+4K/8K+AI"的战略布局,努力打造自主可控、具有强大影响力的国家级新媒体平台[①]。

其次,传统新闻生产方式受到冲击,数据和算法正进入日常新闻报道领域。基于计算机辅助报道(computer aided reporting, CAR)形式、"使用和通过算法来寻找和讲述故事"的新闻报道模式、计算新闻、机器人新闻、算法新闻学、自动化报道等应运而生,其核心均建立在以技术工具为导向的算法思维之上。图像数据新闻凭借其极具视觉冲击力和互动效果的优势,可以进行直观、有趣、超语言、大信息量的数据分析,使用户更为高效准确地获取所需信息,中国香港《南华早报》对香港财政预算的报道、财经新闻网数据可视化实验室2016年关于中国楼市的报道,便是这样生动的实例。

此外,媒体融合出现具身性体验的趋势,促进用户感官体验的升维。具身性强调人的认知不是单纯的思维活动,而是与人的身体结构、身体活动有着密切的关系。皮埃罗·斯加鲁菲在《2017未来媒体报告》中就曾预言,未来的新闻是用来体验的,而非仅仅用来阅读。从传统新闻报道"我写你看"的单向传播模式到信息化时代的双向传播模式,再到人工智能时代的个性化报道,用户的新闻消费逐渐变为交互式体验的过程。用户平台和信息终端向更符合人的底层行为模式的方向发展,各类新闻客户端在App的开发、设计、迭代的过程中始终将用户体验作为重要的考量。人工智能会在与用户的互动中收集其感兴趣的信息特征,并根据其兴趣点进行更为精准的新闻推送。而虚拟现实(VR)、增强现实(AR)等可视化技术的应用,以第一人称视角增强用户的"在场感",实现了全新的沉浸式新闻事件体验。

7.2.2　智能媒体及其底层逻辑

在人工智能的赋能下,媒体行业正朝着"智能媒体"时代转变。"智能媒体"英文一般为"smart media"或者"intelligent media",其内涵是指依托高速移动互联网、大

---

① 2020年"人工智能时代媒体变革与发展"课题组.智能时代:媒体重塑[R]. 北京:新华出版社,2020.

数据、云计算、传感器等人工智能技术的支持，能够自主感知用户需求，针对特定的时空和场景，动态向用户推送所需信息，从而实现技术驱动、人机协同、智能传播、精准高效的媒体形态。智能媒体的本质是算法驱动的媒体形态。就其外延来看，首先，典型的智能媒体是以抖音、快手、微信等为代表的智能技术平台；其次，以封面、澎湃、天目云等为代表的新媒体，这些新媒体由于融入了较多的人工智能技术而逐步形成的融合媒体形态；最后，以人民日报、中央广播电视总台、新华社等为代表的传统媒体积极开发智能化新闻应用，未来有望形成的智能媒体生态系统[①]。

总体来说，智能媒体的主要特征是媒体生产力从互联网技术驱动转向人工智能技术驱动，包括媒体的终端载体从电脑、手机向泛在物联网延伸，其核心竞争力从比拼内容和获取用户变为争夺数据，媒体阵地从传统媒体、社交媒体、自媒体向新兴互联网智媒体迁移[②]。有学者用"四个无限"来论证智能媒体的实现路径——在无限的网络、无限的数据、无限的时空和无限的关系的支撑之下，帮助计算机实现从认知到理解、从理解到决策、从决策到创造的三次进阶[③]。

对于传媒行业而言，智能传播之所以能够实现，是因为人工智能的底层逻辑——算法和大数据。一方面，算法内置于智能新闻生产的所有环节，算法模型的计算能力决定着媒体智能的程度。算法通过画像的功能，使信息和产品开始找人，使人、物、场的匹配更加敏捷，推动产品和平台的智能等级不断提升，以贴近人脑的方式使得传播趋向智能。现阶段的算法模型中，遗传算法和人工神经网络算法近年来引发了大量关注，它们运行和处理数据的过程可以完全不受人工干预，因而有学者认为这是完全没有主观偏向操作的新闻生产[④]。但是算法"黑箱"的存在意味着计算机运行的逻辑仍是不被了解的，因此也有学者认为现有的算法新闻背后的机构更容易被操纵，而随着强人工智能时代的到来，也许会出现更不透明的算法过程。

另一方面，丰富多元的大数据是智能传播的基础，为算法提供了充足的原始材料，决定着新闻生产的信度与效度。大数据样本容量大，种类多，通过云储存构成超级数据库，是为用户提供不同风格新闻作品的依据。在统计学意义上，传统抽样调查采集信息样本的容量无法与大数据相匹敌，传统统计学分析方法也无力对真正意义上的大数据进行即时处理。有学者认为，数据挖掘在概念的层面主要分为三个阶段：数据源数据的收集、对于数据源数据的处理以及最终的有效数据的展示。大部分的信息和数据主要来源于用户行为、环境特征以及社交网络关联。媒体通过数据抓取，分析用户上网习惯与行为，记录其上网时的环境特征，以及跟踪其在社交媒体上交往的社会圈层、表现出的兴

---

① 罗自文，熊庚彤，马娅萌. 智能媒体的概念、特征、发展阶段与未来走向：一种媒介分析的视角[J]. 新闻与传播研究，2021，28(S1)：59-75+127.

② 王哲. 人工智能时代媒体行业的新发展和新机遇[J]. 人工智能，2020(2)：137-144.

③ 黄升民，刘珊. 重新定义智能媒体[J]. 现代传播(中国传媒大学学报)，2022(1)：126-135.

④ 常江. 生成新闻，自动化新闻时代编辑群体心态考察[J]. 编辑之友，2018(4)：76-82.

趣和需求，定位其用户偏好。数据源数据处理主要是根据机构的算法模型对抓取到的数据进行分析计算①。例如，2014年3月7日，《洛杉矶时报》用新闻机器人仅三分钟就完成了对一场4.7级地震报道的写作发布，撰写水平与记者并无明显差异。可见，有效的数据表述是算法新闻完成推送的最后环节，也是可视化新闻最终实现的重要环节②。

7.2.3 智能新闻生产的基本形态

1. 传感器新闻

传感器是一种监测装置，能将测量到的信息按照一定规律变换成为电信号或其他形式予以输出，以完成信息的记录、传输、存储、显示和控制等。从智能手机、监控器、可穿戴设备到无人机、遥感卫星等，当下生活中各类智能传感器已无处不在。2012年，哥伦比亚大学托尔数字新闻中心在一次研究中发现并提出"传感器新闻"(sensor journalism)这一概念，即利用传感器收集、生产数据并进行新闻报道。2013年，《太阳哨兵报》凭借一篇名叫《超速警察》的调查性报道，获得普利策"公共服务奖"，传感器在其数据采集和计算的过程中起到相当重要的作用，由此，传感器新闻正式进入媒体从业人员的视野。传感器新闻具有鲜明的融合新闻的特征：从报道手段的融合到报道方式的融合，从新闻形态的融合到新闻思维的融合，传感器新闻正在成为智能化时代新闻传播变革的重要催化力量与先导实践之一，成为新闻生产的一种"新常态"③。

英国路透社的《生活在难民营》(*Life in the Camps*)是一部结合了视频、静态摄影、卫星图像、地图和文本的大型传感器新闻报道(见图7-1)，其突出点在于依据美国PlanetLabs公司提供的卫星遥感图像，结合联合国移民组织、灾害评估机构等的已有数据生成可视化报道。

图7-1 传感器新闻《生活在难民营》截图

---

① 喻国明，刘界儒，李阳. 数据新闻现存的问题与解决之道[J]. 新闻爱好者，2017(6): 4-7.
② 董天策，何旭. 算法新闻的伦理审视[J]. 新闻界，2019(1): 27-33.
③ 史安斌，崔婧哲. 传感器新闻:新闻生产的"新常态"[J]. 青年记者，2015(19): 82-83.

这部作品聚焦于孟加拉罗兴亚难民营。2017年，因为缅甸政府镇压罗兴亚穆斯林的暴行，大批罗兴亚穆斯林逃往孟加拉国，形成了罗兴亚难民危机中最大的难民营——库图帕隆(Kutupalong)。一时间孟加拉罗兴亚难民营人满为患，厕所与水井相邻交错，危险的陡坡上住满难民，人均居住面积不足，疾病危机四起。报道开篇是一段展现难民营生活状况的航拍视频，这一段电影预告式的视频互动，很容易就将读者带入了难民营生活的情境。随后运用卫星地图展示了难民营面积扩大的情况，从库图帕隆一直延伸到巴鲁卡里。报道重点集中在难民营的用水、卫生和疾病问题上，在地图中使用不同颜色的点标注出不同的区域，如蓝色代表"水泵"，红色代表"临时厕所"，绿色代表"露天排便区域"，生动展现了孟加拉国罗兴亚难民营极度恶劣的生活环境。该作品曾获2018年全球数据新闻奖。

2. 机器人新闻

机器人新闻(robot joumalism或autom journalism)，其实是一个拟人化的说法，确切地说，是指运用算法对输入或收集的数据自动进行加工处理，从而自动生成完整新闻报道的一整套计算机程序。喻国明教授对机器人新闻给出了如下定义："所谓机器人新闻写作是一种自然语言生成引擎，利用算法程序，通过采集大量的各种题材及高质量的数据，建立各种分类的庞大数据库，借助人工智能实现从数据到认识、见解和建议的提升和跨越，最后由机器自动生成新闻。"[1]机器人新闻写手的典型特征就是新闻生产的自动化，它将传统记者从研读数据到采写新闻的时间缩短为几秒钟，并自动生成一条几百字的新闻报道。

近年来，机器人新闻在国内体育、财经、房产等新闻报道领域取得了显著成效，比如新华社的快笔小新、腾讯的"Dream writer"和今日头条的小明机器人等。在对资料数据进行分析后，人工智能可通过分词法和语义理解来进行基本的情感分析，进而进行新闻角度的选择。目前的机器新闻写作可以在分析信息数据所得的结果上自行提炼新闻角度，根据新闻类型套用相应的文章模板，生成完整的新闻稿。从当前的发展现状来看，算法不仅可以及时地捕捉数据信息，还可以对作家和记者的写作风格进行模拟，实现特定文风的定制[2]。机器人新闻很有优点，它可以在面对巨大数据量时减少出错，还可以全天候监控新闻热点，提高新闻时效性，也可以帮助记者从快新闻中解脱出来，着力对深度新闻的打造。然而，机器人对信息的理解深度较为不足，容易导致新闻扁平化、千篇一律，缺乏亮点和重点，其写作领域也较为单一。

2016年5月，四川绵阳发生4.3级地震，中国地震台网研发的地震信息播报机器人用6秒写下560字的速报，报道内容翔实；2017年8月，该机器人在第一时间报道了四川阿

---

① 喻国明. "机器新闻写作"时代传媒发展的新变局[J]. 中国报业，2015(23)：22-23.

② 喻国明，郭超凯，王美莹，刘苏，王晓虹. 人工智能驱动下的智能传媒运作范式的考察：兼介美联社的智媒实践[J]. 江淮论坛，2017(3)：134-138+150.

坝州九寨沟县的7.0级地震，引发广泛的讨论和关注(见图7-2)。

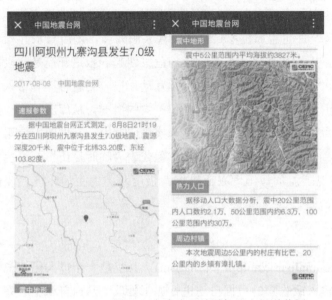

图7-2　九寨沟县地震机器人报道截图

这条新闻消息约540字，新闻涵盖了速报参数、震中地形、热力人口、周边村镇、周边县区、历史地震、震中简介、震中天气8个方面的内容，并配有5张图片，用时仅25秒。在此后的余震报道中，新闻机器人最快出稿速度仅有5秒。

3. 沉浸式新闻

沉浸式新闻，即通过虚拟现实输出设备，新闻产品可以构建虚拟现实仿真场景，为用户提供身临其境的互动体验。制作沉浸式新闻的最主要目的是让观众化身为新闻事件的"现场目击者"，而不仅仅是新闻的"观望者"。在沉浸式新闻塑造的虚拟环境中，观众不再是简单地阅读和观看新闻，而是"亲身经历"新闻，可以体验到自己正置身于一个爆炸现场的中央，也可以目睹一个人因为饥饿倒下却无能为力的感受。就其特点而言，沉浸式新闻强调的是真实性和临场感，加强用户的全感体验；沉浸式新闻的参与者自由性高，可以在虚拟场景中进行运动和互动。但是用户在体验沉浸式新闻作品时，作为一个在场者的数字化身，无法改变其中发生过的事实，这或许会加深他们的无力感。增强现实技术成为当今新闻传播的重要因素，也为深度报道提供了新的机会。

《监禁之后》(*After Solitary*)是由前线(FRONTLINE)节目组和标志公司(Emblematic Group)合作出品的一则沉浸式VR新闻作品。该作品采用了摄影测量、体视摄影技术和VR技术，报道了曾在缅因州监狱长期被单独监禁的犯人肯尼·摩尔压抑、黑暗的监狱生活，被释放后对生活的无望和心理的挣扎。用户可以360°环顾肯尼居住的狭小牢房，目睹脏乱的监禁环境，听见监狱里犯人的吵闹声，并且以肯尼的视角，从铁门小窗中窥视到狱警制服躁动犯人的画面等。当镜头视角转向肯尼的家时，观众更能感知到长期单独监禁生活所造成的挥之不去的影响。该作品充分地利用了虚拟现实技术沉浸性、交互性的特点，打破了传统新闻的时间和空间上的局限性，让用户化身为一个身临其境的感受者和倾听者，了解肯尼在监狱的绝望心理挣扎和所见所感，感受监狱真实压抑的环境，使报道充满了冲击力、震撼力和价值表达。该作品斩获2017年全美网络新闻奖——沉浸式报道卓越表现奖。

4. 数据新闻

数据新闻(data journalism)，也被称为"数据驱动新闻"(data-driven journalism)，指的是运用各种技术软件来抓取、处理、分析和形象化呈现数据的新闻报道方式①。早期出现的计算机辅助新闻报道、统计新闻、精确新闻等是数据新闻的发展基础，翻开了数据新闻实践领域的第一页。数据新闻可以把传统新闻叙事能力与海量数字信息相结合，并通过可视化数据图、互动图表和网络在线演示等将事实呈现出来，不过仍具有报道深度和时效性不足的缺陷。随着人工智能技术的引入，数据新闻正在迅速地朝着智能化方向发展，促使一种新型新闻生产形态的出现，即人工智能驱动的数据新闻(AI-powered data journalism)。人工智能驱动的数据新闻是一个快速发展的领域，可以通过机器学习等新技术实现新闻的自动化生产，也能帮助记者从大数据分析中获得更深刻的洞察力。

2018年3月10日，正式上岗两会的新华社"媒体大脑"，通过人工智能高效率解析了1980年以来的《最高人民法院工作报告》和《最高人民检察院工作报告》，并生成了MGC(machine-generated content，机器生产内容)视频新闻——《"媒体大脑"想陪你聊聊"两高"这五年》，如图7-3所示。

图7-3　新华社数据新闻截图

根据这则数据新闻，一些司法名词在"两高"报告中消失，比如，"劳改"在1996年消失，"劳教"在2011年消失，"反革命"在1994年消失，"投机倒把"在1997年消失，"收容"在1997年消失。视频还梳理了"两高"报告里的高频词、新表述等内容，例如报告中的前十个高频词中，"司法"以182次高居榜首，"检察""案

---

① 方洁，颜冬. 全球视野下的"数据新闻"：理念与实践[J]. 国际新闻界，2013(6)：73-83.

件""犯罪""法院"等均过百次,"监督""依法""改革"和"建设"紧随其后。"媒体大脑"分析显示,党的十八大以来,党和国家事业取得历史性成就、发生历史性变革,人民法院、人民检察院工作同样发生深刻变化、取得重大进展。2019年,该作品获得第二十九届中国新闻奖融合创新项目二等奖。

7.3 融合新闻的智能传播

算法和人工智能对融合新闻传播的影响体现在新闻从策划到生产到分发到反馈的各个环节。"通过新的技术,新闻记者会有更强的攫取和分析新闻信息的能力,尤其是通过数据化和智能化的技术,在很短的时间内,从现象找到本质。"[1] 近年来,国内各大主流媒体机构将融合新闻实践的主要探索集中在人工智能在新闻策划、生产、分发、反馈中的应用,"人工智能+媒体"开始走上媒介智能融合之路,成为新型主流媒体媒介深度融合的转向与进路。

7.3.1 新闻生产环节

人工智能给新闻生产环节带来了巨大革新,从传统的新闻生产流程方面来分析,可以看到至少包括新闻策划、新闻写作与编辑、事实核查各方面技能技术的更新。

1. 选题策划:提供AI"洞见"

新闻策划通常是指新闻采访与报道策划,即新闻业务中的战略策划,具体来说是新闻媒体在一定时期内,为了达到某种传播效果,对具体的新闻事实的报道所作的设计与规划,从多个报道方案中优选出最佳报道方案来加以实施。新闻策划是媒体进行日常新闻报道的一项重要工作,有人将新闻策划工作称为媒体的"大脑"与"核心竞争力"[2]。传统的新闻发现和策划主要依赖于新闻工作者的新闻敏感度,这就要求新闻工作者具有较高水平的职业素养。新闻工作者需要有广泛的社会生活经验和丰富的知识储备,才能从复杂的现实世界中发现有价值的新闻。新闻报道是事实的一个"切片",选择了一个新闻事实后,以怎样的角度来报道这个事实,也是对于新闻工作者眼力的考验。

人工智能技术可以让人们利用数据的力量找到选题的灵感,获得"精确制导"的能力。许多媒体平台正在使用人工智能来帮助生产者分析选题,以此作为其生产起点。借助智能化数据分析技术,生产者可以预知话题热度、寻找热门话题的深化方向与新角

---

① 陈昌凤. 未来十年,记者可能是这样工作的[N]. 南方周末,(2020-01-10)[2024-10-24].
② 韩云. 融合新闻策划的界定、功能与过程[J]. 青年记者,2021(23):56-58.

度、发现旧报道的新延伸方向、挖掘冷门话题的价值等①。人工智能在选题策划的实践中可分为三个层次：发现新闻线索、选择报道角度、分析预测新闻。

(1) 发现新闻线索。媒体内容特别是新闻线索，越来越多地来源于互联网上的社交媒体和自媒体，这意味着生产者需要花费大量时间和精力在浩如烟海的资讯中寻找有价值的线索和信息。在发现新闻线索的过程中，人工智能可以对数据库、网络中的热点话题进行文本分析，结合图像处理算法、语义分析算法、语言处理算法对新闻价值进行量化评估，指导内容生产者实现快速完成选题策划②。代表性应用有CNN、Twitter和Dataminr联合打造的新闻线索发掘工具Dataminr For News、NewsWhip开发的Spikedashboard工具、路透社研发的NewsTracer等。

人工智能在数据的处理能力和处理速度上的优势是人工无法比拟的。人工智能可以快速地提取核心观点、事件发展趋势、舆论情感导向、分析事件传播路径，让新闻生产者迅速了解整个事件的来龙去脉，提供创作思路，从而缩减创作的时间，提高新闻价值③。

(2) 选择报道角度。人工智能可以在收集新闻线索的基础上，提升新闻工作者的分析能力。它利用背景信息和知识图谱等技术来深入挖掘信息的内涵，透过现象看到本质，并帮助新闻产品选择最佳报道角度。例如，新浪的"鹰眼"线索系统可以高效采集信息并形成知识图谱，以更高效率的方式让信息生产者快速判断信息传播的趋势。"新浪热榜"基于该系统赋能，将全网热点新闻全数集中在一个榜单之中，确保优质内容的覆盖深度和安全有序传播。该系统的应用使得单篇文章的线索收集时间从过去的2～3分钟降至1分钟，大部分的线索收集、筛选等工作都由机器瞬时完成。机器批量处理的结果辅之以人工编辑的主动性工作，使得新浪智能媒体平台的生产流程和信息传播流程得到质的提升，热榜更新时间已缩短至10分钟一次。

(3) 分析预测新闻。人工智能通过机器学习等自我认知技术，从大数据中做深度分析和判断，提前预测最有可能出现的热点问题，从而帮助内容生产者提前进行策划和选题，主动开展舆论引导。国内多家国家级媒体机构近年来推出了智能新闻信息采集分析系统，如央视网的"智晓"能够对热点事件的传播强度、趋势、效果进行实时可视化呈现，帮助编辑快速判断选题、紧跟舆论热点；人民网的舆情监测系统、新华社的新闻雷达系统等智能聚合线索产品在实践中也取得了不俗的应用成果④。此外，美联社的新闻机器人NewsWhip可以跟踪和预测社交媒体上的讨论趋势，记者实时提取新闻简报，从而对新闻时事进行更加精准的"把脉"。

---

① 彭兰. 智能时代的新内容革命[J]. 国际新闻界，2018，40(6)：88-109.
② 张梦，陈昌凤. 智媒研究综述：人工智能在新闻业中的应用及其伦理反思[J]. 全球传媒学刊，2021(1)：63-92.
③ 匡文波. 传媒业变革之道：拥抱人工智能[J]. 新闻与写作，2018(1)：77-81.
④ 邵晓晖. 技术内容时代：人工智能赋能媒体内容生产场景解析[J]. 中国广播影视，2020(12)：88-91.

2. 内容制作：机器自动写稿

(1) 智能新闻写作的发展。利用人工智能进行写作最早开始于美联社。美联社于2014年起便运用Wordsmith机器人写作上市公司财务报告新闻。目前美联社、《纽约时报》和《华盛顿邮报》等媒体在人工智能技术研发与应用上处于全球领先地位。《纽约时报》使用30多个原创新闻机器人进行新闻采访和写作，机器写作在美国大选、里约奥运会等重大新闻事件中发挥了重要的作用；而《华盛顿邮报》则投入了近100个机器人来辅助编辑部工作。

2015年9月，腾讯财经推出的自动化新闻写作机器人"Dreamwriter"，用时一分钟写出第一篇报道。同年11月，新华社也推出了名为"快笔小新"的写稿机器人，可撰写体育赛事、中英文财经信息稿件。2016年，里约奥运会开幕不到一周，今日头条实验室研发的AI机器人"张小明"就生成了超过200篇简讯和消息。在地方新闻媒体中，浙江传媒的新闻App"浙江24小时"与微软合作推出的"小冰"机器人，不仅充当了客服角色，还可以客串主持人，并保持高质量的内容输出能力。南方都市报推出的写稿机器人"小南"在春运系列报道中表现出色，可以迅速进行数据描述和分析，并自动撰写稿件。如今，在体育报道、财经报道、民意调查、市场调研报告等比较容易实现标准化生产的领域，人工智能写作的应用正在迅速普及推广。

在音视频处理方面，AI剪辑也在逐步应用，替代了新闻报道中的部分基础性技术操作。例如，在中华人民共和国成立70周年阅兵仪式直播中，央视新闻实时发布了数百条短视频，其中一部分工作是由AI剪辑完成的。AI将现场音频转换成文字，作为初步判断新闻价值的原始数据；通过点击所需的文字，可以自动截取并下载相应的视频片段；在5G信号的支持下，大文件可以快速回传，经审核后发布。

(2) 智能新闻写作的优势。第一，写作效率超越人工。智能新闻写作的优势主要在于生产效率高，这也是对新闻业最显著的影响。通过自动化的新闻生产，机器人写作使媒体能够全天候、海量地生产内容，且生产效率得到前所未有的提升。由于机器人写作的能力和效率远超传统新闻工作者，它或许会在更广泛的范围内替代人工写作。

第二，应对突发事件反应迅速。智能新闻写作能在突发事件面前快速反应并传递信息，这一点在地震信息的推送上应用较为频繁。人们在感知地震发生后就能立即在网上看到由机器人发布的快讯，这些信息准确、迅速，对于公众应对突发事件具有极大的帮助。

第三，节省人力物力。人工智能在很多方面取代了记者和编辑的职能，使记者和编辑从以往的烦琐重复的劳动中解放出来了。这也有利于新闻媒体将更多具备高级写作、采访和编辑处理能力的新闻人才集中到更具人性化、更有深度的内容挖掘上去。

第四，提升经营效果。运用机器人Heliograf进行写作的第一年，《华盛顿邮报》编写了850篇文章，其中500篇是关于美国大选的，这些文章获得了超过50万次的点击量。而在2012年，《华盛顿邮报》只实现了这个数字的15%。机器人写作不仅可以解放生产力，提高稿件的产量，同时能为用户提供可以尝试的多种报道类型，达到提升经营效果的目的。

(3) 智能新闻写作的基本流程。任何一篇由算法驱动的"自动生成"的文本创作类写作都需要经历以下几个步骤。第一，机器需要理解并分析有关数据和写作输出物之间的关系，从各种数据和素材中找到与目标输出相关的信息。第二，对数据进行解析，找到合适的结构来表示数据和目标输出。第三，构建输出结构，根据输出物的不同类型和目标诉求进行合理化表达，甚至根据用户画像进行个性化表达。这个操作离不开知识图谱的支持，机器人可以将数据智能地放在输出对象的知识图谱背景框架下表示。第四，完成展示优化，对新闻内容进行语言修饰，并根据不同应用方式进行相应的优化，比如闲聊会话、长文、摘要、短新闻、通讯报道、故事、可视化图表等。第五，根据内容特点，选择内容出版分发通路，并自动化输出到相应的媒介上，实现个性化展现和分发。

3. 事实核查：把关效率提升

一般来说，事实核查新闻包含两种意思：一是在新闻作品发表或发布前，对其中信息的真实性进行评估；二是由博客或媒体组织在新闻已经发表或发布之后对其真实性进行调查核实，并将结果公布于众。

新闻核查技术起源于计算机科学中的欺骗检测，从邮件过滤、简历过滤等应用场景中发展而来，能够在数据挖掘技术的基础上，根据准确性、确定性等指标进行真假新闻的统计分析，计算未知新闻真实性的概率。新闻核查会嵌入新闻采集、生产和分发等诸多环节中，同时也可作为单独的过程而存在。随着社交媒体成为主要的传播媒介，信息量与信息传播速度均超出了人工核查的能力范围，基于人工智能和大数据技术的计算机自动事实核查已成为事实核查的主流手段与研究方向。

根据核查系统输入源和计算原理的差异，可将新闻核查算法分为"基于内容模型的新闻核查算法"和"基于社会情境模型的新闻核查算法"[①]。

基于"内容模型"的新闻核查算法是以特定的语料库为基础的，其借助自然语言处理技术，将带有假新闻标记的数据输入程序，自动将其与语料库的内容进行比对，以计算真假新闻在语义特征(如单词使用、修辞、句法、情感语言等指标)上的差异，进而据此对给定文本的真伪进行判定。2020年疫情期间，国际事实核查网络(International Fact-Checking Network)建立了一个事实核查数据库，包含超过40种语言的7000多个已核查"陈述"，聊天机器人WhatsApp Chatbot能够从这个数据库中找到匹配的"陈述"对用户提出的关键字请求进行核查回应。不过，这种方法需要前期积累大量的已验证事实数据，由于事实核查的语料库毕竟是有限的、存在时滞的，新的语料会不断涌现，需要持续更新。例如，事实核查初创公司Logically计划在一年内积累10亿个事实，以便能够自

---

① 张梦，陈昌凤.智媒研究综述：人工智能在新闻业中的应用及其伦理反思[J].全球传媒学刊，2021(1)：63-92.

动核查尽可能多的"陈述"。

基于"社会情境模型"的新闻核查算法是关注社交特征和信号，将信息传播过程中的情境纳入考量，根据用户与内容、用户与用户之间的交互等上下文信息情境甄别假新闻。例如，机器人账户容易传播假消息，只要识别出信源是机器人账户，就可以判定为假。针对Twitter的模拟实验发现，如果将机器人内容排除在外，低可信度文章的转发总量会减少70%。目前，识别机器人账户主要采用机器学习的方法。印第安纳大学开发的Botometer经过训练可根据3万个账户的数据集中模式识别机器人行为。它为每个账户读取超过1000个不同的特征，然后给账户分配一个0到1之间的分数，分数越高，是机器人账户的可能性越大。一旦账户的分数突破设定，则会被判定为机器人账户，其散布的言论将被视作谣言[①]。

7.3.2　新闻分发环节

人工智能在新闻分发环节中的应用主要包括个性化新闻推荐、智能化新闻播报以及智能化传播效果分析[②]。

1. 个性化新闻推荐

1996年，尼古拉斯·尼葛洛庞帝在其著作《数字化生存》中预言了个性化定制的"我的日报"(The Daily Me)将在数字时代出现。尼氏认为，"我的日报"是完全专属于个人的报纸，用户根据自己的偏好和倾向来编辑"我的日报"。受制于个体之间的差异性，用户在接受信息时，往往具有某种偏向性或者逃避性，从而产生了"选择性接触"的心理机制。如今，人工智能在信息分发环节中的应用，使新闻的个性化定制和推荐成为现实。"我的日报"逐渐替代"公共日报"，用户不再是人口统计学中的一个"子集"，而是以个体本身的方式存在。

在20世纪末，罗伯特·阿姆斯特朗(Robert Armstrong)等人首次提出了个性化推荐算法，而后很长一段时间里，该算法主要应用于互联网科技公司。例如，谷歌会根据用户的浏览痕迹，有针对性地推送资讯。随后，个性化推荐算法在网络新闻传播领域被广泛应用，包括《纽约时报》《卫报》和《华盛顿邮报》等新闻媒体，Nuzzel、Refind、今日头条和一点资讯等新闻聚合平台，以及微信、微博等社交平台。

在中国的众多推荐算法平台中，字节跳动旗下的今日头条发展最为迅速。根据巨量引擎发布的《2019年今日头条内容价值报告》，今日头条的月活跃用户达到了2.6亿，日活跃量居于综合资讯首位。今日头条公布的算法资料显示，其算法逻辑由内容、用户特征以及环境三个维度组成，其原理是根据用户的个人特征(如年龄、性别、兴趣等)、

① 张超. 自动化事实核查的算法逻辑、内生性风险及其规避[J]. 中州学刊，2022(2)：166-172.

② 张梦，陈昌凤.智媒研究综述：人工智能在新闻业中的应用及其伦理反思[J]. 全球传媒学刊，2021(1)：63-92.

社会特征(如种族、经济状况、社会关系等)和历史足迹(如信息使用、阅读习惯等数据)等信息建立多数据点的用户画像,并对信息和用户的地理环境、技术环境等进行描摹。之后,再将用户画像与标签化的文本内容适配,最后通过多种算法手段进行新闻分发,从而打造一个千人千面的资讯环境。

根据决策流程的差异,常用的推荐算法可分为基于内容的推荐算法、协同过滤推荐算法以及混合推荐算法。

首先,基于内容的推荐。这种推荐算法的核心理念是分析用户过去浏览的新闻记录,推荐与其过去浏览内容相关的其他新闻内容。基于内容的推荐算法的优势在于即使在"冷启动"状态下,用户也可以根据平台提供的兴趣选项获得相关新闻内容的推送,然而其难以向用户提供多元化的新闻资讯。

其次,协同过滤推荐。这种推荐算法的重点在于协同,包括协同谁、协同什么。基于用户的协同推荐将推荐与用户兴趣相似的其他用户所阅读的新闻内容,其优点在于可以实时挖掘和补充用户感兴趣的内容,但不适用于大规模用户矩阵。基于模型的协同推荐,通过对用户浏览新闻时产生的不同数据进行评级,同时也预测未评级数据的关联程度,并向用户推荐最高评分的内容。

此外,混合推荐是实际应用中较常用的推荐方式。这种推荐方式将多种算法结合起来使用,可以根据任何一种推荐算法产生结果,再从中应用另一种推荐算法进行再筛选;或同时运行多种推荐算法,根据权重进行内容的组合选择,最终完成推送。

2. 智能化新闻播报

智能化新闻播报主要通过人工智能主播来实现。这项技术通过提取真人主播的声音、唇形、表情动作等特征,并运用人脸识别、语音合成以及深度学习等技术进行建模和训练,从而达到与真人主播无异的信息传达效果。2018年,新华社联合搜狗公司在第五届世界互联网大会上发布全球首个合成新闻主播——"AI合成主播",运用最新人工智能技术,"克隆"出与真人主播拥有同样播报能力的"分身"。这不仅在全球AI合成领域实现了技术创新和突破,更是在新闻领域开创了实时音视频与AI真人形象合成的先河。

2022年北京冬奥会、冬残奥会期间,人工智能主播在新闻报道中获得广泛应用,包括央视新闻AI手语主播、数字虚拟编辑小C、奥林匹克公益宣传大使热爱REAI、虚拟气象主持人冯小殊、特约记者冬冬、谷爱凌数字分身"meet gu"等,"她们"虽然形象和定位不同,但都是人工智能、计算机视觉等技术的产物,多从事赛事解说、新闻播报及宣传大使等工作。

其中,"聆语"是央视新闻推出的首个冬奥AI手语主播(见图7-4),专为听障人士提供虚拟手语翻译服务。其手语表达能力接近真人,能够自主学习新词、热词和冬奥会相关的体育知识,并在冬奥会期间高质量完成了多次冰雪赛事的手语翻译服务。

图7-4 央视AI手语主播"聆语"截图

据统计，中国残疾性听力障碍人群已达到2054万人，但由于手语翻译师严重不足，听障人士通常只能从电视画面中了解很少的比赛信息。因此，央视新闻AI手语主播旨在"用AI发声"，通过人工智能技术为听障人士提供专业手语翻译服务，并在视频报道中以更大的画幅展示，最大限度地满足目标受众的核心需求。央视新闻AI手语主播的诞生充分体现了对听障人士的尊重，为听障人群平等参与社会生活、获取新闻资讯创造了无障碍环境，让技术更有温度[①]。

3. 智能化传播效果分析

人工智能可以用来收集用户的新闻阅读情况和相关体验，对传播效果进行智能化分析，并进一步用于调整新闻分发策略。例如，美联社和NewsWhip合作开发的一款工具可以追踪相关内容的使用情况，并分析这些内容如何影响用户的社交参与。另外，媒体还可以利用数据驱动的标题测试来优化内容在各种媒体平台上的表现。

然而，在智媒时代，对传播效果的重视应大于对流量变现的重视，公众利益和社会价值才是评估传播效果的首要依据。这不仅有助于提高用户使用和消费信息产品的满意度，还有助于帮助公众重拾对各种传播主体的信心和信任[②]。例如，芬兰广播公司YLE开发了Voitto智能助手，该系统没有将点击率作为衡量推荐效果的主要标准，而是采用了多少用户继续使用Voitto智能助手以及他们是否对收到的推荐数量和类型感到满意等指标，通过与用户建立持续对话，在锁定屏幕上直接收集用户对人工智能推荐的反馈。特别是对主流媒体而言，强化传播效果的价值认知，将对"内容把关"的思维提升至对"效果把关"，有利于主流媒体更好地服务于公众的信息需求。

7.3.3 新闻呈现环节

人工智能在新闻呈现环节上的运用可以丰富新闻报道的表现形式，增强产品、内

① 郑弘，丰树琪. 人工智能在新闻报道中的突破、传播和价值：以总台央视新闻AI手语主播为例[J]. 传媒，2022(20)：48-50.

② 杨奇光. 智媒时代传播效果的影响因素变革与价值认知重塑[J]. 青年记者，2022(13)：28-30.

容与用户之间的互动性，帮助用户获得临场的个性化体验，同时也提供更为高效的信息
服务。

1. 数据新闻可视化

数据挖掘是一种分析大量数据的过程，目的是找出数据之间的关系和规律，从而
得出有用的信息。通过综合使用数据挖掘和可视化等技术，可以打破传统图文新闻的局
限，提供更简洁有效的信息，帮助用户更直观地了解事件的全貌、揭示事件的原因或提
供相关证据。同时，可视化新闻还能够预测事件的趋势和未来发展，丰富用户的感官体
验和知识领域。

例如，澎湃新闻《美数课》的《150秒了解四川甘孜泸定地震》(见图7-5)，采用新
闻视频与图表动画相结合的形式，将2013年以来的地震数据按照经纬度分布显示，说明
近年来我国的强震多发生在西部地区，基本与全球三大地震带之一的"地中海—喜马拉
雅地震带"重合。该作品讲述了四川多发地震的原因与地震带来的影响，促使地震救援
活动受到社会的广泛关注。

图7-5 澎湃新闻《150秒了解四川甘孜泸定地震》截图

新闻的可视化呈现要求媒体人员具有计算机科学和统计学的基础知识，并能熟练掌
握数据采集和数据可视化应用工具。在新闻的数据挖掘中，通常要经历数据准备、规律
寻找和结论展示三个步骤。其中数据敏感性是非常关键的，需要媒体人员在新闻实践中
不断学习和摸索，将新闻敏感性与数据分析能力有机结合，从而增加新闻深度。

2. 场景重构与新闻临场化

尽管以往的电视直播在视觉上传达了一定的"现场感"，但观众与现场的关系是
基于二维画面的观看，这种现场感是建立在经过加工的现场上的，在某种意义上，甚至
是一种"假现场"。而新的技术将创造媒体用户与现场的新关系——"临场"，即进入
现场。网络视频直播、VR和AR等新技术可以从不同方面推动新闻用户在新闻事件中的
"临场感"或"进入感"。

随着我国AI与5G布局的不断提速，广电媒体能够轻松实现移动高清视频大数据量回传需求，做到广播电视节目实时制作实时播出，让视频直播更流畅、互动更及时，提高了广播电视现场直播的效率。在2020年抗击疫情过程中，湖北联通联手新华社、央视、新京报等媒体上线了"云监工"平台，依托中国联通5G网络和超高清视频直播平台，将摄像头采集的视频实时传递给央视云平台，实现了对火神山、雷神山、黄冈大别山医院建设现场的24小时不间断5G高清实景直播，得到了全社会广泛的关注，提高了用户的直播观感，为主流媒体进行融媒体报道提供了新的启示与方向。

使用虚拟现实(VR)和增强现实(AR)技术来报道新闻，可以实现对新闻事件360°全方位的采集和录制。经过后期技术编辑，这些内容将现实场景与虚拟场景融合在一起，并呈现在VR和AR客户端，让用户暂时地脱离实际环境而置身于新闻报道环境的"现实"。例如，2016年两会期间，国内的新华社、经济日报、光明日报等多家媒体采用VR设备进行全景式报道。此外，新浪网还推出了VR全景式图片报道《人民大会堂全景巡游》，网民只需打开手机即可体验到人民大会堂内各个方位的场景。这意味着"你所见即是你所得"成为可能，用户的观察和感受更多取决于他们的主观兴趣和认知需求，而较少受到传统电视直播的摄像和导播视角的限制。

3. 人机对话与新闻互动化

利用人工智能技术可以实现智能化的交互体验，使新闻呈现方式更加互动化。近些年来，得益于自动化语言识别、云计算、机器学习以及自然语言处理技术的进步，人工智能语音工具得以进一步发展，而人工智能语音技术和个性化新闻推荐的结合渐成趋势，由此催生了"聊天机器人"之类的应用。

如Quartz移动新闻客户端，其App界面提供聊天窗口，以聊天的方式向用户推荐新闻，如果用户感兴趣可以点击了解详情，或者通过选项与App进行互动和追问，聊天过程中机器人还会不时发送各种有趣的表情包。这种交互方式大大提高了用户黏度，用户在页面停留的时间变长了。

目前，国内媒体也出现了不少相关的应用。如人民日报客户端在两会期间上线的两会知识机器人"小端"、新华社的"小新"和光明日报的"小明"等。用户可以通过点击，与机器人实现文字和语音交互提问，获得相关回答，将新闻从传播变成了对话。同时，这些新闻平台还可以在互动中收集用户兴趣、资讯反馈和相关的数据，用于优化产品和洞察需求，给用户带来了新的视觉化、互动化阅读体验。

7.4　智能传播中的伦理冲突与协调

人工智能技术的赋权性自上而下地打破了传统社会与行业建构起的伦理壁垒，原本的秩序受到了多方面的冲击：智能化大环境下，全人类不得不面对工具理性占据先锋的现状、隐私危机的爆发、深度伪造对新闻真实性的挑战以及认知窄化与极化的风险。探讨算法传播中可能带来的伦理问题，也是探讨构建社会共同体、回归人文关怀的历程，而这些问题隐藏于当今时代所呈现的每一个特征中。因此，下文将沿着算法传播的轨迹，去发掘时代背景之下潜藏的伦理问题。

7.4.1　智能算法的媒介伦理困境

虽然数字媒介平台一直标榜智能算法技术是中立的、客观的，但众多学者通过研究指出，智能算法传播中隐含着价值观导向。比如有学者通过对数字媒介平台热搜榜的研究发现，许多平台的算法价值设定是以经济利益为导向的，议题呈现浓厚的社交化和泛娱化属性；由数据痕迹生成的用户集合是趣味用户的归类，并不能代表现实中的大众，无法代表公众观点与意见；个性化推荐算法和集体化热点算法是一对相互矛盾的算法信息导控机制，它们在平台热搜榜中分别形成"兴趣循环递归"和"议题循环递归"，进而导致公共性供给窄化。最终，平台算法传播造成选择性偏见、情感与审美茧房以及数字化、结构性不平等等反公共性后果[①]。

1. 算法偏见：技术独裁冲击价值理性

德国社会学者马克斯·韦伯提出了"合理性"这一重要概念，并将其分为工具理性与价值理性。其中，工具理性强调人的行动受到追求功利的动机所驱使，强调从效果最大化的角度充分利用理性手段达到自身的目的；而价值理性认为，行动的出发点是基于责任感、荣誉和诚信等纯粹信仰，强调以动机的纯正和正确的手段来实现自身的追求。智能传播科技带有明显的工具理性特征，通过精准的用户画像分析和可量化的算法逻辑，在传播实践中快速找到最佳的策略和方案，实现了信息传播的智能化及其背后带来的数据商业变现。但当技术优势被用来获取个体利益时，"价值理性"所强调的伦理、信仰、美学、规制等维度容易被忽视[②]。

社交网站、新闻客户端宣称，算法技术能够独立于人工编辑，客观中立地为用户呈现个性化的新闻，却在算法实践中被揭露隐含偏见。2016年，Facebook前员工揭露：其"Trending Topic"并非完全根据智能算法的结果排列，而是要通过人工编辑的取舍呈现，并且有意打压保守派的新闻。虽然Facebook在这一披露之后马上将"Trending Topic"板块的人工编辑撤掉，但这场风波还是撕开了算法技术神话的外衣，使人们对算法技术宣称的独立、客观和中立程度产生怀疑。除了社交网站，谷歌也运用算法捕获与分析用户的信息行为特征，推断用户的搜索意图，为用户高效地提供个性化信息查询

① 陈龙，经羽伦. 从热搜榜看平台算法传播公共性建构的三重困境[J]. 南京社会科学，2023(9)：100-110.

② 冯雯璐，白紫冉，乔羽. 智能传播趋势下的人机关系及其伦理审视[J]. 湖南大学学报(社会科学版)，2022(3)：154-160.

结果。然而，有用户在谷歌输入关键词"三个黑人少年"，谷歌搜索结果自动呈现的照片中大都是消极晦暗，甚至与犯罪新闻相关的黑人，而输入"三个白人少年"之后的搜索结果呈现的照片大都是青春活力、积极阳光的白人少年。来自现实社会的结构性偏见在网络世界重现，使谷歌搜索引擎因算法自动呈现的结果而陷入种族歧视的危机①。

受多种因素的影响，我们很难实现对世界全面、客观的认识，作为主观世界的一部分，偏见通过影响人们的判断和推理起作用，它影响着我们对某些事物的评价、记忆，甚至会强化、维护其固有偏见合理性的认知。从新闻职业伦理的角度看，公平公正历来是新闻媒体标榜的旗帜，算法偏见作为一种预设的态度，将错误或偏颇的判断融入新闻传播活动中，违背了新闻职业规范。算法偏见渗透于新闻信息的生产与传播的过程中，借助媒体的放大效应，通过互联网和人际二次传播的渠道，偏见得以迅速和大范围传播，不仅造成了信息传播的混乱，误导社会舆论，动摇媒体的公信力，还因歪曲的认知和态度误导社会心理，成为产生社会隔阂和社会冲突的潜在因素②。

2. 隐私泄露：信息滥用侵犯用户权益

算法推荐的基础是对用户数据场景信息的分析，因此海量信息的采集成为不可避免的选择，而海量的数据也意味着海量的监控，个人的阅读、行动、消费轨迹在大数据下都变得有迹可循。传统意义上个人对国家和公共机构不透明的空间基本消失，个体暴露于数字化的全景监狱，算法背后的技术与资本完成了对个人的监视、规训与剥削③。

信息分发主体在收集用户基本数据的基础上，根据用户行为、社交关系、地理位置等信息推断其兴趣偏好与需求，描绘用户画像，打上数据标签，在此基础上推送给用户"喜闻乐见"的信息商品。这意味着用户必须要让渡一部分隐私数据使用权才能让算法了解和定义自己，才能实现"千人千面"的专属定制和精准推送。在实践中，这些隐私数据大多在个人不知情的情况下被采集，而且存在数据泄露和二次售卖问题。如2019年9月20日《中国青年网》报道了网络求职者"简历"被一元售卖的现象，被人民网官方微博转载。全球最大社交平台Facebook也多次卷入数据泄露风波，2018年更是因为5000万用户数据泄露的"剑桥分析事件"而接受调查。此外，部分应用或者设备在用户知情却不能拒绝("不同意就停用")的情况下获取远超过自身正常应用需要调用的用户权限，获得用户的数据信息。数量众多、良莠不齐的各类设备对用户数据进行普遍抓取，这意味着个人信息被获取后其用途和是否会泄露成为不确定事件，隐私侵犯隐患成为常态。

实际上，用户并非对隐私保护都是漠然的态度，更多时候是不知道算法平台如何侵

---

① 郭小平，秦艺轩. 解构智能传播的数据神话：算法偏见的成因与风险治理路径[J]. 现代传播(中国传媒大学学报)，2019，41(9)：19-24.

② 许向东，王怡溪. 智能传播中算法偏见的成因、影响与对策[J].国际新闻界，2020，42(10)：69-85.

③ 尚帅. 传播的兴趣偏向和浑然不觉的符号暴力：基于《今日头条》的算法控制研究[J]. 现代传播(中国传媒大学学报)，2018，40(10)：56-62.

犯自己的隐私，并侵犯到何种程度。用户与那些掌握并利用甚至可能出卖他们的隐私数据的公司之间，天然是不平等的。但是，个人隐私不被侵犯是对自主权的捍卫，也是互联网技术进一步发展的必然要求。在大数据时代，我们是否真的愿意用隐私交换便利？隐私的边界在何处？信息采集和调用的边界在何处？如何规范数据采集方处理和分析的权限？要回答和解决这些问题，亟待建立算法对个人数据的调用与分析规范①。

3. 深度伪造：智能写作合成虚假新闻

深度伪造(deepfakes)是一个合成词，是人工智能领域由"深度学习"(deep learning)和伪造(fake)合成的词汇。它用来描绘利用人工智能技术和大数据生成的视频、照片和其他文本，这些视频、照片和文本看起来非常逼真，通过一般方法难以识别其真伪。深度伪造的主要危险在于它会让一个人——无论是政治家、商界精英还是普通公众——向他人呈现另一种"现实"：一个真实的人在做一些他们从未做过的事情或者说一些他们从未说过的话，从而通过这样的"现实"欺骗不知情的公众。如2017年12月，一个名为"deepfake"的用户在国外网站"Reddit"上发布了一段假冒某好莱坞知名女演员的色情视频，该视频在网络中广泛传播并引发各界关注；2018年，国外新闻聚合网站BuzzFeed发布了一段关于巴拉克·奥巴马发表演讲的深度伪造视频，该视频由Reddit用户制造的FakeApp软件制作。

深度伪造给新闻传播领域带来了诸多伦理挑战。第一，它深刻影响了新闻对真相的记录，对虚假内容高难度的甄别影响了事实核查的有效性。第二，在社会重大突发事件或政治事件节点上，深度合成技术如若被恶意扰乱社会秩序的人使用，结合学者已经探索出来的信息传播路径规律，将会使虚假信息在短时间内实现大范围的病毒式传播，从而带来严重的社会动荡。第三，在日常事件的新闻报道与追踪中，深度伪造信息的发布还会造成舆论场上舆论意见的不断翻转，用刺激性的信息来牵引公众注意力，冲击主流媒体对舆论的引导作用，激化社会不同意见群体的矛盾，削弱主流意见对社会的弥合作用等。第四，对于社会个体而言，对个人图像、声音的滥用和恶意剪辑、组合，还带来对个人隐私、肖像以及名誉等的侵害，增添社会生活中的不和谐因素，引发传播场域中用户间的冲突，对社会公序良俗带来潜在危害②。

4. 信息茧房：算法推荐导致认知窄化

信息茧房(information cocoons)最早由桑斯坦在《信息乌托邦》中提出，指在网络信息传播过程中，公众更容易只注意自己选择的内容和使自己愉悦的信息，久而久之就将自身桎梏于像蚕茧一般的"茧房"之中。

人工智能技术将算法推荐作为信息推送发布的首选要素，而接受信息的用户则是

---

① 匡文波. 智能算法推荐技术的逻辑理路、伦理问题及规制方略[J]. 新闻文摘，2021(8)：129-133.

② 赵国宁. 智能时代"深度合成"的技术逻辑与传播生态变革[J]. 新闻界，2021(6)：65-76.

之前算法根据回收到的阅读习惯、阅读兴趣等指标获得的。它将传统媒体中以"受众应该知道什么"的新闻编辑选取标准转换为"用户想知道什么",而大量同质化的信息会形成"信息茧房",使得受众无法知晓兴趣点之外的资讯,损害了用户的知情权和信息选择权,长此以往,受众将陷入认知、交流的窄化或封闭。为此,2018年12月,欧盟人工智能高级别专家组公布了一份《可信赖的人工智能道德准则草案》(*Draft Ethics Guidelines For Trustworthy AI*)。该草案在核心原则中不仅提出AI不能对公众造成生理和精神上的伤害,避免算法和数据带来的偏见和歧视,还要保证公众具有充分的自主决策权利,包括有权选择是否接受AI提供的服务,以及有权随时退出与AI的交互等。用户的知情权和选择权主要体现在能够根据自己的意愿,自由地支配合法信息,实质上这是尊重人的自主权的表现。对算法而言,就是不干涉用户的信息选择自由①。

算法推荐带来的信息茧房正在改变社会价值共识形成的信息场景,主流意识形态也面临认同窄化风险。基于协同过滤的算法分发模式容易让兴趣相投或观点一致的群体迅速拉近距离。算法推荐强大的过滤功能在提升信息配置效率的同时,也在潜移默化中为不同群体之间的观点交流和价值融通构筑起了一道道无形的隔离墙。长期生活在这种信息区隔之中,容易使人将自己的偏见当作真理,拒绝接受其他合理性观点和意见。智能算法精准化和公式化的信息推送加剧了同质化信息的链接与用户固有价值观的偏执,社会群体之间的价值分化和价值区隔日趋明显。这为凝聚社会价值共识带来了前所未有的挑战,将不可避免地带来意识形态极化或意识形态漂浮现象,进而还会削弱主流意识形态的认同效度②。

7.4.2 算法传播风险的治理路径

1. 完善法律法规,填补监管缺位

从世界各国的发展实践来看,用法治规范人工智能无疑是一种时代趋势。与智能传播日新月异的技术迭代相比,当前我国对算法相关法律法规的建设相对滞后。正如尼葛洛庞帝所说:"为原子世界制定的法律一旦进入数字世界,就像鱼被扔在了甲板上一样,只能是拼命喘气、垂死挣扎。因为相对于原子世界,比特世界完全是个截然不同的地方。"③虽然这段话略显夸张,但它用生动的比喻提出了一个值得重视的问题,即网络世界需要新的法律规则。

目前,虽然我国已经出台了《互联网信息服务管理办法》《互联网跟帖评论服务管理规定》《互联网群组信息服务管理规定》以及《中华人民共和国网络安全法》等法

---

① 许向东,王怡溪. 智能传播中算法偏见的成因、影响与对策[J]. 国际新闻界,2020(10):69-85.
② 张林. 智能算法推荐的意识形态风险及其治理[J]. 探索,2021(1):176-188.
③ 尼古拉·尼葛洛庞帝. 数字化生存[M]. 胡泳,范海燕,译. 北京:电子工业出版社,2017:278.

律法规，初步形成了针对互联网信息安全和信息服务的法律规范体系。但是相较于现实技术的迅猛发展及其可能产生的风险和问题，算法传播领域的法律法规建设依然任重道远①。一方面，需要进一步增强智能算法监管的法治意识、树立起法治思维；另一方面，需要进一步提高智能算法推荐领域的立法效率，增强立法的前瞻性和实效性。此外，还要注重国家法律、行政法规、部门规章以及司法解释等不同法律形式的完善和协同，提高智能算法推荐领域法律法规的可操作性和实效性。

2. 加强人工把关，人机协同发展

算法不能对新闻来源做出准确性和可信性方面的判断，难以有效防止低俗、虚假、导向有误的内容，也难以对重要新闻进行自动置顶、加权或排序。在更高层次上，算法也难以承担环境监视、解释与规定、社会教育等功能②。算法主导的时代，更需要把关、主导、引领的"总编辑"，更需要有态度、有理想、有担当的"看门人"。算法信息分发平台应当坚持人机结合，重视人工编辑的核心地位；新闻媒体要强化信息推送的人工干预，由人工进行内容的核查和信息的分类，力求平衡传统新闻价值观与算法推送，以降低算法专制的风险。

近年来，一些曾经完全依靠算法的内容分发平台已经开始了相应的转变。谷歌公司2018年正在招聘大量审核员，以减少视频网站YouTube上"有问题的内容"，对于网站上的广告也将有更严格的限制，还通过对13个新闻来源进行分类来处理虚假新闻并对其进行标记。2018年1月，此前一直号称"只做新闻的搬运工"的今日头条，也启动了大量内容审核编辑人员的招聘，尝试以"人工+算法"的模式对优质内容和重要信息予以加权推荐，对不良内容和虚假信息进行拦截。2018年5月，今日头条再次采取措施整顿平台内容，邀请学者、媒体人、公职人员成立专家团队，参与平台内容与服务的监督，并在技术上推出国内首款人工智能反低俗小程序"灵犬"，为用户提供更优质的信息。

人机交互是算法信息分发中强化人的主体性、能动性的重要手段，通过人机协作，方可让算法推荐更好地体现人的主导性和价值观。

3. 优化算法技术，构建多元空间

随着5G时代的到来，个人数据的跟踪和匹配将变得更加精准，这可能会进一步加剧个人信息接收的圈层化问题，导致不同群体之间的对立和极化。对此，网络社会中的公共领域建设势在必行。

为了克服新闻推送的同质化问题，保证多元化信息的供应，新闻媒体和互联网平台需要完善算法推荐技术。桑斯坦提出，网络世界的"人行道"模式，就是要在保证用户个性需求的前提下，让新闻媒体扮演"公共论坛"的角色，提供广阔的信息碰撞和交

---

① 张林. 智能算法推荐的意识形态风险及其治理[J]. 探索，2021(1)：176-188.

② 罗昕，肖恬. 范式转型：算法时代把关理论的结构性考察[J]. 新闻界，2019(3)：10-19.

流的开放空间。通过"反向个性化推荐"的实践与应用，可以为用户推荐一些可能不符合其个人兴趣但是需要关注的内容，以实现算法推荐个性化信息与多元化信息的动态平衡。例如，今日头条和新浪微博就尝试为用户提供热搜推送，让每个用户在专注于自我领域的同时，参与到社会议题的讨论中，避免走入封闭化的信息茧房。

4. 提升算法素养，回归价值理性

有学者从媒介素养的角度阐释年轻用户对算法应用的理解、感受及卷入，并发展出"算法素养"这一概念。其中，算法素养包含算法意识、知识储备、想象和围绕算法展开的各种应对策略等多个维度。从媒介素养角度看，算法知识与个体在算法中介环境下形成的"数字技能"或"网络技能"紧密相关。算法素养培养的根本目的就是在算法无可回避的媒介环境中培养人们与算法的共存能力[1]。

算法素养既涉及算法的设计开发者、媒介工作者，也涉及算法的使用者。在对算法进行伦理约束以及制度变革的基础上，用户是应对一切网络社会风险的最后一道防线，一旦用户的主体性地位坍塌，任何措施都将无法抵挡技术的侵害[2]。而技术与社会层面对算法的规制不能解决所有问题，所以提升全民最基本的算法素养是必要的，尤其是在认识和理解算法的基础上，有必要培养用户识别风险、驾驭算法的能力。

为了应对机器人水军、信息茧房和虚假新闻等问题，相关部门和组织应该培育公众对信息真伪的甄别能力。这可以通过各种媒体和平台来普及算法推荐逻辑和运行机理，让用户认识到算法技术并不是"价值中立"的，从而防范算法技术对公众的操纵。同时，用户也应该具备足够的权利意识，警惕个人数据被算法获取，自觉抵制算法侵犯隐私和版权的行为。此外，主流媒体和其他舆情主体应该引导网民积极理性地参与网络公共事件的讨论，促进社会共识的形成。

① 彭兰. 如何实现"与算法共存"：算法社会中的算法素养及其两大面向[J]. 探索与争鸣，2021(3)：13-15.
② 廖秉宜，张慧慧. 互动与博弈：算法推荐下短视频行业生态与发展路径[J]. 中国编辑，2021(9)：10-16.

第8章 融合新闻未来

随着数字技术、通信技术和网络技术的不断发展，人类对虚拟世界的探索越来越深入，各种虚拟现实与现实世界将越来越交融，媒介融合最终将走向媒介与现实的融合，形成所谓的"元宇宙"。有人认为元宇宙是媒体融合的最终形态，不仅将全面形塑人类社会生活的方方面面，也必将形塑新闻业态和新闻现象，融合新闻的未来必将与元宇宙紧密联系在一起。

8.1 元宇宙：媒介融合的未来

8.1.1 何为元宇宙

"元宇宙"(metaverse)的概念最早可以追溯到1965年，美国计算机图形学之父和虚拟现实之父伊凡·苏泽兰(Ivan Sutherland)在 *The Ultimate Display* 中描述了一个虚拟环境下的现实世界，用户能与虚拟对象实现自然交互，并获得相应的物理感知。1990年，我国学者钱学森用"灵境"一词来描述虚拟现实，成为早期"元宇宙"的概念设想。目前，各界普遍认为"元宇宙"这个词来源于美国著名科幻小说家尼奥·斯蒂芬森(Neal Stephenson)在1992年所著的《雪崩》(*Snow Crash*)一书。书中描述了一个平行于现实世界的虚拟网络世界，即"超元域"(metaverse)。小说这样写道："实际上，他在一个由电脑生成的世界里，电脑将这片天地描绘在他的目镜上，将声音送入他的耳机中。用行话讲，这个虚构的空间叫作'超元域'。"[①]

从词根的角度分析来看，元宇宙(metaverse)，是由"meta"和"verse"这两个英文单词合成的新概念。"meta"由古希腊语 μετά 演变而来，表示"超越""元"，"verse"表示"宇宙"(universe)，有学者将元宇宙解释为："一个平行于现实世界，又独立于现实世界的虚拟空间，是映射现实世界的在线虚拟世界，也是越来越真实的数字虚拟世界。"[②]

从本质上看，元宇宙"是整合多种新技术而产生的新型虚实相融的互联网应用和社会形态，它基于扩展现实技术提供沉浸式体验，基于数字孪生技术生成现实世界的镜像，基于区块链技术搭建经济体系，将虚拟世界与现实世界在经济系统、社交系统、身

---

① 尼尔·斯蒂芬森.雪崩[M].郭泽，译.成都：四川科学技术出版社，2018：28.
② 赵国栋，易欢欢，徐远重.元宇宙[M].北京：中国出版集团中译出版社，2021：2.

份系统上密切融合，并且允许每个用户进行内容生产和世界编辑。"①因此，元宇宙是多种新技术融合的产物，也被称为"互联网的终极形态"。下面就围绕扩展现实技术、数字孪生技术以及区块链技术这三个元宇宙的底层技术展开介绍。

8.1.2　元宇宙的特征与核心技术

UGC游戏平台Roblox于2021年3月在纽交所上市，随即带火了元宇宙概念。Roblox认为元宇宙具有身份、朋友、沉浸感、随地、多样性、低延迟、经济和文明八大关键特征(见图8-1)：identity(身份)，参与者拥有一个虚拟身份形象，可与其真实世界身份无关或有关；friends(朋友)，参与者能够在元宇宙里社交；immersive(沉浸感)，参与者沉浸在元宇宙的体验当中，失去对现实世界的感知；anywhere(随地)，参与者可以随时随地在任何地点进入元宇宙；variety(多样性)，元宇宙内有大量差异化、丰富的内容引起人们长期的兴趣；low friction(低延迟)，元宇宙没有延迟性，交流和社交随时发生；economy(经济)，为保证内部正常运转，元宇宙应该有自己的经济系统；civility(文明)，元宇宙应该是一种数字文明。

图8-1　Roblox提出元宇宙的八大关键特征

根据人们对元宇宙的设想，扩展现实技术、数字孪生技术、区块链是构建元宇宙的三大核心技术。

1. 扩展现实技术

扩展现实(extended reality，XR)是指通过以计算机为核心的现代高科技手段营造真实、虚拟组合的数字化环境，以及新型人机交互方式，为体验者带来虚拟世界与现实世界之间无缝转换的沉浸感，是虚拟现实(VR)、增强现实(AR)和混合现实(MR)等沉浸式技术的总称。要了解XR技术，首先就需要对这三个"R"进行简单的概念辨析。

(1) 虚拟现实(VR)。虚拟现实(virtual reality，VR)是"一种可以创建和体验虚拟世界的仿真系统，利用计算机生成一种模拟环境，使用户沉浸到该环境中"，就是在现实

---

① 清华大学新闻与传播学院新媒体研究中心.元宇宙发展研究报告2.0版[R]. [2022-1-21].

数据的基础上，"通过计算机技术产生的电子信号，将其与各种输出设备结合，使其转化为能够让人们感受到的现象"[①]。虚拟现实向用户呈现了一个通过计算机技术模拟出来的、与现实世界不同的模拟环境。

(2) 增强现实(AR)。增强现实(augmented reality，AR)是将真实世界信息和虚拟世界信息内容之间综合融合的新技术，运用了多媒体、三维建模、实时跟踪及注册、智能交互、传感等多种技术手段将原本在现实世界的空间范围中比较难以进行体验的实体信息进行模拟仿真处理，叠加将虚拟信息内容在真实世界中加以有效应用，并且在这一过程中能够被人类感官所感知，从而实现超越现实的感官体验。

日常所见的抖音图像或照片编辑应用程序都应用了AR技术，将计算机生成的文字、图像、三维模型、音乐、视频等虚拟信息模拟仿真后，应用到真实世界中，从而实现对真实世界的"增强"。

(3) 混合现实(MR)。混合现实(mixed reality，MR)，是"智能硬件之父"多伦多大学教授史蒂夫·曼恩(Steve Mann)提出的"介导现实"概念。该技术通过在现实场景呈现虚拟场景信息，在现实世界、虚拟世界和用户之间搭起一个交互反馈的信息回路，以增强用户体验的真实感。混合现实技术是对增强现实技术的延伸，它进一步弥补了AR技术无法做到实时交互的缺陷，也是虚拟现实技术的进一步发展。它通过计算机图形技术和可视化技术产生现实环境中不存在的虚拟对象，并通过传感技术将虚拟对象叠加到真实环境中，真实的环境和虚拟的对象实时地显示在同一个画面或空间。

2022年8月25日，中国通信标准化协会扩展现实产业及标准推进委员会(TC625)成立大会在北京召开。该推进委员会的成立健全了我国扩展现实领域"标准制定、检验、检测、认证一体化"的工作机制，是推动扩展现实标准实施和产业化应用的重要举措，未来将继续助力扩展现实产业链上下游的良性发展，与产业各方共筑健康生态，推动我国扩展现实产业跨越式发展。

2. 数字孪生技术

数字孪生技术(digital twins)是用数字化的方式为物理实体创建虚拟模型并模拟其行为[②]，以孪生数据为关键驱动因素处理多时间尺度、多维度、多源和异构数据[③]，集成多物理、多尺度、多学科属性的技术。严格来说，数字孪生技术并不是一个全新的概念。它植根于现有的一些技术，如3D建模、系统仿真、数字原型(包括几何原型、功能原型和行为原型)等。

利用数字孪生技术可以将现实中的物的各项数据实时地记录下来，再复制到元宇宙

---

① 石宇航. 浅谈虚拟现实的发展现状及应用[J].中文信息，2019(1)：20.

② Tao F, Cheng J F, Qi Q L et al. Digital twin-driven product design，manufacturing and service with big data[J]. The International Journal of Advanced Manufacturing Technology，2018.

③ Qi Q L, Tao F, Zuo Y et al. Digital Twin Service towards Smart Manufacturing[J]. Procedia Cirp，2018.

中通过3D建模技术显示出来。由于数字孪生的数据是实时反映的，元宇宙中虚拟物的形象参数也能忠实地反映其现实的状况。数字孪生的日益普及反映了虚拟世界与物理世界日益相互联系、融合为一个整体的必然趋势[①]。

得益于物联网、大数据、云计算、人工智能等新一代信息技术的发展，数字孪生的实施已逐渐成为可能，并在物理空间与虚拟空间的映射、融合、协同进化等领域表现出应用潜力。在国内，由于成本与传感器数量的限制，行业应用数据孪生技术收集的参数类型有一定的局限性，显示的形式也只停留在计算机3D建模下的关键参数提取。

3. 区块链技术

在元宇宙的创造、社交、购物或游戏中，不可避免地会产生交易行为，而区块链技术(blockchain)的唯一性和保密性特征确保了数字资产的安全。元宇宙用户编辑创造生成的内容属于用户的个人数字资产，同时这种创造也极大地丰富和扩展了元宇宙的内容，而区块链技术则为这些数字资产提供了安全保障，可极大促进元宇宙创作的去中心化进程，使元宇宙经济模式更开放化、扁平化、平等化。区块链具有分布式、强加密、不可篡改、唯一指向等技术优点，使得数据资产的安全得到了技术逻辑上的保障。

NFT(non-fungible token，非同质化代币)是区块链上的一个数据单元，它可以在元宇宙中定义数字资产的所有权。区别于当前计算机数据的可复制性，NFT提供了一种有效的方法来证明数字资产是唯一性的和不可替代性的，人们可以使用区块链技术加密货币来交易他们的数字资产或开展经济活动。目前，区块链的发展受到各国政府和企业的重视。比特币是区块链技术的第一个应用，许多政府也在利用区块链技术加紧构建自己的主权数字货币，如我国正在构建的数字人民币。

8.1.3　元宇宙的发展历程

元宇宙的本质是互联网技术与产业的多元融合，元宇宙概念的发展必将随着相关技术的进一步成熟而不断深化。结合目前元宇宙在国内外的发展情况以及未来信息技术发展的趋势，可将元宇宙划分为萌芽阶段、发展阶段、深化阶段3个发展阶段。

萌芽阶段(2016—2020年)

在萌芽阶段，由于技术和应用场景等条件限制，人们暂不能随时随地随意进入元宇宙，而主要通过增强视觉、听觉、触觉等感官的方式接触虚拟世界。

(1) 从萌芽阶段的技术能力角度看，区块链、人工智能、数字孪生、游戏引擎、AR/VR 等技术只能建设简单的元宇宙，还不足以满足复杂场景、高度沉浸感、经济系

---

① Qi Q L, Tao F, Hu TL, et al. Enabling technologies and tools for digital twin[J]. Journal of Manufacturing Systems，2021.

统的需要。

(2) 从萌芽阶段的应用服务角度看，元宇宙主要通过AR/VR接入，进而参与游戏和数字艺术欣赏，或者感受网络音乐、演唱会等，现有感官体验提升参与感。

(3) 从萌芽阶段的映射关系角度看，元宇宙主要还是以真实世界的仿真和数字化为主，真实世界的人、物、活动以及关系能够映射到元宇宙中。

(4) 从萌芽阶段的角色身份角度看，元宇宙中主要的角色对象是从真实世界映射而来的虚拟身份。元宇宙中会出现数字人，但其智能程度较低，只能处理特定领域的有限问题。元宇宙中只存在虚拟身份之间、虚拟身份和数字人之间的交互，数字人和数字人之间并不会直接交往。

第二阶段：发展阶段(2021—2030年)

在发展阶段，网络算力、通信带宽大幅增强，元宇宙应用场景也逐步丰富，出现了成熟自治和长期演化的社区。

(1) 从发展阶段的技术能力角度看，高速芯片、网络算力、6G等高带宽网络通信、人工智能、XR和脑机接口等技术逐步成熟，元宇宙的信息基础设施基本成型，能够支撑复杂和具有高度沉浸感的应用场景。

(2) 从发展阶段的应用服务角度看，元宇宙通过更好的 XR 技术、全息投影或脑机接口接入，参与到更多的协同办公、面对面交流、共同完成任务等应用场景中，在元宇宙中已经开始形成一些依据法规和公约约束的虚拟社区，逐步形成具有共识的新型经济系统。

(3) 从发展阶段的映射关系角度来看，本阶段逐步实现数字孪生化，元宇宙世界和真实世界将互相影响和作用，伴生发展、双向交互。元宇宙不是一个纯粹的虚拟世界，不再局限于社交和娱乐，有真正的工作、交易、资产、货币，能够与真实世界互通，元宇宙内的数字经济也带动真实世界实体产业增长。元宇宙中也会出现在真实世界中没有的新场景和新职业。

(4) 从发展阶段的角色身份角度看，元宇宙中，数字人具有较高智能，甚至像人一样具有独立的思想，且能成长和发展。因此，会出现虚拟身份之间、虚拟身份和数字人之间、数字人与数字人之间的复杂社交关系。

第三阶段：深化阶段(2031年之后)

在深化阶段，由于技术和应用的成熟，元宇宙和真实世界深度融合，缸中之脑成为现实，虚拟世界也就是真实世界。

(1) 从深化阶段的技术能力角度看，元宇宙将突破现在的摩尔定律、计算机体系结构和计算模式，通过高度发达的生物信息技术、量子技术和人工智能技术构建几乎无法区分真实和虚幻的模拟场景，甚至实现人类大脑意识上传到网络。

(2) 从深化阶段的应用服务角度看，元宇宙已与各行业深度融合，并产生大量的新产业、新市场和新空间，将创造出单纯真实世界不存在的、更丰富多彩的应用场景和时空。元宇宙中也将出现大量长期演化发展的"文明世界"。

(3) 从深化阶段的映射关系角度看，元宇宙实现真正的虚实融合，通过数字技术人们可以无感地在真实世界和元宇宙融合后的世界中进行生活、娱乐、工作、生产等。由于数字能力的发展，创新、使用和体验等活动将更多在元宇宙中完成，而真实世界更多承担在线下完成的必备环节，如真实物质的生产、流通、消耗等。

(4) 从深化阶段的角色身份角度看，人类可能脱离空间和时间限制，以意识形态生存于元宇宙，所以真实身份、虚拟身份、数字人等将共存，构成更复杂且不断变化的关系，将对社会治理、道德观念产生巨大影响。

根据这样的发展趋势，腾讯研究院将这种数实融合的产业发展命名为"全真互联网"，其内涵包括全真体验、无线连接、自由协同和数实融合，最终实现线上线下的一体化。腾讯描绘了全真互联网的发展路径(见图8-2)，将这个过程分为社交+游戏元宇宙、全真互联网和全真互联网+元宇宙三个阶段，并认为最终的目标是建立一个数字化的宇宙。这个数字化的宇宙，是与现实交织融合在一起的，可称为一个虚拟世界与现实世界浑然一体的新型宇宙世界。那么，在这样的一个未来世界中，媒体融合和新闻业又将何去何从？

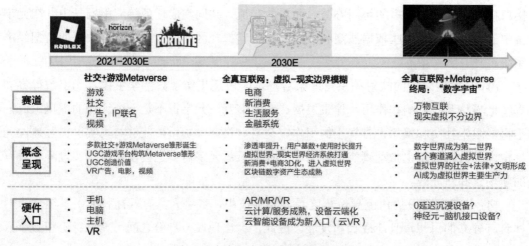

图8-2　全真元宇宙互联网发展路径

8.2　元宇宙与融合新闻

8.2.1　元宇宙背景下的媒体融合

将未来的新闻业融合发展路径置于元宇宙背景下讨论，是考虑到以下三方面的关联。

第一，元宇宙的作用机制是多种技术叠加融合，这也与"媒体融合是一场由技术革命带来的媒体转型"这一底层逻辑相暗合。元宇宙"是对各项互联网相关技术的全面融合、连接与重组，是互联网全要素有机融合的终极模式，是对于未来互联网全要素如何发展的一个终极'远景图'"①。技术赋能将突破媒体融合现阶段动力不足、融而不合的现状，带来更高维度的技术升级。

第二，元宇宙的到来将为数字时代持续发展续航，媒体跨界融合也逐步迈向深化。我国数字经济呈现快速增长、规模庞大、潜力巨大的发展趋势，已成为全球第二数字经济大国。数字经济已经成为推动我国经济增长和高质量发展的重要动力。媒体发展数字经济是顺势而为，既是媒体融合的需要、转型发展的需要，也是自身优势的彰显。发展数字经济是传统媒体实现高质量发展的必由之路。

第三，巨大的市场红利和广阔的发展前景，让处于融合僵局、内部造血能力尚弱的传媒产业想从中分一杯羹。对于传媒行业而言，积极应对新一轮科技发展的大潮，探索元宇宙给新闻业带来的影响，特别是传媒融合元宇宙引起将传媒生态在新闻内涵、生产流程、传播理念以及传媒产业等方面直接而深刻的变化，已经是当前紧迫的任务。

8.2.2　元宇宙技术赋能新闻业

1. 拓展新闻的内涵

从人们借助文字来传递信息开始，人类就进入了需要借助于外物进行间接交流的间接媒介时期。随着后来印刷术、电子通信技术、数字技术和互联网技术的出现，各种物理性的传播媒介进一步丰富了体外化媒介系统。人类传播的发展史就是一个人类在生产和交往活动中不断创造和使用新的传播媒介的过程，各种媒介技术在嵌入新闻生产与传播过程中都深刻影响着新闻的内涵与价值标准。元宇宙技术作为多种技术的混合形态，将在新闻的真实性和时效性上有新的突破。

首先，在时效性上，传媒业对于新闻的时效性有着不设上限的追求，而融合新闻注重内容的拓展和开放传播，势必需要更大的带宽和更快的传输速率承载与运输多元化的信息。元宇宙技术带来的不仅仅是传播速率的提升，更是实现了现实与虚拟场景的随时切换。时空局限的跨越，无疑是对新闻即时性的升维。随着5G的发展，以高速度、低时延、大带宽的网络通信技术为支撑的元宇宙技术，能够将信息传输速率提升10～100倍，满足融合新闻海量丰富的数据和内容传播要求。2022年12月11日，中国移动全球合作伙伴大会在云上开幕，通过5G+超高清+VR等创新技术打造了一个全线上、全方位、沉浸式的"元宇宙"大会。观众可通过PC和移动端"登舰"进入大会元宇宙，以数字化身打破时空的藩篱，进入全景式、沉浸式的云论坛看大咖论道，也可"亲临"国内外各大移动信息企业的云展台实时互动，窥见数智世界的万千想象。

---

① 郭婧一，喻国明.元宇宙新"入口"：智能网联汽车作为未来媒体的新样态[J].传媒观察，2022(6)：17-21.

其次，真实性的内涵也将改写，将从传统的还原真实转向塑造真实。在元宇宙空间中，虚拟现实技术让传播过程中"真实场景"的建构得以实现，用户能在立体化、多感官接收情境中成为新闻事件的"目击者"和"实地观察者"，以第一人称本位视角参与到事件中，带来更为准确的情境体验。虚拟现实技术营造的情境体验打破现实世界与虚拟世界的界限，缩短传受双方距离，增强现实体验感。与传统虚拟现实新闻所要达到的沉浸效果不同，元宇宙致力于将信息与真实世界中的场景结合起来，构造虚实结合、引人入胜的交互环境。目前初级的虚拟现实呈现的场景和人物不是真实的，只是把观看者的意识带入虚拟世界；而在元宇宙下，观看者看到的场景和人物一部分是真实的，是把虚拟的信息带入现实世界。例如，新华社客户端出品的《元宇宙看两会》，依托AR增强现实技术和比特数智人制作能力，新华社客户端特派报道记者比特数智人弋瑭在以人民大会堂进行1：1建模的"元宇宙看两会"数智演播室里进行报道。

元宇宙技术和融媒体平台软硬件的不断升级会推动未来越来越多的突发事件现场报道采用虚拟现实等元宇宙技术，使受众体验不断逼近真实的"新闻现场"。

2. 重塑生产流程

技术浪潮带来了UGC、PGC、MGC等丰富的内容生产模式，但囿于扁平化的生产组织架构，各种生产模式之间相互独立，难以协调融合。而元宇宙创设了一个更为开放和聚合的创造空间，多种生产模式自由地对新闻传媒的内容进行协同创造。以AI技术为基础的新闻算法机制将覆盖新闻业各环节，实现智能化新闻生产。在信息采集方面，功能强大的AI搜索引擎技术与仿真采集技术，可以实现对信息实时采集与高效聚合，将视觉、听觉、触觉甚至嗅觉延伸到全景场景中，创设"超感空间"，从而加强新闻的全感官感知水平。在新闻编辑环节，随着5G技术日益成熟，"云编辑"将成为常态，配合AI强大的数据信息采集与分析能力、时空多维编辑能力，将为新闻编辑技术的迭代赋能。元宇宙的3D虚拟信息空间具有可视性、协同性、持久性和互操作性[①]，元宇宙高度的整体性能够在第一时间帮助新闻编辑在庞大的信息流中搜集、整合关键信息，并进行自由编辑。通过对数据的结构化、知识化处理，探索有意义的数据联系，将孤立的"新闻事件"扩展为"情景报道"，丰富新闻内容生产，增强报道说服力。

全国两会期间，中央广播电视总台推出《两会词云图》系列融媒体报道足以彰显AI数据处理技术强大的数据处理能力。报道团队以实时直播、记者连线、追访和特写报道、短视频、网络话题等多种形式，对两会"通道"进行了全方位、全媒体、多平台、深层次的融合报道。

例如，《两会词云图》之《"部长通道"透视中国发展前行力量》将两会现场实景画面与虚拟"词云"视觉呈现进行穿插剪辑，不仅让"词云"技术有数据本身价值的抓

---

① 胡泳，刘纯懿. 元宇宙作为媒介：传播的"复得"与"复失"[J]. 新闻界，2022(1)：85-99.

取，更以可视化效果展示了大数据在新闻报道和视听呈现中发挥的独特作用。

元宇宙的目标是创设一个平行于现实且无限逼近现实的虚拟世界，这意味着现实社会的各种数据资源将会在虚拟空间进行数据移植，强大的算法技术将根据全方位的信息进一步完善用户画像，精准定位目标用户的信息需求，建立多层级的信息分发矩阵，以优化的分发渠道创建个性化产品，从而改善用户在元宇宙中的新闻接受体验，增加用户黏性。借助数字孪生技术、AI等前沿技术，元宇宙为融媒体转型及数字化发展提供全新一站式解决方案，驱动媒体从线性传播到场景构建传播，给新闻产业带来一场数字化大变革。

3. 丰富生产理念

当前媒介融合已进入"下半场"，我国的媒体融合正从"相加"到"相融"的方向转型，在互联网技术的加持下，我国传媒业逐步实现了渠道、组织、内容、技术、语态的变革。新媒体语境下的技术赋权打破了过去媒介组织垄断话语的局面，多元主体入局冲击了过去的科层制社会的串联式模型，但扁平化的信息传播结构并没有完全突破各个部门与技术的圈层壁垒，目前的媒体融合还存在内容融合真实性堪忧、传播渠道融合不平等、组织机构融合冲突、经营模式"倒融合"、效果融合陷入"文化迷思"等问题①。

要实现真正的协同统一、融合共生，还需要元宇宙提供一种更加开放的价值共创系统的可能。例如，ROBLOX在用户协同的基础上，鼓励并支持用户进行内容的创作，让用户通过平台进行内容的创建、分享以及创收盈利；类似地，在2023年全国两会期间，"封面新闻"打造的两会元宇宙平台——"元里"上线(见图8-3)，这是一款基于数字还原和虚实融合技术的沉浸式交互体验空间，为用户提供了全新的两会体验和信息交互方式，帮助用户更好地了解和掌握两会的相关信息，参与到两会的话题中来。

用户进入"元里"后，不仅可以自由地移动"小封"机器人的视角，还可以在游戏般的体验中根据需求选择不同的融媒体新闻报道。其中，H5新闻《四川向上400000米》(见图8-4)需要用户自己单击"出发"按钮，即可登上太空电梯，向上飞升。在向上飞升的过程中，可以点亮天府熊猫塔，在城市地标见证中国西部第一高塔的高度；可以在天府国际机场1号塔台，聆听飞机起飞的声音；可以感受客车开上云端；也可以在大熊猫国家公园，聆听大熊猫的声音；可以感受太空电梯冲破风暴，在空间站俯瞰地球……在元宇宙空间中，过去新闻单向"投喂"，只等受众被动接受的方式被改变，强交互性让用户以更加主动的姿态加入新闻意义的创作与接受之中，实现多元创作主体的互动。

---

① 周传虎，倪万.技术偏向：当前我国媒介融合的困境及其原因[J].编辑之友，2020(1)：25-29.

图8-3 "封面新闻"元宇宙平台"元里" 图8-4 "封面新闻"四川向上400000米

元宇宙相当于把现实世界人与人、人与物、物与物的连接映射到网络空间中再次激活、整合，虚拟世界的"再组织化"进程让虚实边界消弭、圈层边界瓦解，打通各层级之间的资源和信息通道，实现资源高效配置与多元主体共同创作、相互补充的一体化传媒生态。

4. 促进产业融合

元宇宙技术打破了现实和虚拟空间的壁垒，拓展了传媒产业原有的边界，塑造出更广阔的传媒业生态系统，开创了新的传媒产业经营模式。

元宇宙借助数字孪生、区块链、虚拟现实等技术，在时间和空间两个维度上呈现多重场景的叠加，用户通过网络化身穿梭于虚实两个空间，进而在各种场景中建立联系并产生个性化的场景体验和需求导向。在此逻辑下，元宇宙将挖掘"场景"价值，实现业务跨界深度融合和产业链延伸，不论是传统生产链条的上下游相关产业，还是新型内容生产方、信息服务方等，都将被纳入传媒产业版图。元宇宙向上需要融入相关技术服务平台，向下需要切入信息公共服务范畴，搭建全链路赋能、跨界协同的产业生态网，共创传媒生态品牌。

超时空的场景经济势必成为各平台争夺的蓝海市场，数字化的虚拟资产亟须变现途径，于是NFT的出现宣告着这一可能性。NFT作为一种非同质化代币具有唯一性、可溯源的特征，它可以借助区块链技术给内容与资产发布特定证书，允许买家通过区块链上的特有数字代币的形式获得数字商品的唯一所有权，从而为元宇宙中内容与资产的生产、确权、交易等过程保驾护航。2021年3月，美联社将其在区块链第一次报道美国总统选举的作品作为NFT售出，最终以18万美元的价格成交。可见，传媒作品作为数字藏品具有独特的商业、文化价值。

2023年全国两会期间，川观新闻上线2023年全国两会限量数字藏品"蜀与你"(见图8-5)，将习近平总书记带火的"四川味道"，如白叶一号、"带劲"豆花、永丰稻米、东坡文化等"一川风物"永久保存在元宇宙里。这"一川风物"承载着习近平总书记的关怀与挂念，承载着四川人民对美好生活的不懈奋斗与追求。上架3小时内，8000份藏品申领一空。该系列文创礼盒同步亮相北京，邀请全国人大代表前来"开箱"，为家乡"带货"，从独特的视角展现出丰富多样的民生关切。无论是新闻报道的文本，还是新闻标题、图片、音频、视频等都能作为NFT出售，不仅能获得经济上的实际收益，还能以唯一所有权的形式防止被侵权。同时，传媒业在元宇宙中所构建出的全新场景必将带来广告业务的升级迭代。

图8-5 川观新闻数字藏品"蜀与你"

8.2.3 元宇宙对新闻业的挑战

古希腊剧作家索福克勒斯曾提醒人类："一切进入凡人世界里的强大之物，皆有弊端。"在媒体布局元宇宙之前，各种新兴技术渗透到新闻业引发了一系列不可避免的职业规范与社会问题。因此，在拥抱元宇宙给传媒业带来新机遇的同时，也要警惕其对传媒业造成的风险挑战。

1. 内容与技术的关系风险：技术对于内容主体性的消解

从早期依托于文字、声音等单一媒介建构事实到融合时代多媒体技术再现事实，媒体融合的过程也可以看作一个不断让新闻接近于事实的过程。而元宇宙之所以被称为媒体融合的最终形态，是因为虚拟现实(VR)、增强现实(AR)和混合现实(MR)构成的扩展现实(XR)对身体和环境信息的提取、处理与传输能够让事实中一切在场的语言要素和非语言要素在虚拟空间中得到模拟，让新闻的接受者在"去介质化"的媒介接触过程中获得亲历现实的第一感受。但也正因为真实与虚拟的边界无限消弭，加剧了新闻传受矛盾，即新闻接受主体对新闻感知到的真实才是新闻应该具有的真实效应。

处在开发者设定的"新闻"中，沉浸式技术带来的超感知体验致使用户易于投入于一个"超真实"的"拟像"中而不自知。诚如鲍德里亚后现代主义中的"内爆"预言，那些通过数字影像制造出来的、与现实场景几乎是一比一复制的符号甚至比真实还要真，人们已经逐渐把媒体传播的虚拟符号等同于真实去接受真实与虚拟边界的消弭。

元宇宙的"超真实"带来的还有环境与意义的双重"内爆"，当人们身处于环境拟像，在享受高度沉浸技术的"按摩"时，却忽略了新闻本身传达的信息价值与社会意义，心甘情愿堕落为"单向度的人"。在元宇宙中，媒介会成为像空气一样须臾不可离的东西而自然"隐没"，从而完成技术对人类的"驯化"与"异化"。真实不再重要，社会将越发沦为"娱乐至死"中迷幻的泡影。

2. 获取与让渡的边界风险：信息数据滥用导致价值理性消退

移动互联网时代，Web2.0架构提供的用户数据生产方式改变了人们的隐私观念，从空间范式的隐私观转向控制范式的隐私观，即商业机构在收集和使用个人数据时，须获得用户的知情同意[①]。用户在中心化技术架构上建构数字身份，互联网科技巨头高度掌控着用户账号的个体数据。而在元宇宙时代，虽然区块链技术的引入为元宇宙带来了新的去中心化身份(decentralized identity，DID)控制机制，但以扩展现实(XR)等技术支持运行的元宇宙，所需调用的用户数据将拓展到更进一步的维度和深度。用户在元宇宙空间的媒介实践数据不仅包括了用户接入时从现实社会上传的数据，也包括在元宇宙空间交互实践中所产生的社会性意义上的数据，以及生物性肉体与脑意识层面的数据信息，如眼球运动、肌电信号、脑电波、基因构成等深度生物隐私数据[②]。倡导沉浸式技术健康发展的非营利组织"分享我们的力量"(Safety Initiative)，其创始人铂尔曼(Pearlman)就曾揭露了元宇宙收集用户信息的隐私问题："我们的数据隐私法需要更新，因为它们不够完善。无处不在的眼球追踪、步态追踪、你的移动方式、你的行走方式……对所有这些信息的分析可以推断出很多关于你的深层隐私信息。然后通过元宇宙的人机接口，例如脑机接口，在某个时候提供不同程度的分析和预测——有些甚至是你的真实想法，而有些甚至超出(预判)你的想法！"

虚实空间中的数据隐私保护困境主要来自平台提供方的数据监管、泄露、滥采滥用问题。基于数据信息采集始终以隐性化、智能化、自动化方式进行，作为具体服务的

---

① 陈辉，闫佳琦，陈瑞清等.元宇宙中的用户数据隐私问题[J].新疆师范大学学报(哲学社会科学版)，2022，43(5)：112-120.
② 陈辉，闫佳琦，陈瑞清等.元宇宙中的用户数据隐私问题[J].新疆师范大学学报(哲学社会科学版)，2022，43(5)：112-120.

平台拥有超越政府层面的庞大数据集，而用户生物性肉体与脑意识层面的数据信息，对平台自身提升用户画像与精准投放功能起到了关键性作用，亦有大数据的应用价值。在众多元宇宙游戏、音乐、电影等内容消费场景中，扩展现实技术和脑机接口技术将以提升用户体验的名义，大量采集用户脑电波与其他神经元活动数据。因此平台方若缺乏有效监管，用户数据信息有可能出现被其滥采、滥用、泄露等情况。2022年2月，随着元宇宙概念爆火而改名的社交媒体巨头Meta就因涉嫌非法采集面部信息被美国得克萨斯州总检察长肯·帕克斯起诉，其指责Meta旗下的Facebook在未经用户同意的情况下使用面部识别技术收集数百万得克萨斯民众的生物特征数据。此行为触犯了该州隐私保护规定。指控中提到Facebook从用户上传的照片和视频中获取生物特征信息并披露给他人且未能及时销毁。诉讼还指出该平台在未经同意的情况下截获得克萨斯用户生物识别信息的次数多达数十亿次。

3. 拟态环境与受众的互动风险：沉浸式感知方式下的理性缺失

元宇宙时代，VR新闻等沉浸式新闻正在得到广泛应用。传统的新闻叙事通常是一种线性表达，呈现形式多是文字、图片、音视频等语言符号。VR新闻不再局限于对新闻的简单陈述和新闻框架的限制，而是营造出上下、左右各360°的情景，使得受众不再被束缚于固定空间中，能够以"具身化"的方式置身于新闻现场。元宇宙虚实相融的世界更容易引导用户以设身处地的同理心和更敏锐的情绪感知来认知新闻事件，这是对理性思考和逻辑判断的有效补偿。但从另一方面看，正因为VR新闻逼真或浸润，它貌似全面、客观和真实的呈现背后也可能引发用户对深度报道、逻辑分析和理性探求的缺失。

美国学者沃尔特·李普曼(Walter Lippmann) 针对大众媒体在社会中的功能提出了"拟态环境"(pseudo-environment) 理论，认为在社会生活层面上，人类对环境的适应必须通过媒介对环境的某种再现(representation)来完成，而这种再现在某种程度上是由人类自己创造出来的①。也就是说，大众传媒在对新闻信息重新结构化后，形成了大众传播构造的信息环境，而非客观的、真实的环境。这种拟态环境中的"超真实感"引发了媒体的功能失调，应用于元宇宙的"XR""VR"等前端技术将这种负面影响放大，"超真实感"进一步模糊了用户对现实与虚拟世界的感知边界，媒体技术创建的虚拟环境常常被用户当作客观存在的真实世界，VR新闻的收受者将媒介体验视为现实替代物，而忽视深藏于VR面纱下的符号与意识形态宰制，VR新闻营造的"拟态环境"使得其出现认知和行为偏差的可能性加大。

同时，元宇宙中传播的VR新闻形式并非适合所有新闻报道，对于一般的社会新闻、时政报道等来说，人们并没有身临其境去感受的愿望。对于重大事件直播或重要事

---

① 沃尔特·李普曼. 舆论[M]. 常江，肖寒，译. 北京：北京大学出版社，2018：14.

件解释性报道等，更适合以虚拟场景体验为主要特征的VR新闻去体现。而在此类新闻事件中，群体心理在虚拟空间的互动中容易得以加剧和扩散，理性思考能力随之减弱，情绪感染在一些新闻事件中会迅速爆发且广泛蔓延。

4. 资本对传媒的入侵风险：新闻理念与人文价值的消退

法国社会学家皮埃尔·布尔迪厄在《关于电视》一书中提出了"新闻场域"的概念。他认为，作为权力场的一部分，新闻场受到更多的其他场域的影响，包括政治、资本和文化场域的干扰[①]。技术发展到今天，我们谈论媒介，其实谈论的是一个与报纸、广播、电视等大众传媒大不相同的信息技术网络。作为整体的数字媒介平台开始在宏观社会层面运行，这种体现在社会宏观层面的数字媒介权力已经成为了一种社会的"元权力"，对社会中的其他权力形式施加影响，其中就包括数字媒介平台对大众传媒机构新闻传播权力的侵蚀和取代。

元宇宙的本质是依托科技公司所提供的先进技术，其背后是资本的博弈。元宇宙成为市场的宠儿和资本追逐的热点，始于2021年Roblox和Meta的破圈操作。2021年初，被Facebook收归旗下的Oculus推出划时代的产品Quest2，将VR头戴式显示器价格带入2000元区间，不仅大幅降低消费门槛，还带来了丰富的应用场景。此后不久，Roblox成为全球第一家把元宇宙写入招股书的公司，2021年3月登陆纽交所，上市首日市值大涨54%。同年10月，Facebook正式更名为 Meta，掀起全球关注高潮，并引发亚马逊、苹果、谷歌、微软、英伟达、腾讯等巨头迅速跟进。这些公司或着手进行内部重组，或调整设计产品，或校正元宇宙路线，并准备推出价值数十亿美元的产品。

"元宇宙"这场"火"一路从互联网行业"烧"到资本市场，然后蔓延到传媒行业。在元宇宙空间中，媒介从一种对其他社会场域相互作用的社会组成部分跃升成为整体生态环境，传媒业与媒介的关系顺势切换为包含与寄居的关系，传媒业反而成为媒介空间的组成部分。在技术建构的虚拟社会的空间框架中，技术在场域内实践与场域间交流的重要性将得到前所未有的强调，新闻实践均需借技术之力，科技公司可能越过媒体成为传播活动的实际主导者，以科技巨头为代表的资本力量大军侵入传媒业，将动摇原本政治、市场、传媒三者之间微妙的平衡，导致权力结构动摇。造成的后果不仅是媒体主导权的被迫让渡，新闻专业主义面临失守的行业规范问题，更是资本权力与文化资本的联姻，借用符号文本的生产完成意识形态的渗透。

一方面，元宇宙时代的新闻报道是一种"技术中介化"的新闻报道，新闻报道在元宇宙的传播中不可避免地会依赖技术平台公司，平台垄断将威胁新闻报道的独立性和公正性。这是因为，若客观事实、人的行动都被算法化，云宇宙平台的责任主体地位就会被"中立"的旗号模糊掉，从而推卸新闻信息传播的把关责任。另一方面，场域中的文

---

① 皮埃尔·布尔迪厄. 关于电视[M]. 许钧，译. 北京: 北京大学出版社，2020：156-160.

化资本能产生符号暴力，而场域中的权力能定义"真理制度"，决定符号的指涉意涵。如前所述，元宇宙作为沉浸性的媒介，其本身就具有影响用户认知和行为的能力，当媒介由权力主体生产并主导时，这种能力背后潜藏的隐患与危机将更加凸显，它能影响用户的身体感知，造成认知的趋同，主导行动主体的行为逻辑，使用户完全异化为逐利的工具，人的主体性成为权力的牺牲品。

8.2.4 助力传媒业积极布局元宇宙

将新闻业整体搬迁到元宇宙空间是技术领跑世界发展逻辑下的应然之举，传媒业工作者也应顺势而为，重新适应传媒生态结构的转变，从生产理念、生产流程、产业融合等方面摸索出适合在元宇宙进行新闻生产的渠道。

1. 事实呈现：坚持客观性再塑新闻真实

无论外界环境如何变化，技术如何影响新闻生产流程，坚守新闻真实性与客观性始终是新闻专业理念的应有之义。元宇宙虚实相生的特性一直被看作新闻真实性的天敌。然而，技术更迭对新闻的影响只是触及新闻表现形式的改变，事实的真实性不可被技术进步颠覆，"新闻的真实是事实的真实"依旧适用于元宇宙空间中的新闻生产原则。所以新闻工作者要适应"以实带虚"的新闻形式，树立"以实克虚"的生产理念，在沉浸式新闻成为元宇宙到来背景下的新闻常态形式下，用更加贴近真实和客观实际的内容消解虚拟技术打造的虚拟符号对受众感知真实性能力的异化。

在新闻取材方面必须保证内容来源于真实新闻事件，以多源取材和多角度证明的方式，确保数字孪生和现实世界的同构。传统的新闻叙事始终是单一化、扁平化的，容易落入作者自说自话困境，造成新闻主观性大于客观性的读者信任危机。而在元宇宙搭建的立体化叙事模式中，平行空间有效支撑了多场景的叠加，包括以人物为线索的空间叠加和以场景为线索的空间叠加。具体表现为，以场景技术手段完善、还原、添加人物活动的综合场景，建立人物行动的主轴；利用3D建模技术，模拟人物所在的场景空间，还原新闻现场。以中国妇女报·中国妇女网于2023年3月8日推出的首个"新中国女性第一·元宇宙人物展馆"(见图8-6)为例，这次元宇宙新闻报道的尝试，开馆仅24小时内就有10万人次进入观展。该展馆介绍了我国第一位飞上太空的女航天员刘洋、首位穿越北冰洋的女航海驾驶员白响恩等38位各领域的女性第一。展馆从政治舞台、经济建设、科教等7个领域展现了新中国妇女事业发展的辉煌成就，采用WebGL的3D模板引擎+Low Poly设计风格，将珍贵人物史料作为搭建元素搬进元宇宙，数据动态加载、更新，积木式搭建展馆模型，给观众带来全新的数字化沉浸式观展体验。

此外，AI算法、区块链作为底层技术，可以保证在事实核查和生产记录上都有迹可循，确保新闻事实准确性。专业媒体机构应当利用组织优势、技术优势与人才优势，在坚守新闻真实性基础之上，综合利用区块链、云计算、物联网、人工智能、VR/AR/

MR等技术，打造更具有沉浸感、临场感、交互感的视听体验。

图8-6 "新中国女性第一·元宇宙人物展馆"页面

2. 革新观念：顶层战略谋划挺进主战场

自古以来，人类在追求"永生"的道路上一直没有停下脚步，从文字与印刷时代文字媒介对个体生命历程的记录，到电子传播时代照片、视频等数字化技术实现对个体瞬间的保留，再到网络传播时代，借助大数据将个体生命量化与存储。回顾媒介发展历程可以发现，一直以来，人们根据自身发展的需要不断更新与优化媒介技术，可以说媒介发展的历程始终有一条"以人为本"的理念在支撑。而到了元宇宙时代，"万脑互联"模式将开启，个体生命将通过"脑机接口"技术进行下载、上传、计算、交互等一系列操作，可以定制自己的元宇宙生命。媒介对于人的作用与影响，以及人对于媒介技术的依赖程度都将被置于一个前所未有的高度。媒介的迭代与进化之路在曲折中不断发展，而元宇宙作为现阶段媒体发展的终极形态，也必将"以人为本"的理念贯彻到底。

"以人为本"的理念在于最大程度地发挥人的价值，确保技术服务于人。因此，当元宇宙进入新闻业，从微观层面说，首先是要利用元宇宙带来的去中心化新闻生产方式，调用元宇宙中的各种资源提供以人为中心、以场景为单位的更及时、更精准的连接体验。具体表现为，根据不同用户的场景定位提供，以满足用户需求为第一要义，提供有针对性的服务，生产定制化新闻产品和信息服务。从宏观层面来看，明确元宇宙新闻生产空间中的价值导向，塑造社会主流价值，引领主流舆论也应当成为媒体工作理念的第一准则。未来虚实相融的传媒生态不可避免地会出现用户隐私泄露、身份迷失、感知失灵等问题，专业媒体工作者应当在坚守价值规范的基础上，利用元宇宙新闻极具情感感染力的多感官传播模式增加媒体舆论引导力，构筑主流媒体传播力与公信力。

未来的专业媒体和媒体人的生存空间取决于其对媒体职责与专业价值的认定与坚守。媒体的职责是尽可能真实地反映现实社会。虽然机器与算法可以完成信息的整合、分发，但是对这些信息的真实性判断、价值判断，仍主要取决于媒体人。

3. 发展方向：坚持内容为王、技术为辅

元宇宙为融合新闻在技术层面突破融合关卡提供了新的思路和拓展方向。但内容是媒体的生存根基，如果光靠技术炫技，忽视对新闻内容质量的把控，不仅不利于新闻业的长久发展，也会导致传媒业陷入"唯技术论"的怪圈。

随着平台化媒体、自媒体不断挤占主流媒体的生存空间，一时间渠道为王、用户为王、服务为王、产品为王等观点也挑战着"内容为王"的"霸主"地位。然而，注意力稀缺的流量时代，内容是汇集注意力资源的关键。优质内容是各媒体品牌的核心竞争力，也是主流媒体的基本生存法则。并非"内容为王"的理念过时，而是时代为"内容为王"赋予了新内涵。元宇宙时代"内容为王"除了要保证内容的真实性、高质量，保证新闻选择的公共性价值，还应将受众体验作为"内容为王"首先要考虑的因素，从服务用户的基本逻辑出发，尊重受众的主体地位。用户从内容的体验者变为内容的生产者，不再是分散的个体，也不再是被动的信息接收者。用户参与到新闻画面的摄制、新闻文本的写作等过程中，成为新闻报道的重要一环。新闻工作者应该适应与用户协作生产新闻的对话新闻模式。在未来，用户主动进入报道过程并参与互动，与记者共同构建新闻产品将成为元宇宙新闻业的常态。

用户积极参与到新闻生产，将碎片化的信息加以合成，是一种更高级别的用户生产内容。因此，为了在多元主体共创下确保新闻生产过程的透明性和信息来源的真实性、准确性，区块链技术将为新闻生产全流程保驾护航。届时，新闻采编发要结合去中心化的发展，建立扁平化机制，通过搭建和共享PUGC平台，聚合各类信息，构建万物互联的智媒系统。

在"内容为王"的生产理念下，传媒业也将进一步开放与各界的合作，与各大互联网平台进一步深化合作，大力发展数字文娱产业，将文创、影视、游戏与新闻产品相结合，提供优质的元宇宙广告和虚拟产品服务，不断提升作品的艺术性、体验性、技术性。

4. 人才教育：培育元宇宙技术人才

自2020年《关于加快推进媒体深度融合发展的意见》提出完善四级融合发展布局的要求后，我国媒体融合在纵向贯通与横向联动的双重路径下不断创新，逐步向现代传播体系迈进。在2023年全国两会上，"扎实推进媒体深度融合"被首次写入政府工作报告。当前，媒体深度融合已经进入制度融合、智能融合、生态融合及社会融合的新阶段。元宇宙技术应用于传媒业更加印证了媒体融合是全社会的融合，带来媒介生态的深刻变革，进而给新闻传播教育带来冲击与挑战，这也对新闻传播类人才培养提出了更高层次的要求。

在新闻传播类人才培养中，应媒介融合环境需要，通过专业之间、学科之间以及实践层面与传播技术的融合，在学界业界的跨界共建、学科交叉的边界突破、媒介素养的

开放培育等方面不断进行调整与创新，培养兼具人文与科学素养以及综合运用融合媒体技术的新闻传播类人才。

首先，在人才培养上，传统新闻传播课程已不能适应媒体深度融合大背景下的人才需求，对课程体系升级改造已是大势所趋。高校需要瞄准元宇宙所运用到的一系列前沿技术，在专业基础与通识课程中增加媒介与技术类课程。其次，可以将元宇宙技术运用到课堂教学中，利用VR打造情景活动式教学课堂，营造沉浸式情境体验。美国斯坦福大学开设了一门完全在VR环境中上课的课程"VirtualPeople"，课堂场景包括了虚拟博物馆、生活化的场景、地球上人烟稀少的角落(如火山口、海底暗礁)等，263名学生使用自己的虚拟现实耳机完成了这门课程。2022年10月17日，在南开大学新闻与传播学院成立一周年之际，中国首家元宇宙新闻与传播学院在南开大学推出，根据南开大学新闻与传播学院"秀山堂"实体物理空间向虚拟复制的数字空间正式上线。在元宇宙开设新闻传播课程，不仅能增加学生研习历史类课程的兴趣，强化学习效果，还能让学生亲身体验技术作用原理，以便将来更好地将技术运用于实际操作中。元宇宙课堂给学生创造了近乎真实的社会实践、文化情境，让学生突破时空限制，身临其境般地观察和体验不同时间与不同地点的人文、历史、地理环境，让学习在近乎真实的情境中自然而然地发生。

传媒人才的培养也离不开对其业务的操练，未来高校应在国家标准指导下和财政的大力扶植下，积极开设元宇宙新闻演播室，让学生实时掌握新一代信息传播技术前沿进展，全面提高新闻传播技能和本领。比如，一些高校建立了XR演播室(见图8-7、图8-8)，基于扩展现实技术将原有的演播室全新升级，可以将现实中的人物和道具放置于由LED屏幕构成的场景中，实现虚拟和现实的融合呈现。演播区采用多面大屏，以充分利用现有空间，满足多角度取景拍摄需求，完成小规模的电影级超高清虚拟影像创作。

图8-7　元宇宙演播厅示例

图8-8 元宇宙演播厅示例

教育的目的是用高蹈出尘的目光，审视当下，探寻未来的发展规律。当高校大胆引进元宇宙时，不应只是"蹭"元宇宙的概念，而应该让技术为"人"所用，努力用新的知识体系和实验空间改造现有的人才培养体系；同时加强对传统媒体人的融合新闻思维培养，努力推动学界与业界的联合人才培养，全面打造融媒体和智能传播方面的人才队伍，以高质量的人才培养，推进媒体融合和融合新闻报道的高质量发展。

后 记

　　媒介融合是一个动态发展的过程。随着新的媒介技术和传播技术的不断涌现，媒介融合的内涵也将不断扩充和演变。新闻的传播离不开媒介，每一个时代的媒介都在形塑着新闻和新闻传播现象。融合新闻是媒介融合演进过程中出现的新闻现象，众多的学者和媒体从业者对融合新闻的研究和实践做出了卓越的贡献。这些研究和实践视角多元、内涵丰富，是本书重要的思考坐标和编写参考。在此对这些学者和媒体从业者表示衷心的感谢。

　　本书的写作并不轻松。感谢我的编写小组与我一起并肩作战、共同探索，他们为此书做了很多工作。具体分工为：第3章(李德馨)，第4章(黄周晔)，第5章(陆广怡、康健)，第6章(高健)，第7章(李悦茹)，第8章(岳美婷)。在此一并向他们表示感谢。全书由我负责拟定总纲和章节框架，并撰写第1、2章，最后对全书内容进行了改写、修订和校对。

　　本书在撰写过程中，得到了清华大学出版社和苏州大学传媒学院的大力支持。感谢王国燕教授的组织和协调，感谢清华大学出版社施猛老师和张敏老师的指导和帮助。书籍只有被阅读才有意义。感谢未知的读者，衷心希望得到学界方家和读者的批评指正。

杜志红

2024年5月于苏州桂花居